오다 노부나가

중세적 권위를 차갑게 베다

개정판

일본사傳 ②

오다 노부나가

중세적 권위를 차갑게 베다

구태훈

HUMANMAKER

차례

책을 내면서   9

제1부 일생 ◑ 전쟁   13

CHAPTER1. **시대 배경**   15
CHAPTER2. **노부나가의 가계**   21
CHAPTER3. **오다 노부히데**   28
CHAPTER4. **약관의 노부나가**   36
   section 1. 사면초가   36
   section 2. 오와리 통일   42
   section 3. 상비군 편성   46

CHAPTER5. 화려한 등장 48
section 1. 무서운 통솔자 48
section 2. 이마가와 요시모토의 침략 51
section 3. 오케하자마 전투 56

CHAPTER6. 교토로 가는 길 63
section 1. 상생의 외교 63
section 2. 미노 공략 69
section 3. 이세 북부 공략 76
section 4. 노부나가와 아시카가 요시아키 79

CHAPTER7. 교토 입성 82
section 1. 파죽지세 82
section 2. 교토 평정 86
section 3. 15대 쇼군 아시카가 요시아키 옹립 91

CHAPTER8. 교토 경영 94
section 1. 니조성 조영 94
section 2. 노부나가와 조정 97
section 3. 노부나가와 쇼군 99

CHAPTER9. 긴키 지방과 그 주변 지역 공략 103
section 1. 이세 남부 공략 103
section 2. 노부나가와 아자이 나가마사 105
section 3. 아자이 · 아사쿠라 가문 108
section 4. 미요시씨 일족과 혼간지 113

CHAPTER10. 강적들 — 121
- section 1. 종교 세력 — 121
- section 2. 모리 가문 — 127
- section 3. 다케다 신겐 — 130
- section 4. 우에스기 겐신 — 134

CHAPTER11. 전성기 — 139
- section 1. 무로마치 막부 멸망 — 139
- section 2. 아자이·아사쿠라 가문 토벌 — 141
- section 3. 나가시노 전투 — 146
- section 4. 아즈치성 — 153

CHAPTER12. 절정기 — 160
- section 1. 이시야마혼간지 공략 — 160
- section 2. 모리 가문 공격 — 169
- section 3. 다케다 가문 멸망 — 173

CHAPTER13. 최후 — 178
- section 1. 만년 — 178
- section 2. 혼노지의 변 — 186

제2부 테마 ◐ 탐구　　　　　　　　　191

CHAPTER 14. 가족과 친족　　　　　　　193
CHAPTER 15. 인물과 성격　　　　　　　202
CHAPTER 16. 재능과 감각　　　　　　　214
CHAPTER 17. 인사와 경영　　　　　　　228
CHAPTER 18. 가신과 군단　　　　　　　239
CHAPTER 19. 전략과 전술　　　　　　　249
CHAPTER 20. 정치와 경제　　　　　　　258
CHAPTER 21. 종교와 문화　　　　　　　267
　section 1. 노부나가와 불교　　　　　　267
　section 2. 노부나가와 크리스트교　　　271
　section 3. 다도 취미　　　　　　　　　277
　section 4. 스모 장려　　　　　　　　　281
CHAPTER 22. 혼노지 변의 원인　　　　　286

등장인물 사전　　　　　　　　　　　　295
참고문헌　　　　　　　　　　　　　　310
연표　　　　　　　　　　　　　　　　312
색인　　　　　　　　　　　　　　　　315

책을 내면서

일본인이 가장 좋아하는 역사상의 인물은 누구일까요?

10여 년 전, 일본TV에서 일본인을 대상으로 "당신이 가장 좋아하는 위인은 누구입니까?"라는 앙케트 조사를 했습니다. 일본인 위인뿐만 아니라 전 세계의 위인이 대상이 되었습니다. 조사 결과는 2006년 5월부터 2007년 3월까지 4회에 걸쳐서 일본TV에서 방송했습니다. 1위 오다 노부나가織田信長, 2위 사카모토 료마坂本竜馬, 3위 에디슨이었습니다.

2008년에는 NHK방송문화연구소에서 "일본 역사상 가장 좋아하는 인물은 누구입니까?"라는 앙케트 조사를 하고 순위를 발표했습니다. 1위 오다 노부나가, 2위 도쿠가와 이에야스德川家康, 3위 사카모토 료마였습니다. 그 후 일본 여고생이 좋아하는 역사 속의 인물 앙케트 조사에서도 역시 1위는 오다 노부나가였습니다.

2015년 10월에는 일본인이 google에서 검색하는 역사 인물을 매월 단위로 통계를 내서 발표했습니다. 그 결과 역시 오다 노부나가가 1위였습니다. 일본인은 매월 246,000번 오다 노부나가를 검색했습니다. 2016년 6월 일반 고교생을 대상으로 한 앙케트 조사에서도 가장 좋아하는 역사 속의 인물은 1위 오다 노부나가, 2위는 사카모토 료마, 3위는 도쿠가와 이에야스였습니다.

최근 10년간 일본인이 가장 좋아하는 역사상의 인물 순위에서 오다 노부나가가 부동의 1위를 점하고 있다는 것을 알 수 있습니다.

도대체 오다 노부나가는 어떤 인물일까요? 노부나가는 어떤 매력을 지녔기에 일본인이 그렇게 좋아할까요? 필자는 그것이 궁금했습니다. 오다 노부나가라는 인물은 물론, 그를 좋아하는 일본인의 심층심리도 들여다보고 싶었습니다.

역사는 사람이 만드는 것입니다. 사람을 알지 못하고 역사를 알 수 없습니다. 임진왜란을 일으킨 것도 한국을 식민지로 삼은 것도 일본 '사람'이었습니다. 오다 노부나가도, 그를 좋아하는 현대 일본 '사람'도 한국인이 제대로 알아야 할 대상입니다.

이 책이 본격적인 일본 '사람' 탐구의 충실한 안내자가 된다면 더 바랄 것이 없겠습니다.

2018년 봄
구 태 훈

제1부

일생 ◐ 전쟁

노부나가 초상 / 崇源院 소장 - 기후현

CHAPTER1. 시대 배경

오다 노부나가織田信長가 활약했던 16세기 중엽은 소위 전국시대戰國時代 후반에 해당하는 시기였다. 일본사에서는 무로마치 막부室町幕府 시대 후기를 특히 전국시대라고 하는데, 이 시대는 일반적으로 오닌応仁의 난이 일어난 1467년부터 오다 노부나가가 막부의 15대 쇼군將軍 아시카가 요시아키足利義昭를 받들고 교토京都로 진출한 1568년에 이르는 기간을 말한다.

당시 중앙집권 권력으로 무로마치 막부가 있었다. 하지만 막부는 오닌의 난을 거치면서 붕괴의 길로 접어들었다. 막부는 일본사회를 통괄하는 공권력으로서의 역할을 하지 못했다. 16세기 초엽부터는 일본 열도 각 지역을 다스리던 슈고守護나 농촌에 토착하면서 사실상 농민들을 지배하던 호족들이 막부의 명령에 따르지 않았다.

조정朝廷의 권위가 실추되었다. 고카시와바라 천황後柏原天皇(재위: 1500~1526)은 오랫동안 즉위식을 올리지 못했다. 1502년 조정은 무로마치 막부에 천황의 즉위식 준비를 명령했으나 당시 막부의 수상 지위에 있던 호소카와 마사모토細川政元가 반대했다. 즉위식은 그로부터 19년 후에야 올릴 수 있었다. 고나라 천황後奈良天皇(재위:1526~1557) 도 즉위식을 올리지 못하고 권좌에 올랐다. 즉위한 지 10년이 지난 후에야 오우치 요시타카大內義隆, 호조 우지쓰나北条氏綱 등 유력한 다이묘 가문이 낸 헌금으로 의식을 치를 수 있었다. 천황 궁전이 허물어져 비가 새도 수리할 엄두도 내지 못하고 있었다. 천황의 생활은 상상할 수 없을 만큼 궁핍했던 것이다.

구게公家, 즉 귀족 집안도 몰락했다. 특히 장원제도가 붕괴되면서 귀족은 생계를 걱정해야 할 정도로 가난해졌다. 그들의 경제적 기반인 장원을 무사들에게 빼앗겨 수입의 원천이 붕괴되었기 때문이다. 귀족 중에는 연고를 찾아서 지방으로 거처를 옮기는 경우가 많았다. 호구지책으로 직업을 갖기도 했다. 시가나 서예를 가르치며 생계를 유지하기도 했다.

슈고는 영국領國 지배를 강화하려고 했다. 하지만 슈고의 부하나 지방의 호족들이 슈고를 몰아내는 경우가 많았다. 당시 슈고들은 교토京都에 거주하면서 슈고다이守護代라는 부하를 영국 각지에 파견해서 그들로 하여금 해당지역을 다스리게 하는 것이 일반적이었다. 그런데 점차로 현지에서 실권을 행사하는 슈고다이가 정치·경제적 실권을 장악하면서 슈고의 지위를 위협하게 되었다. 한편, 농촌에 토착하며 일상적으로 농민들을 지배하던 호족들도 부를 축적했다. 그들 중에는 슈고나 슈고다이를 능가하는 경제력을 지닌 자도 있었다. 이런 시대에 하극상 풍조가 만연했다.

기존의 권위·가치·질서가 무너지던 시대, 무력을 앞세워 분쟁을 해결하는 방식이 정당화되었던 시대, 생존하려면 어쩔 수 없이 싸워야 했던 시대, 자신의 목숨·가족·재산을 스스로 지켜야 했던 자위自衛의 시대, 이러한 시대에 강력한 무력을 갖추고 영국의 토지와 농민을 일원적으로 지배하는 권력자가 출현했다. 그들은 실력으로 영토를 쟁취하고, 그곳을 지배하기 위해 상위의 권력을 반드시 필요로 하지 않았다. 이와 같은 지역적 통일 권력을 센고쿠다이묘戦国大名라고 했다.

센고쿠다이묘는 장원체제를 완전히 부정하고, 자신들의 영국을 독자적으로 지배했다. 센고쿠다이묘 중에는 다테씨伊達氏·시마즈씨島津氏·오토모씨大友氏·이마가와씨今川氏·다케다씨武田氏 등과 같이 슈고 가문에서 성장한 경우도 있었으나, 우에스기씨上杉氏·아사쿠라씨

朝倉氏・오다씨織田氏・도쿠가와씨德川氏・모리씨毛利氏 등과 같이 지역의 호족이나 슈고의 가신이 주군을 몰아내고 센고쿠다이묘로 성장한 경우가 많았다.

일본 고대 율령국가는 일본 열도를 66개 구니國, 즉 행정구역으로 나누었는데, 오다씨는 오와리尾張(지금의 아이치현愛知県 서반부)라는 구니국(이후 구니를 편의상 지역으로 표기하기로 한다.)를 지배하고 있었고, 그 인근 미카와三河(지금의 아이치현 동부) 지역은 마쓰다이라씨松平氏가 지배하고 있었다. 미노美濃(지금의 기후현岐阜県 남부) 지역은 사이토 도산斎藤道三이 주군인 도키씨土岐氏를 몰아내고 그 지역을 차지하고 있었다. 오미近江(지금의 시가현滋賀県) 지역에서는 아자이씨浅井氏가 자립해 주군 집안인 교고쿠씨京極氏를 압도했고, 에치젠越前(지금의 후쿠이현福井県 북부) 지역에서는 아사쿠라씨朝倉氏가 성장했다. 교토에서는 미요시씨三好氏가 일어나 주군 집안인 호소카와씨細川氏를 몰아냈다.

전국시대의 주역은 센고쿠다이묘였다. 그들은 영토 확장에 전념했다. 영토를 확장하려면 군사력을 보유해야 했고, 군사력을 보유하려면 경제력이 있어야 했다. 그래서 센고쿠다이묘들은 부국강병 정책을 추진했다. 농업생산력을 높이고, 광산을 개발하고, 특산물을 장려했다. 국부를 창출하기 위해서였다. 16세기 중반에 광대한 영역을 지배하는 센고쿠다이묘들이 출현했고, 그들 사이에 분열된 일본을 통일하려는 기운이 조성되었다.

16세기 중엽은 전국시대 중에서도 가장 변화가 심했던 전환기였다. 일본 각지에서 센고쿠다이묘가 발흥했고, 그들이 영토를 확장하기 위해 가장 격렬하게 싸웠다. 전국시대답게 전쟁으로 날이 새고 날이 지던 시기였다. 그런 격동의 시기에 오다 노부나가織田信長가 태어났다.

오다 노부나가는 1534년 5월 12일 오와리의 나고야성那古野城(지금의 나고야시名古屋市 나카쿠中区)에서 오다 노부히데織田信秀의 아들로 태어났다. 노부나가의 친모는 오와리의 호족 도타 마사히사土田政久의 딸로 도타고젠土田御前이라고 불렸다. 도타고젠은 노부히데의 정실이었다. 노부히데는 도타고젠과 정식으로 혼인하기 전에 이미 아들을 두고 있었다. 하지만 정실의 몸에서 태어난 노부나가가 일찍부터 노부히데의 후계자로 육성되었다.

노부나가는 도요토미 히데요시豊臣秀吉보다 2살, 도쿠가와 이에야스德川家康보다 8살 위였다. 1546년 노부나가의 나이 13세 때 겐푸쿠元服, 즉 성인식을 올렸고, 그때 관습에 따라 아명을 버리고 정식으로 이름을 지었다. 승려 다쿠겐沢彦이 노부나가라는 이름을 지으며 장차 일본을 손에 넣을 경사스러운 이름이라고 예언했다고 전한다.

노부나가는 1547년에 처음으로 전투에 나아갔다. 성인식을 올리면 출진하는 것 또한 무사 집안의 관행이었다. 공을 세워야 무사 가문의 통솔자로 인정받을 수 있었다. 1549년 노부나가 나이 16살 때부터

1. 시대배경 19

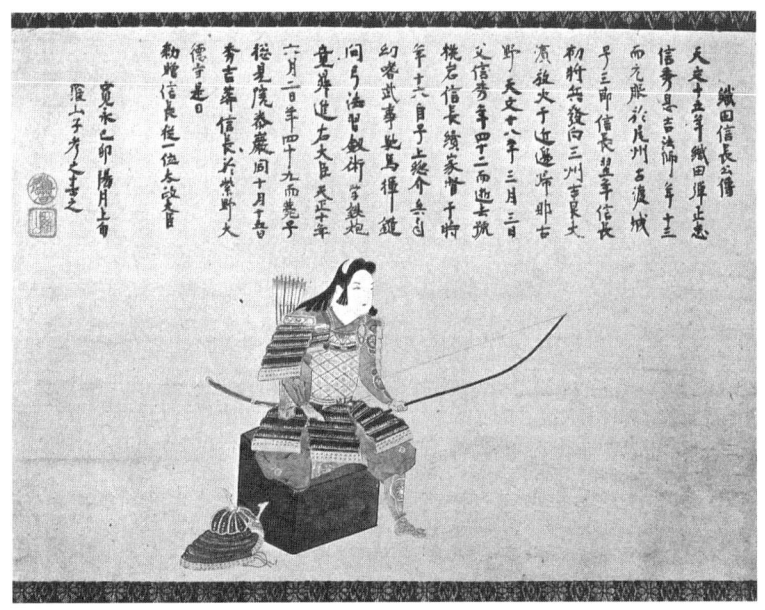

처음 출진한 오다 노부나가

오와리 지역을 다스리는 정무에 관여하기 시작했다. 이 무렵부터 본격적인 후계자 수업이 시작되었던 것 같다.

소년 노부나가의 교육은 오다 가문의 가로家老였던 히라테 마사히데 平手政秀가 맡았다. 마사히데는 1548년에 미노 지역을 지배하는 다이묘 사이토 도산의 딸과 노부나가의 약혼을 주선했다. 1549년 2월 16살이 된 노부나가와 15살이 된 노히메濃姬가 혼인했다.

CHAPTER2. 노부나가의 가계

오다씨 집안에 전하는 가계도에 따르면, 오다씨는 원래 다이라씨平氏 집안에서 분파된 씨족이고, 다이라노 고레모리平維盛가 직계 조상으로 되어 있다. 18세기 후반에 에도 막부江戸幕府가 편찬한 『관정중수제가보寬政重修諸家譜』에도 오다씨織田氏가 「다이라씨平氏 기요모리류清盛流」로 분류되었다. 에도 막부는 오다씨 집안에 전하는 가계도를 참조했다. 그러나 이러한 가계도는 조작된 것으로 믿을만 한 것이 못 된다. 오다 가문의 가계도는 노부나가 생전에 조작되었을 가능성이 농후하다. 노부나가가 다이라씨를 공식적으로 칭하기 시작한 것은 그가 무로마치 막부를 멸망시킨 1573년 7월 이후였다.

오다 노부나가는 1573년 이전까지 후지와라씨藤原氏를 칭했다. 1549년 그의 나이 16세 때 작성된 문서에 후지와라노 노부나가藤原信長라고 서명했다. 오다씨의 조상은 명확하게 밝혀지지 않았지만, 에치젠의 뉴군丹生郡(후쿠이현 뉴군)에 있던 오다 장원을 다스리던 오다 노부마사織田信昌였을 것으로 추정된다. 오다 장원이 오다라는 묘지苗字, 즉 집안의 이름 또는 표식이 생긴 장소였다. 참고로 일본 무사는 천황이 하사한 성姓 즉, 본성本姓과 묘지를 구분해서 사용했다. 예를 들면, 같은 후지와라씨藤原氏라는 본성을 사용하는 가문도, 집안의 이름으로 고노에近衛・이치조一条 등 각기 다른 묘지를 사용했다. 무로마치 막부를 세운 아시카가 다카우지足利尊氏는 원래 미나모토씨源氏를 본성으로 했으나 아시카가 지역에 정착하면서 아시카가라는 묘지를 사용하던 집안의 후손이었다. 그래서 정식 문서에는 본성을 사용하여 미나모토노 다카우지源尊氏라고 표기했던 것이다.

뉴군丹生郡 오다쓰루기 신사織田劍神社에 전하는 문서에 따르면, 원래 신관神官 집안 출신이었던 오다 노부마사가 자신이 후지와라씨藤原氏의 후예라고 주장하면서 후지와라씨를 칭했다. 그 후 오다씨는 노부나가의 부친 오다 노부히데織田信秀에 이르기까지 공식 문서에서 후지와라씨를 칭했던 것 같다. 그런데 오다쓰루기 신사에서 신관의 직무에 종사했던 다른 오다씨는 인베씨忌部氏를 칭했다. 고대 호족이었던 인베씨는

오다쓰루기 신사

나카토미씨中臣氏와 함께 대대로 조정의 제사를 담당했던 집안이었다. 대를 이어 신관의 직무에 종사했던 오다씨는 집안의 권위를 높이기 위해 인베씨를 칭할 필요가 있었을 것이다. 전혀 사실과 다르게, 대단히 편의적으로 본성을 '선택'했다는 것을 알 수 있다.

그런데 오다 노부나가는 왜 갑자기 1573년경부터 자신이 다이라씨의 후손이라고 주장하게 되었을까? 노부나가는 무로마치 막부를 세운 미나모토씨源氏 정권을 멸망시킨 장본인이었다. 그는 스스로 일본 최고의 권력자가 되겠다는 야망이 있었다. 그런데 그는 왜 당당하게 오다씨 정권의 수립을 선언하지 않고 하필 다이라씨를 칭했을까? 이 의문을 풀기 위해서는 일본 무사사회의 전통을 이해할 필요가 있다.

일본에서는 미나모토씨와 다이라씨 혈통을 잇지 않은 자는 무사사회의 통솔자가 될 수 없다는 전통이 있었다. 미나모토씨와 다이라씨는 천황의 혈통을 이은 집안이었다. 다이라씨는 간무 천황桓武天皇(재위:781~806)의 증손인 다카모치오高望王를 시조로 하고, 미나모토씨는 세이와 천황清和天皇(재위:858~876)의 손자인 쓰네모토오経基王를 시조로 했다. 다카모치오는 천황에게서 다이라平라는 본성을 하사받아 관동 지방에 토착했다. 쓰네모토오는 미나모토源라는 본성을 하사받아 교토・오사카 지역에 토착해서 세력을 넓혔다.

10세기에 들어서면서 일본 사회는 매우 혼란스러워졌다. 이러한 시대 분위기를 배경으로 지방에 거주하던 귀족이나 관리가 무사단의 수령이 된 사례가 적지 않았다. 그중에서도 천황의 혈통을 이은 다이라씨와 미나모토씨가 특히 공경의 대상이 되었다. 두 집안은 경쟁적으로 권력에 접근하면서 세력을 다퉜다.

일본 중세사회의 성립 과정은 다이라씨와 미나모토씨 두 집안의 투쟁사라고 해도 과언이 아니다. 12세기 중엽 다이라노 기요모리平清盛가 미나모토씨를 몰아내고 정권을 장악했다. 그러나 1192년 7월 미나모토노 요리토모源頼朝가 다이라씨 정권을 무너뜨리고 가마쿠라 막부鎌倉幕府를 세웠다. 두 집안의 길고 긴 싸움은 미나모토씨의 승리로 끝을 맺었다. 이런 역사 과정 속에서 다이라씨와 미나모토씨가 아니면 무사사회의 통솔자가 될 수 없다는 전통이 세워졌던 것이다.

훗날 하시바 히데요시羽柴秀吉가 일본 최고 권력자의 지위에 올랐어도 무사사회의 통솔자를 상징하는 정이대장군, 즉 쇼군將軍에 취임할 수 없었던 것은 다이라씨나 미나모토씨의 후예라고 주장할 수 없는 미천한 농민 출신이었기 때문이다. 참고로 히데요시는 일본의 패자가 된 후, 1585년에 오기마치 천황正親町天皇(재위:1557~1586)으로부터 도요토미豊臣라는 성을 하사받아 그때부터 도요토미씨를 본성으로 칭하기 시작했다. 도쿠가와 이에야스德川家康는 다이묘 집안 출신이었지만, 원래 마쓰다이라松平라는 묘지를 사용하고 있었다. 마쓰다이라씨가 어떤 본성의 혈통을 이은 집안인지 분명하지 않다. 그런데 훗날 마쓰다이라 이에야스가 도쿠가와씨 가계도에 편입하는 형식으로 성을 바꿨다. 도쿠가와씨라는 묘지를 사용하는 집안은 확실히 미나모토씨 혈통을 이었다고 알려졌기 때문이다. 다이묘 집안 출신 이에야스도 본성을 바꿔서까지 미나모토씨의 혈통을 이었다는 것을 선언한 다음에야 무사들의 복종을 이끌어 낼 수 있었고, 쇼군에 취임해 에도 막부江戶幕府를 열 수 있었던 것이다.

가마쿠라 막부는 1333년 5월에 멸망했고, 그 후 천황이 2년간 직접 정치를 담당했던 과도기가 있었다. 하지만 곧 무사들의 신망을 얻은 아시카가 다카우지足利尊氏가 무로마치 막부를 세웠다. 아시카가씨 역시 미나모토씨의 혈통을 이은 집안이었다. 그런데 전국시대가 되면서 무로마치 막부의 권위가 실추되었고, 급기야 1573년 7월에 15대 쇼군 아시카가 요시아키가 노부나가에 의해 추방되면서 멸망했다.

무로마치 막부를 멸망시킨 오다 노부나가는 새로운 정권을 세울 준비를 하고 있었다. 노부나가는 미나모토씨 다음에는 다이라씨의 혈통을 이은 집안이 정권을 잡는 것이 당연하다고 생각했을 것이다. 그래서 노부나가는 다이라씨를 칭했을 것이다. 오다 노부나가는 일본적 역성혁명을 의식하고 있었다고 할 수 있다. 그 사상적 배경이 된 것은 전국시대 때 널리 유포되었던 겐페이源平 교대사상, 즉 미나모토씨와 다이라씨가 교대하면서 일본을 다스린다는 사상이었다.

가마쿠라 시대부터 일본 열도 66개 지역에 슈고守護라는 지방관이 임명되었다. 슈고의 직책은 세습되었다. 일본 열도 66개 지역은 슈고 집안이 대를 이어서 다스리게 되었다. 무로마치 막부가 성립된 14세기 중엽 일본열도의 각 지역은 슈고 집안이 다스리는 사유지나 다름없게 되었다. 무로마치 막부의 쇼군도 슈고 세력을 두려워할 정도였다.

1400년경 오와리尾張 지역을 지배하던 슈고는 시바씨斯波氏였다. 오다씨는 교토에 상주하는 시바씨를 대신해 오와리 지역을 다스리던 슈고다이守護代 집안이었다. 그렇다고 해서 노부나가의 선조가 슈고다이 집안이었던 것은 아니다. 당시 오와리 8개 군은 크게 두 지역으로 나뉘

어져 있었다. 즉 두 명의 슈고다이가 다스리고 있었다. 니와군丹羽郡을 중심으로 하는 4개 군을 다스리던 오다씨는 대대로 이세노카미伊勢守를 칭하고 있었다. 아이치군愛知郡을 중심으로 하는 4개 군을 다스리던 오다씨는 대대로 야마토노카미大和守를 칭하고 있었다. 노부나가의 친부인 오다 노부히데는 야마토노카미 집안에서 가장 높은 지위인 가로家老로 봉직하고 있었다. 당시 야마토노카미 집안에 세 명의 가로가 있었다. 노부히데는 그중의 한 명이었다.

CHAPTER3. 오다 노부히데

전국시대의 민중 지배 시스템은 조선의 그것과 많이 달랐다. 아무리 센고쿠다이묘戰国大名라고 해도 영토와 민중을 직접 지배할 수 있는 구조가 아니었다. 영토 내의 각 지역은 독립성이 강한 호족들이 실질적으로 지배하고 있었다. 엄밀하게 말하면 영토는 센고쿠다이묘의 세력범위에 지나지 않았다. 호족들은 그때그때의 상황에 따라 동맹·복종·배반을 되풀이하고 있었다. 노부나가의 부친 오다 노부히데織田信秀도 그런 호족 중의 한 사람이었다. 그런데 호족이 거느리는 무사들 또한 언제 배반할지 모르는 존재들이었다. 호족들은 독립성이 강한 토착 무사들을 장악하기 위해 부단히 노력했다. 오다 노부히데가 다스리는 지역 주변에 오다씨 일족이나 다른 호족 가문이 할거했고, 그들 사이에 토착 무사들이 어떤 호족에게 붙는 것이 유리할지 눈치를 살피면서 거주하고 있었다. 노부히데는 이곳저곳에 거성을 두고 수시로 거처를 옮겼는데, 자신이 다스리는 영역에 거주하는 무사들을 확실하게 장악하기 위해서였다. 노부히데는 일단 자신의 지배 지역을 확실하게 장악하면 오와리 전체를 통일하는 것이 그렇게 어려운 일이 아니라고 생각하고 있었을 것이다.

오다 노부히데는 야심만만한 인물이었다. 경제적인 실력을 쌓은 노부히데는 오와리 지역을 손에 넣으려는 뜻을 품고 있었다. 그러나 오와리 지역 주변에는 강적들이 포진하고 있었다. 1540년경 오다씨 일족은 미카와三河 일대를 지배하는 마쓰다이라 기요야스松平清康, 스루가駿河(지금의 시즈오카현 중부와 북동부) 일대를 지배하는 이마가와 요시모토今川義元, 미노美濃 일대를 지배하는 사이토 도산斉藤道三 등과 세력다툼을 하고 있었다. 오다씨 일족은 그에 대항하기 위해 능력이 뛰어난 노부히데를 중심으로 단결할 수밖에 없었다.

이러한 대내외 정세를 배경으로 노부히데가 점차로 정치·경제적 실력을 축적하게 되었다. 이 무렵 노부히데가 한 여행자의 기록 속에 등장한다. 1526년 3월 한 여행자가 아쓰타 신사熱田神社(지금의 나고야시 名古屋市 아쓰타쿠)에 참배하고 근처에 있는 쓰시마津島(지금의 아이치현愛知

県 쓰시마시)에 머물렀는데, 그때 그 지역의 영주 오다 노부사다織田信定의 아들 노부히데가 자신을 방문한 일과 쓰시마가 이세伊勢(지금의 미에현三重県)와 오와리를 연결하는 선착장으로 상당히 번성했다는 사실을 기록했다. 실제로 쓰시마에는 부자들이 많았고 금융업자들이 영업을 하고 있을 정도로 큰 항구였다. 이러한 항구를 영내에 둔 노부히데 집안은 그만큼 재정적으로 안정되었을 것이다. 1533년 7월 오와리 지역을 여행한 교토의 귀족 야마시나 도키쓰구山科言継도 기록을 남겼다. 그는 노부히데의 저택에 여러 날 머물면서 매우 융숭한 대접을 받았다. 야마시나의 기록에 따르면 당시 노부히데가 이미 오다씨 본가와 다른 두 명의 가로 집안을 능가하는 재력을 보유하고 있었다고 한다.

노부히데는 정치적 수완도 뛰어났다. 일찍부터 중앙 정치무대에 줄을 대려고 노력했다. 당시 조정 살림살이는 매우 궁핍했다. 천황조차도 겨우 생계를 유지할 정도로 어려운 형편이었다. 궁궐을 수리할 자금이 없어서 여러 슈고守護나 호족들에게 비용을 헌납할 것을 요청했지만 이에 응하는 자들이 거의 없었다. 하지만 노부히데는 1543년 2월에 사신을 조정에 보내 궁궐 수리비용으로 4,000관을 헌납했다. 당시 이 금액은 매우 놀랄만한 거금이었다. 그러자 고나라 천황後奈良天皇이 오와리에 칙사를 보내 노부히데에게 감사의 뜻을 전했다. 그때 노부히데는 자신이 미노 지역을 손에 넣으면 다시 궁궐을 수리하겠다고 약속했다.

노부히데의 헌금 소식은 일본 전역에 널리 퍼졌던 것 같다. 나라奈良

에 있는 대사원 고후쿠지興福寺의 승려 에이슌英俊도 그의 일기에 노부히데의 헌금이 매우 놀라운 일이라고 적었다. 이름도 듣지 못한 지방의 한 호족이 거액을 헌납했다는 것이 믿어지지 않는다는 투였다. 어찌되었든 이를 계기로 노부히데의 이름이 정치의 중심인 교토에 알려지게 되었고, 오다씨 일족도 노부히데의 실력을 인정하게 되었다.

노부히데는 왜 자신의 신분과 처지에 비해 과분한 헌금을 했을까? 교토로 통하는 교통의 요지를 지배하고 있던 노부히데는 교토의 소식에 민감하게 반응하고 있었다. 일찍부터 조정의 귀족에 접근해 자신의 실력을 과시하고 싶다고 생각했을 수도 있다. 아니면 교토의 고급문화에 대한 경외심도 있었을 것이다. 그러나 야심만만한 정치가 노부히데는 천황과 무로마치 막부 쇼군將軍의 권위를 배경으로 오와리 내부의 경쟁자들은 물론 인근 지역의 센고쿠다이묘들을 심리적으로 견제하려고 했을 가능성이 있다.

노부히데가 천황·쇼군에게 접근했던 것은 오와리 지역의 경제가 교토·오사카 지역과 밀접한 관련을 맺고 있었기 때문이기도 했다. 당시 호조北条 가문이 위세를 떨치고 있던 관동 지방은 독자적인 경제권이 형성되어 있었다. 교토·오사카 지역에 대한 경제적인 의존도가 그렇게 높지 않았다. 그래서 호조 가문은 애써 천황·쇼군에게 접근하지 않았다. 하지만 교토·오사카 경제권에 속해 있던 센고쿠다이묘들이나 호족들은 교토의 정세에 민감했다. 오다 노부히데는 오와리 지역의 일개 호족에 불과했지만, 일찍이 천황·쇼군의 권위가 얼마나 중요한지 알고 있던 인물이었던 것이다.

물론 천황·쇼군의 권위가 센고쿠다이묘의 당면 과제를 해결해 주는 만병통치약은 아니었다. 전국시대는 군사·경제적 실력이 모든 것을 말하는 시대였다. 외교적으로 아무리 화려한 성과를 올렸어도 각지의 호족 세력을 압도할 수 있는 군사·경제적 실력이 없으면 권력을 유지할 수 없었다. 센고쿠다이묘가 끊임없이 주변 지역을 침략했던 것은 반드시 영국이 통일되고 지배력이 충실했기 때문이 아니었다. 전쟁을 통해 영지를 확보하고, 새로 확보한 영지를 휘하 무사들에게 분배해야만 권력을 유지할 수 있었기 때문이다.

특히 오다씨 본가 출신이 아니었던 노부히데가 권력을 유지하기 위해서는 전투를 통해 자신의 실력을 보여주어야 했을 것이다. 그래서 노부히데는 1529년 이래 오와리와 국경을 맞대고 있는 미카와 지역의 마쓰다이라 가문과 싸움을 계속했다. 처음에는 마쓰다이라 가문의 세력이 강성해서 여러 차례 오와리를 침략했다. 1534년에는 마쓰다이라 가문이 대군을 이끌고 쳐들어오기도 했다. 1535년 도쿠가와 이에야스의 조부 마쓰다이라 기요야스松平清康가 오다 노부히데를 치기 위해 오와리의 모리야마森山(지금의 나고야시 모리야마쿠)에 침략해 진을 쳤을 때 가신에게 암살되었다. 이 사건으로 마쓰다이라 가문의 세력이 크게 약화되었다. 오다 노부히데는 그러한 기회를 놓치지 않고 미카와 지역으로 진출했다.

마쓰다이라 가문의 세력이 약화되자, 미카와 지역의 동쪽은 이마가와 요시모토가 차지하고, 서쪽 지역은 오다 노부히데가 차지했다. 그러자 오다 노부히데와 이마가와 요시모토가 미카와 지역 지배권을 둘러싸고 대립했다. 당시 오와리 지역은 강적 이마가와 요시모토와 사이토 도산에게 포위된 형국이었다. 노부히데는 동쪽의 이마가와 가문의 공격을 저지하면서 북쪽의 사이토 가문의 영토를 집중 공격하는 전략을 세웠다. 1544년 9월 노부히데는 사이토 도산의 본거지까지 공격하는 기세를 올렸다. 사이토 도산의 영지 일부를 빼앗는 전과도 올렸다. 그러자 1547년경부터 사이토 도산을 섬기던 호족들이 오다 노부히데에게 복종하게 되었다. 오다 노부히데의 공세에 눌린 사이토 도산은 내심 노부히데와 화친하기를 희망했다. 노부히데 또한 사이토씨와 이마가와씨 두 강적을 동시에 대적할 수 없는 상황이었다. 사이토 도산의 딸이 오다 노부히데의 아들 노부나가와 혼인하면서 두 가문의 동맹이 성립되었다.

오다 노부히데는 밖으로 주변 지역 다이묘들과 대립하면서 안으로는 오와리 지역 내부의 지배권을 강화했다. 하지만 오다씨 본가의 당주 오다 도시사다織田敏定는 급성장하는 노부히데를 견제했다. 도시사다는 1547년에 노부히데가 사이토 가문을 치기 위해 출진했을 때, 그 틈을 노려 노부히데의 거성을 공격하기도 했다. 1549년에는 이누야마성

犬山城(지금의 아이치현 이누야마시) 성주 오다 노부키요織田信淸가 노부히데의 영지를 침략해 방화하는 사건이 일어나기도 했다. 결코 녹녹치 않은 오와리 지역 통일을 지향하던 오다 노부히데는 1551년 3월 3일 42세를 일기로 갑자기 세상을 떠났다.

반쇼지万松寺

반쇼지 경내에 있는 織田信秀의 묘

CHAPTER4. 약관의 노부나가

section 1. 사면초가

오다 노부히데織田信秀가 사망하자, 18세가 된 오다 노부나가가 집안의 대를 이었다. 당시 노부나가는 나고야성那古野城(지금의 나고야시名古屋市 나카쿠中区)에 기거하고 있었다. 노부나가에게 남겨진 과제는 오와리 지역의 지배권을 확립하는 일이었다. 하지만 청년 노부나가는 친부 노부히데와 같은 지도력을 발휘할 수 없었다. 중신들에게도 절대적인 지지를 얻지 못했던 노부나가는 겨우 오와리 지역의 일부를 지배하면서 기회를 엿보고 있었다.

　가신단 내부도 불안정했다. 형제・숙부를 비롯한 친족들은 노부나가를 중심으로 단결하려고 하지 않았다. 기회만 있으면 노부나가에 반기를 들 생각을 하고 있는 자들이 많았다. 전국시대 다이묘들은 2대나 3대에서 멸망하는 경우가 대부분이었다. 노부나가도 예외가 아니었다. 노부나가는 자신의 목숨을 노리는 적들을 하나하나 물리치고 권력을 장악하지 않으면 안 되는 상황이었다.

　노부나가는 1548년에 미노 지역의 다이묘 사이토 도산斎藤道三의 딸과 혼인했다. 사이토 가문과 동맹관계가 성립되면서 당분간 사이토씨가 오와리를 침략할 가능성이 없어졌다. 하지만 오와리와 동쪽으로 국경을 맞대고 있으면서 미카와三河 지역을 사실상 손에 넣은 이마가와 요시모토今川義元가 호시탐탐 오와리를 침략할 기회를 엿보고 있었다.

　적은 오와리와 국경을 맞대고 있는 이마가와・사이토 가문 뿐만이 아니었다. 노부나가는 오와리 내부의 적에 둘러싸여 있었다. 특히 기요스성清洲城(지금의 나고야시名古屋市 서북)에 근거지를 두고 있는 슈고守護 시바씨斯波氏와 그 가문의 슈고다이守護代 지위에 있던 오다씨 본가가 가장 강력한 적이었다. 그들의 신분은 노부나가 집안보다 위였다. 오다 노부히데는 군사・경제적 실력으로 그들을 눌렀으나 아직 젊은 노부나가는 그럴만한 힘이 없었다.

노부나가의 친족들 또한 강력한 적이었다. 노부히데는 일족에게 거성과 영지를 나누어주었다. 노부히데의 동생들 중에 노부야스信康는 이누야마성犬山城, 노부미쓰信光는 모리야마성守山城(지금의 나고야시 모리야마쿠)에 기거했다. 노부나가의 동생 노부카쓰信勝 또한 스에모리성末森城(지금의 나고야시 지쿠사쿠千種区)에 기거하고 있었다. 그들은 각기 영지를 보유하고 군사를 거느리면서 노부나가에게 복종하지 않고 있었다. 노부나가가 방심하면 가장 무서운 적이 될 수 있는 존재들이었다.

오다 노부히데에게 충성을 맹세했던 가신들 또한 믿을 수 없었다. 그들은 기량이 출중하고 군사·경제적 실력이 있었던 노부히데에게는 복종했다. 그렇다고 그들에게 특별한 의리가 있었던 것은 아니었다. 그들은 자신의 집안을 보존하기 위해 실력이 있다고 판단한 주군에게 몸을 의탁했을 뿐이었다. 그들은 청년 노부나가의 지도력이 약화되면 언제라도 이마가와씨나 사이토씨를 섬길 수 있는 자들이었다. 전국시대의 풍조가 그랬다. 그래서 전국시대를 하극상의 시대라고 했던 것이다.

노부나가에게 시련이 닥쳤다. 노부나가가 당주의 지위를 승계한 지 1년 후인 1552년 4월 나루미성鳴海城(지금의 나고야시 미도리쿠緑区) 성주가 이마가와 가문 편에 섰다. 이마가와 요시모토는 나루미성에 지원군을 파견해서 그 주변에 진지를 구축하고 노부나가에 맞섰다. 4월 17일 노부나가가 800여 명의 군사를 이끌고 나루미성을 치기 위해 출진했다. 이마가와씨 진영에서는 1,500여 명의 군사가 출진했다. 양군은 아카쓰카赤塚(지금의 나고야시 미도리쿠緑区)에서 충돌했다. 백병전이 벌어졌다. 이 전투는 노부나가가 지휘한 최초의 전투였다. 하지만 노부나가는 승리를 거두지 못하고 철수했다. 그러자 나루미 인근의 구쓰카케성沓掛城・오다카성大高城(모두 지금의 아이치현 도요아케시豊明市)의 성주들도 노부나가를 배반하고 이마가와 가문을 섬기게 되었다.

아카쓰카 전투 4개월 후, 기요스성에서도 노부나가를 타도하려는 움직임이 있었다. 당시 기요스성의 실권을 쥐고 있던 인물은 오다씨 본가의 가로家老 사카이 다이젠坂井大膳이었다. 그는 노부히데에게 충성을 바쳤던 마쓰바성松葉城(지금의 아이치현 아마군海部郡)과 후카다성深田城(지금의 아마군)을 자기편으로 끌어들였다. 이 소식을 들은 노부나가는 1552년 8월 16일 마쓰바성과 후카다성을 공격하기 위해 출진했다. 이때 노부나가의 숙부로 모리야마성 성주였던 오다 노부미쓰도 노부나가를 도와 출진했다. 기요스성에서도 군사를 보냈다. 양군은 가야쓰萱津(지금의 아마군 지모쿠지초甚目寺町)에서 충돌했다. 노부나가는 이 전투에서 크게 이겼다. 기세를 올린 노부나가는 단숨에 마쓰바성과 후카다성도 점령했다. 가야쓰 전투는 노부나가의 기량이 친부 노부히데에 뒤지지 않는다는 것을 보여준 전투였다.

1553년 7월 기요스성에서 정변이 일어났다. 가로 사카이 다이젠이 슈고다이守護代 오다 노부토모織田信友와 공모해 슈고인 시바 요시무네斯波義統를 죽였다. 이때 요시무네의 아들이 가까스로 도망해서 노부나가에게 보호를 요청했다. 노부나가는 주군을 살해한 무도한 무리를 응징한다는 명분을 내걸고 출진 준비를 했다. 7월 18일 노부나가는 시바타 가쓰이에柴田勝家에게 기요스성 공격을 명령했다. 기요스성에서도 군사를 내었으나 시바타 가쓰이에가 무찔렀다. 이 전투에서 노부나가가 직접 고안한 5미터가 넘는 장창이 위력을 발휘했다.

전투에서 패배한 사카이 다이젠은 노부나가의 숙부 노부미쓰信光에게 슈고다이 직책을 맡아달라고 간청했다. 그것은 노부나가와 노부미쓰를 이간하기 위한 술책이었다. 노부미쓰는 다이젠의 제안을 받아들이고 기요스성으로 들어갔다. 하지만 노부나가는 이미 노부미쓰와 밀약을 맺고 기요스성을 빼앗을 계획을 세우고 있었다. 기요스성을 손에 넣으면 노부나가가 기요스성을 차지하고, 그 대신에 노부미쓰에게 나고야성을 양도하기로 했다. 또 오다씨 본가가 지배하던 영지를 반씩 나누어 갖기로 했다.

오다 노부미쓰가 기요스성으로 들어가 남쪽 요새를 점거한 1554년 4월 20일 사카이 다이젠은 노부미쓰가 자신을 죽이려 한다는 것을 알아차리고 도망했다. 그러자 노부미쓰는 기요스성을 어렵지 않게 장악했다. 오다 노부미쓰는 노부나가와 약속한대로 기요스성을 노부나가에게 양도했고, 노부나가는 자신이 기거하는 나고야성을 노부미쓰에게 내어주었다. 노부나가는 같은 해 6월에 모리야마守山의 친족을 공격해 멸망시켰다.

11월 26일 오다 노부미쓰가 가신에게 암살되었다. 노부미쓰는 조카 노부나가에게 적극적으로 협력했던 유일한 친족이었다. 하지만 그는 야심만만한 인물이었다. 젊은 조카의 환심을 사서 세력을 확장한 다음 오와리를 통째로 가로채려는 계획을 세우고 있었을 가능성이 있었다. 노부나가는 노부미쓰의 세력이 강해지는 것을 원치 않았다. 만약 오다씨 본가가 지배하던 영토를 노부미쓰에게 나누어 주었다면 그는 더욱 탄탄한 세력 기반을 구축했을 것이다. 노부미쓰의 죽음은 노부나가에게 큰 행운이었던 셈이다. 그런 만큼 노부나가가 노부미쓰를 암살했다는 소문이 끊이지 않았다.

1556년 노부나가의 이복 형 노부히로信広가 사이토 도산과 내통해서 노부나가를 죽이려고 했다. 사이토군이 오와리를 침략하고, 노부나가가 출진하면, 그 틈을 노려 노부히로가 노부나가의 본성인 기요스성을 점령하는 계획을 세웠다. 노부나가는 사이토군 침략 소식을 듣고 출진했다. 그런데 사이토군의 행동이 아무래도 이상했다. 적극적으로 싸우려고 하지 않았을 뿐만 아니라 과장되게 행동했다. 노부나가는 불현듯 누군가 모반을 꾀하고 있다는 불길한 예감이 들었다. 노부나가는 기요스성을 지키는 장수에게 급히 전령을 보내 명령했다. "성을 굳게 지키고 절대로 밖으로 나오지 말 것. 상공인에게도 명령해 성문을 닫고 내가 돌아갈 때까지 누구라도 성에 들어서는 안 된다." 아니나 다를까 오다 노부히로가 군대를 이끌고 기요스성을 공격하기 위해 달려왔다. 하지만 기요스성 성문은 굳게 닫혀 있었다. 노부히로는 기요스성으로 들어가지 못하고 돌아갈 수밖에 없었다. 출진했던 사이토군도 아무 소득 없이 물러갔다. 당황한 노부히로는 노부나가에게 항복했다. 노부나가는 그에게 더 이상 죄를 묻지 않았다. 하지만 노부나가는 형제와 친족조차 믿을 수 없다는 것을 절감했다.

section 2. 오와리 통일

노부나가를 가장 힘들게 한 것은 동생 오다 노부카쓰織田信勝였다. 그는 보통 노부유키信行라고 불렸다. 노부유키는 매우 행실이 바른 사람이어서 많은 사람들의 신망을 얻었다. 게다가 노부나가의 친모는 노부유키를 편애했다. 그래서 노부나가를 제쳐놓고 노부유키에게 집안의 대를 잇게 하려고 했다. 대대로 오다 가문의 중신이었던 하야시 히데사다林秀貞조차 노부나가를 몰아내고 노부유키를 후계자로 옹립하려고 했다. 그러한 움직임에 중신 시바타 가쓰이에柴田勝家도 합류했다.

그러나 노부나가가 가문을 상속한지 4년이 지나면서 그의 위상이 달라져 있었다. 그동안 노부나가는 주변의 적들을 차례로 제거했다. 자기에게 맞서는 자들은 설령 일족이라도 모조리 죽였다. 여러 전투에서 이기고 영토를 확장하면서 통솔자로서의 위상이 강화되었다. 그의 비정한 성격 또한 가신들을 공포에 떨게 하기에 충분했다.

1556년 노부유키가 노부나가의 심기를 건드렸다. 노부유키는 노부나가의 직할지 시노기篠木 일대를 차지하려고 했다. 뿐만 아니라 쇼나이가와庄內川에 진지를 쌓고 하천의 동쪽을 차지하려고 했다. 노부나가는 즉시 하천을 건너 진지를 구축했다. 그러자 노부유키 편에 선 시바타 가쓰이에와 하야시 히데사다의 동생이 싸움을 걸어왔다. 노부나가는 즉시 출진했다. 8월 24일 양군이 기요스성에서 동쪽으로 약 5킬로미터 떨어진 이노稻生(지금의 후루야시古屋市) 벌판에서 싸웠다. 이때 노부나가가 이끄는 군사는 700여 명, 시바타 군대가 1,000여 명, 하야시 군대가 700여 명이었다. 즉 노부나가는 700여 명을 이끌고 1,700여 명의 적과 싸웠던 것이다.

시바타 군대는 동쪽, 하야시 군대는 남쪽에서 노부나가 군대를 협공했다. 참혹한 백병전이 벌어졌다. 숫적으로 열세인 노부나가 군대가 적에게 밀려서 본진 쪽으로 패주했다. 노부나가의 측근도 전사하는 급박한 상황이었다. 노부나가 주변에는 보병을 포함해서 40여 명이 힘겹게 싸우고 있을 뿐이었다. 그때 노부나가가 직접 창을 비껴들고 앞으로 나서면서 큰 소리로 싸움을 독려했다. 노부나가의 모습은 마치 성난 사자와 같았다. 노부나가의 위세에 눌린 적이 밀리기 시작했다. 시바타 진영이 먼저 무너졌다. 그러자 노부나가가 창을 들고 하야시 히데사다의 동생을 향해 돌진했다. 두 장수의 처절한 싸움은 노부나가가 적장의 목을 베면서 끝났다. 장수가 전사하자 히야시 진영이 무너졌다. 적은 도망하기에 바빴다. 노부나가가 이노 전투에서 크게 이겼다.

모반 세력을 제압한 노부나가는 매우 관대한 조치를 내렸다. 노부나가는 친모의 간청을 받아들여 동생 노부유키를 용서했다. 노부유키는 예전과 같이 스에모리성末森城 성주의 지위를 유지했다. 노부유키의 편에 서서 노부나가에게 맞섰던 시바타 가쓰이에와 하야시 히데사다에 대해서도 죄를 묻지 않았다. 하야시씨 일족을 계속 우대했다. 노부나가는 내분으로 세력이 약화되는 것을 염려했던 것이다.

노부나가가 동생 노부유키를 용서한 것은 자신에게 머리를 조아린 친모의 체면을 생각했기 때문이다. 그런데 노부유키가 계속 노부나가에게 맞서려고 했다. 1558년 노부유키가 이와쿠라성岩倉城(지금의 아이치현 이와쿠라시) 성주 오다 노부야스織田信安와 내통해 반란을 일으키려고 했다. 노부유키는 시바타 가쓰이에에게 다시 도움을 요청했다. 하지만 가쓰이에는 그 사실을 노부나가에게 알렸다. 분개한 노부나가는 술책을 썼다. 1558년 11월 노부유키에게 사신을 보내 갑자기 병이 들어 당주의 지위를 물려주려 하니 기요스성으로 들어오라고 유인했다. 노부나가는 기요스성으로 달려온 노부유키를 죽였다.

이와쿠라성에 근거하면서 오와리 지역의 반을 차지하고 있던 슈고다이 오다 노부야스는 노부나가가 마지막으로 제거해야 할 대상이었다. 1558년 이와쿠라 오다 가문에서 내분이 일어났다. 노부야스가 장남 노부카타信賢를 제쳐두고 차남에게 당주의 지위를 상속하려고 한 것이다. 그러자 장남 노부카타가 노부야스에게 반기를 들었다. 노부나가는 절호의 기회를 놓치지 않았다. 7월 12일 노부나가가 이와쿠라성을 공격했다. 노부나가는 기요스성에서 북쪽으로 진군해서 지금의 이치노미야시一宮市 지역인 우키노浮野에 진을 쳤다. 노부나가의 종형제이며 이누야마성 성주인 오다 노부키요織田信淸도 노부나가를 도와 출진했다. 노부야스 측도 대군을 동원했다. 정오 무렵부터 양군은 참혹한 백병전을 전개했다. 이 전투에서 노부나가·노부키요 연합군이 노부야스 측 군사 1,250명의 목을 베었다. 적은 이와쿠라성으로 도주했다.

노부나가는 여세를 몰아 이와쿠라성을 포위하는 작전을 전개했다. 노부나가는 이와쿠라성 주변에 요새를 건설하고 이중삼중의 포위망을 구축했다. 이와쿠라성을 포위한 노부나가는 3개월 가까이 불화살과 뎃포鉄砲, 즉 화승총을 성 안으로 쏘았다. 그러자 적이 견디지 못하고 항복했다. 노부나가는 이와쿠라성을 철저히 파괴하고 기요스성으로 개선했다. 노부나가가 이와쿠라성을 함락하면서 오다씨 일족 중에서 노부나가에 대항하는 자들이 일소되었다. 노부나가가 오와리 지역을 통일했다. 노부나가의 나이 25세였다.

section 3. 상비군 편성

노부나가는 일단 오다씨 일족을 복속시켰지만 마음이 불안했다. 적은 외부에만 있는 것이 아니었다. 충성을 맹세한 가신들은 물론 친족조차도 언제 노부나가에게 칼을 겨눌지 알 수 없었다. 그래서 노부나가는 자신을 지키는 친위대를 편성해서 그들을 기요스성에 배치했다. 그 숫자는 800명 정도였다. 친위대는 모두 집을 떠나서 기요스성에서 기거했다. 그들은 영지를 보유하지 않고 전투를 직업으로 하는 상비군이었다.

전국시대 무사는 각기 자신의 성을 쌓고 그곳에 거주하면서 영지를 다스렸다. 무사들은 독립성향이 강한 호족이었다. 농촌을 사실상 지배했던 그들은 고쿠진国人으로 불렸다. 전쟁이 일어나면 다이묘가 무사들에게 동원령을 내렸고, 고쿠진은 평소 거느리던 게라이家来와 토착 무사 그리고 농민들을 동원해 주군의 성으로 달려갔다. 고쿠진·토착 무사 집안의 장남은 당연히 가문의 대를 잇기 위해 집안에 남아있었다. 하지만 장남 이외의 아들은 비교적 자유롭게 행동할 수 있었다. 노부나가는 그런 고쿠진과 토착 무사의 자제 중에서 인재를 선별해서 친위대를 편성했다. 노부나가는 그들을 전문 전투원으로 훈련시켰다. 그들은 노부나가가 오와리를 통일하는 전쟁에서 눈부시게 활약했다. 그들 중에는 훗날 노부나가가 교토로 진출한 후에 오다 군단의 장수로 출세한 자도 있었다.

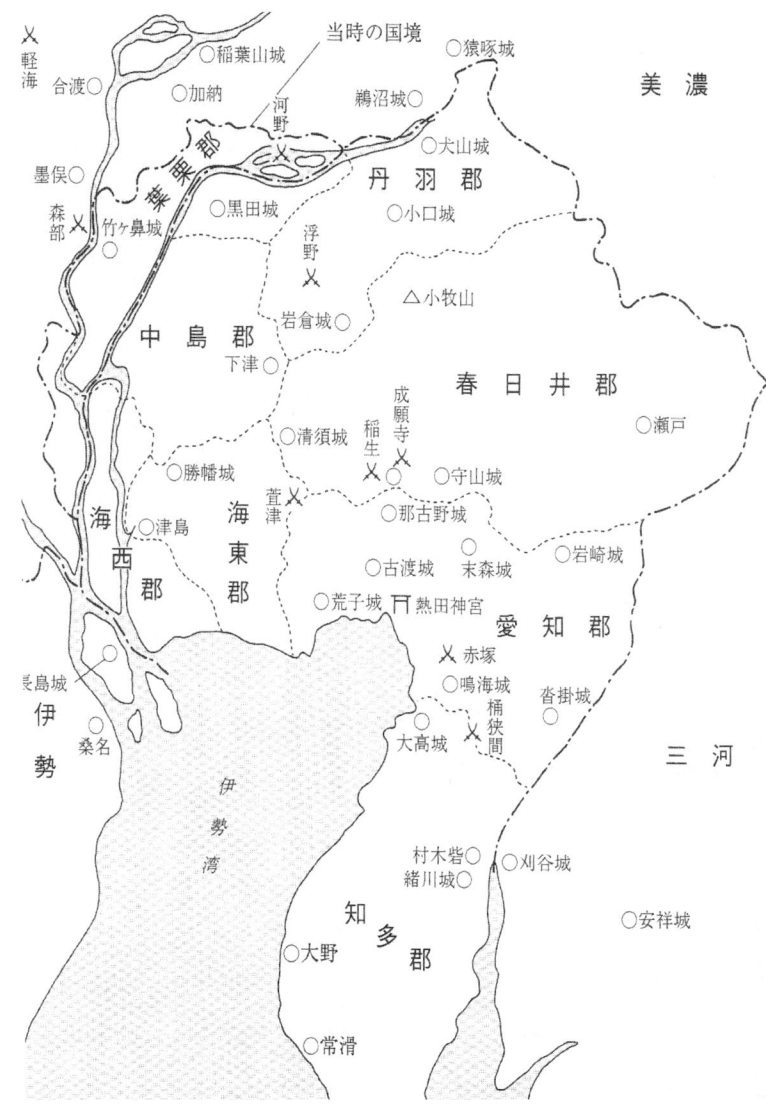

오와리 지역 주요 전적지 / 桐野作人, 『織田信長』, 新人物往来社, 2011

CHAPTER5. 화려한 등장

section 1. 무서운 통솔자

오다 노부히데가 사망한 후, 이마가와 요시모토今川義元는 노부나가에 대해 공격적인 태도를 취했다. 1554년 정월 스루가·미카와 지역을 지배하는 이마가와 요시모토가 오와리를 침략했다. 미카와의 오카자키성岡崎城(지금의 아이치현 신시로시新城市)을 점거하고 오와리 침략 기회를 엿보고 있던 이마가와군이 미즈노 노부모토水野信元가 지키는 오가와성緒川城(지금의 아이치현 지타군知多郡)을 공략했다. 이마가와군은 먼저 오가와성 북쪽 무라키村木에 성을 쌓았다.

미즈노 노부모토의 근거지는 오와리와 미카와 경계 지역에 있었다. 그곳은 항상 오다 가문과 이마가와 가문이 서로 차지하려고 다투던 지역이었다. 미즈노 노부모토는 꽤 넓은 지역을 지배하고 있었지만 오다 가문이나 이마가와 가문 어느 편에 속하지 않으면 안 되는 처지였다. 미즈노 가문은 일찍이 이마가와 가문을 섬겼으나 1550년경부터 오다 가문에 복종하고 있었다. 노부나가는 어려운 상황에 처한 미즈노씨를 외면할 수 없었다. 더구나 미즈노씨 지배 지역은 전략적으로 매우 중요한 곳이었다. 그 지역을 이마가와 가문이 차지하면 오와리 지역을 방어하기 어려웠다. 노부나가는 오가와성을 구원하기로 결심했다.

그러나 당시 노부나가는 오와리 내부의 적들과 싸우고 있었다. 특히 기요스성의 오다씨와 전투를 벌이고 있었다. 이마가와 가문과의 싸움에 전력을 집중할 수 없었다. 노부나가가 본성인 나고야성을 비우고 출진한다면 일족들이 후방을 공격할 가능성이 있었다. 노부나가는 고심 끝에 동맹을 맺고 있던 사이토 도산에게 구원을 요청했다. 사이토 도산은 즉시 원군을 파견했다. 1554년 정월 21일 노부나가는 사이토 부대에게 나고야성을 지키게 하고, 자신은 군사를 이끌고 오가와로 출진했다. 나고야성에서 오가와까지는 비교적 가까운 거리였다. 하지만 도중에 있는 여러 성을 이마가와 가문이 지배하고 있었다. 노부나가는 아쓰타熱田에서 배를 타고 가기로 했다. 그런데 하필 그날은 거센 폭풍우가 몰아쳤다. 물길이 위험하다고 생각한 측근들이 만류했다. 그러나 노부나가는 기어이 배를 타고 오가와로 건너갔다.

오가와성에서 미즈노 노부모토와 합류한 노부나가는 24일 새벽부터 무라키성을 공격했다. 무라키성은 해안의 야트막한 고지에 세운 요새였다. 성의 남쪽에 깊은 해자를 파서 적이 접근하기 어렵게 만들어 놓았다. 성이 바라다 보이는 곳에 진을 친 노부나가는 화승총 부대를 전면에 배치해서 적의 기선을 제압하고 일제히 돌격하는 전법을 구사했다. 지옥을 방불케 하는 전투는 오전 8시경에 시작되어 오후 5시경까지 계속되었다. 드디어 노부나가가 무라키성을 점령했다.

노부나가는 정월 25일에 나고야성으로 개선했다. 노부나가는 다음 날 나고야성을 지켰던 사이토씨 부대를 방문해서 예의를 갖추고 노고를 치하했다. 그때 노부나가는 사이토군 부대장에게 무라키성 전투 전 과정을 자세하게 설명했다. 부대장은 노부나가에게 들은 이야기를 사이토 도산에게 전했다. 그때 사이토 도산은 다음과 같이 말하며 탄식했다고 한다. "노부나가는 무서운 사내다. 그와 같은 인물과 국경을 맞대고 있다는 것은 불행한 일이다."

section 2. 이마가와 요시모토의 침략

1558년 2월 이마가와 요시모토는 훗날 도쿠가와 이에야스德川家康라고 이름을 바꾼 마쓰다이라 모토야스松平元康에게 노부나가의 영토를 침략하라고 명령했다. 같은 해 3월 오와리 치다군知多郡 대부분이 이마가와 가문의 영토로 편입되었다. 노부나가가 군대를 이끌고 출진해 싸웠으나 이기지 못하고 돌아왔다. 그 후 노부나가는 적과 내통하는 부하를 제거하는 등 고육책을 써가며 이마가와 가문에 맞섰지만 적의 세력은 더욱 강성해졌다.

1560년 5월 이마가와 요시모토가 스루가駿河·도토우미遠江·미카와三河 지역의 군사를 이끌고 오와리를 침략했다. 『신초코키信長公記』에는 이마가와 군이 4만5,000명으로 기록되어 있다. 하지만 2만이라고 기록한 책도 있고 6만이라고 기록한 책도 있어 정확하지 않다. 당시 이마가와 가문의 세력 규모로 보았을 때 군사 수는 2만5,000명 정도였을 것으로 추정된다.

이마가와 가문이 오와리를 침략한 이유에 대해서도 여러 설이 있다. 단순히 영토를 넓히기 위해 침략했다는 설도 있고, 교토로 진출하기 위한 대규모 군사행동이었다는 설도 있다. 이마가와 요시모토가 여러 다이묘들의 지배 지역을 정복하면서 교토로 진출하려고 했다는 설은 과장된 면이 없지 않다. 실제로 가장 신빙성 있는 사료라고 할 수 있는

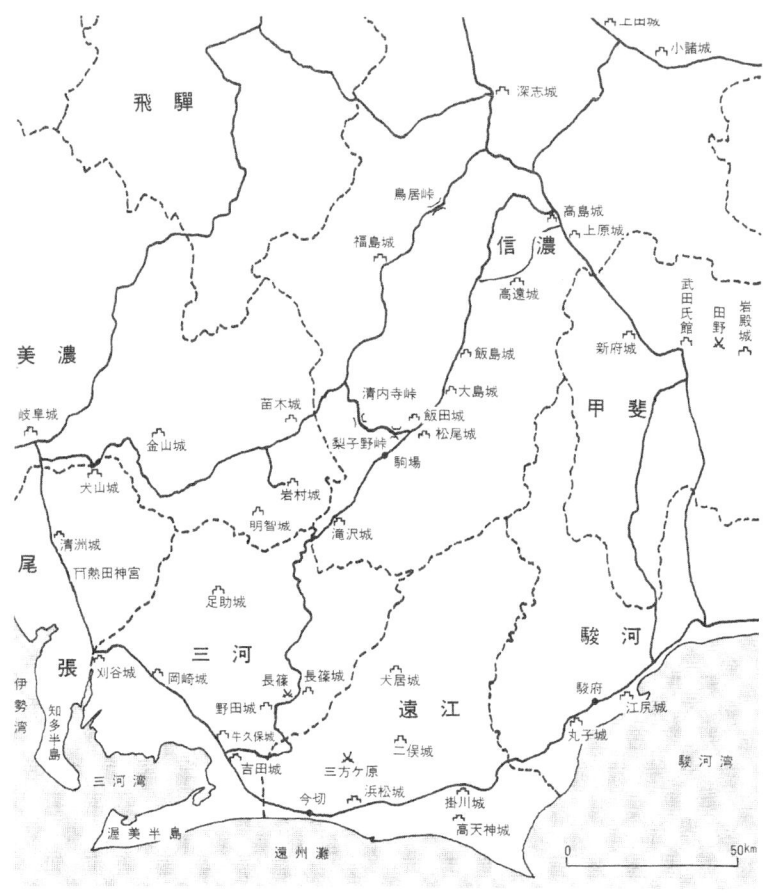

오와리 · 미카와 · 도토우미 · 스루가 지역

『신초코키』·『미카와모노가타리三河物語』에 이마가와 요시모토가 교토로 진출하려고 했다는 기록이 보이지 않는다. 그렇다면 요시모토의 오와리 침략은 영토를 넓히는 데 목적이 있었다고 해야 할 것이다.

하지만 이마가와 요시모토가 교토로 진출하려고 했다는 설을 일축해 버릴 수 없는 일이다. 당시 유력한 다이묘들은 모두 교토로 진출하려는 꿈을 꾸고 있었다. 요시모토는 일찍부터 교토의 귀족들과 친분을 쌓고 있었다. 당시 재정이 궁핍해진 교토의 귀족들이 각 지방 다이묘들의 보호를 받으며 생활하는 경우가 많았다. 요시모토는 자신에게 의지하고 싶어 하는 귀족들을 기꺼이 맞아들였다. 특히 요시모토를 충실하게 보좌했던 승려 세쓰사이雪齋가 자주 교토의 귀족들을 방문해서 친분을 쌓았다. 교토의 정세에 밝았던 요시모토는 오와리를 손에 넣은 다음 장차 교토로 진출하려고 했을 가능성이 있었다. 그래서 요시모토의 오와리 침략이 교토 진출을 위한 전초전이라는 소문이 돌았을 것이다.

1560년 5월 이마가와 요시모토가 대군을 이끌고 오와리를 침략했다. 선봉이 5월 17일에 아이치군愛知郡에 다다랐고, 다음 날 요시모토가 그곳에 도착했다. 요시모토는 그곳에서 작전회의를 열고 진격 방향을 결정했다. 먼저 마쓰다이라 모토야스가 2,500명의 군사를 거느리고 오다카성大高城(지금의 나고야시 미도리쿠 오다카초) 동쪽에 있는 오다군 요새를 공격해서 교두보를 확보하도록 했다. 총대장 요시모토는 마쓰다이라 모토야스에게 병량을 오다카성으로 나르는 임무를 부여했다. 모토야스는 어렵지 않게 임무를 완수했다.

서전에서 승리한 요시모토는 고무되어 있었다. 요시모토는 모토야스에게 오다카성을 지키게 하고, 5월 19일 자신이 직접 1만여 명의 군사를 이끌고 오케하자마桶狹間(지금의 아이치현 나고야시와 도요아케시豊明市 경계에 있는 산기슭)로 진군했다. 요시모토가 진군하기 전에 이미 그의 부장이 5,000여 명의 군사를 이끌고 바다 쪽에서 진격해 기요스성 공략을 위한 작전을 전개하고 있었고, 수천 명으로 구성된 여러 별동대가 요시모토가 직접 이끄는 본대를 3~4킬로미터 주변에서 에워싸고 진군하고 있었다. 또 오다군이 후방을 기습할 것에 대비해 국경 부근의 여러 성에 지원군을 배치시켰다. 매우 신중한 공략작전이었다. 오케하자마를 지나면 노부나가의 거성 기요스성으로 한걸음에 내달을 수 있었다.

그 무렵 오다 노부나가는 계속해서 들어오는 정보를 분석하면서 요시모토군의 움직임을 세밀하게 파악하고 있었다. 중신들의 의견을 경청하기도 했다. 아무리 동원해도 3,000명을 넘지 않는 오다군의 군사력에 비해 적군의 수가 워낙 많았다. 또 머리를 짜내도 적을 효과적으로 방어할 뚜렷한 방책이 없었다. 『신초코키』에 따르면, 오케하자마 전투 전날인 5월 18일 밤 노부나가는 전략회의를 개최하지 않았다. 기요스성에 중신들이 모였지만 노부나가는 작전에 대한 이야기를 꺼내지 않고 잡담만 했다. 해가 지자 노부나가는 가신들을 집으로 돌려보내고 자신도 일찍 침소에 들었다. 노부나가의 행동을 지켜본 가신들이 탄식하며 말했다. "오다 가문의 운이 다했구나. 지혜의 거울이 흐려진다고 하는 것은 이것을 두고 이르는 말이구나."

적의 대군이 침략한 긴급한 상황에 직면해 이렇다 할 전략회의도 열지 않았다는 것은 다분히 노부나가의 의도적인 행동이었을 가능성이 높다. 가신들에게 의견을 물어보면 가신들의 의견은 크게 두 가지로 요약될 것이다. 적의 숫자가 너무 많아 상대가 되지 않으니 일시적으로 이마가와씨에게 항복하자는 의견, 싸운다고 하더라도 소수의 군사력으로 다수의 적을 맞아 싸우는 방법은 오직 본성에서 농성하는 길 밖에 없다는 의견일 것이다.

다이묘의 셈법과 가신들의 셈법은 달랐다. 다이묘는 전쟁에서 지면 다시는 가문의 영예를 되찾을 수 없다는 위기감이 있었다. 하지만 가신들은 적의 편에 붙어서 집안을 보존할 수 있는 길이 열려 있었다. 항복하는 것이 오히려 전화위복이 될 수도 있었다. 농성을 하면서 득실을 저울질하는 것도 방책이 될 수 있었다. 농성하다가 불리하면 주군을 사로잡고 적과 거래를 하는 방법도 있었다. 냉혹하게 말하자면, 노부나가가 위기에 처했을 때 그의 편을 들어줄 가신은 많지 않았다. 그것이 전국시대의 주종관계였다. 노부나가는 가신들의 속마음을 꿰뚫어 보고 있었다. 가신들에게 물어보았자 돌아올 답은 정해져 있었다. 노부나가는 일찌감치 전략회의에서 묘책을 찾느니 차라리 죽음을 각오하고 싸우기로 작정했을 가능성이 높다.

section 3. 오케하자마 전투

1560년 5월 19일 새벽 이마가와 대군이 움직이기 시작했다는 보고가 있었다. 그러자 노부나가는 즉시 일어나서 출진을 결심하고 춤을 추며 다음과 같은 노래를 읊었다. "인생 50년, 하늘 아래를 둘러보니 한바탕 꿈이어라. 한 번 목숨을 얻어 멸망하지 않는 것이 있을 손가." 그리고 출진 준비를 했다. 출진을 알리는 나팔을 불게 한 다음 군장을 갖추었다. 그리고 선 채로 다시마와 밤을 곁들인 밥 한 술을 물에 말아먹고 말에 올랐다. 불시에 출진했기 때문에 처음부터 노부나가를 따르는 무사는 5명의 기병과 보병 200여 명 뿐이었다.

노부나가가 먼저 향한 곳은 오다씨의 신사가 있는 아쓰타熱田였다. 30리를 단숨에 달려서 아쓰타에 도착한 노부나가는 신사에 참배하며 전승을 기원했다. 그리고 다음과 같이 말하며 가신들을 격려했다. "신사 내전 깊은 곳에서 금으로 만든 갑옷 소리가 났으니 반드시 신의 가호가 있을 것이다." 신사 앞에는 주군의 출진 소식을 듣고 급하게 달려온 친위대와 중신들이 이끄는 군대가 막 도착하고 있었다. 인원은 약 2,000명이었다.

노부나가는 아쓰타 신사에서 남쪽으로 진군했다. 젠쇼지善照寺 요새로 가기 위해서였다. 바로 그 시각에 이마가와군의 전위 부대가 전방에 있는 오다군의 요새를 점령했다. 노부나가는 행군 도중에 남쪽 하늘에 봉화가 오르는 것을 보았다. 요새가 함락되었음을 직감한 노부나가는 발걸음을 재촉해 젠쇼지 요새에 이르렀다. 그곳은 적이 바라다 보이는 곳이었다. 노부나가는 그곳에서 적의 동태를 살피며 첩보원의 보고를 기다렸다.

그 무렵 이마가와군의 전위 부대는 이미 바다 쪽으로 나 있는 동해도東海道를 따라서 나카지마中島 요새까지 진격했다. 젠쇼지에서 그 광경이 내려다보였다. 그때 돌연히 300여 명의 군사가 이마가와군을 기습했다. 오다군의 별동대였다. 『신초코키』에 따르면 오다군의 별동대는 노부나가가 젠쇼지에 들어가는 것을 확인한 후에 움직였던 것 같다. 그렇다면 이 부대는 오다군 본진의 지원을 기대하면서 전단을 열었을 것이다. 하지만 노부나가는 움직이지 않았다. 이마가와군에 포위된 오다군의 별동대가 순식간에 전멸했다. 그러는 사이에 늦게 출발한 가신들이 군사를 이끌고 속속 젠쇼지 요새로 모여들었다. 군사 수는 약 3,000명으로 늘어났다.

대군의 침략이라는 비상시에 전열도 갖추지 않고 불시에 출진한 총대장 노부나가를 가신들이 황황히 따라가는 모양은 현실과는 너무 동떨어져 있었다. 합리적으로 생각하면, 노부나가는 군사 행동을 적에게 들키지 않게 하기 위해 군대를 나누어 행군하도록 지시했고, 적군과 최후의 결전을 하기로 작정한 장소 가까이에 집합시키는 전략을 구사했다고 추정하는 것이 타당할 것이다. 하지만 노부나가가 전략적으로 행동했다는 근거는 어디에도 없다.

　10배에 가까운 적을 맞이한 노부나가는 기습 이외에 이길 수 있는 방도가 없다고 판단했을 것이다. 항복은 할 수 없고, 농성을 한다고 해도 지는 것은 불 보듯 뻔한 일이었다. 노부나가는 수세적인 방법을 물리치고 기습이라는 도박을 결심했다. 기습이라면 나름대로 해볼만하다고 판단했을 것이다. 본거지에서 멀리 적지까지 행군한 이마가와군보다 자신의 군대가 지리를 잘 알고 있었다. 정보도 얻기 쉬웠다. 그런 장점에 모든 것을 거는 작전을 구사하는 길 이외에 다른 방책이 없었을 것이다.

　노부나가는 정보와 심리를 중시하는 통솔자였다. 그는 적의 정보망을 교란시키는 데 힘을 쏟았다. 당연히 자신의 정보망을 구축하는 데 남다른 관심을 보였을 것이다. 그의 전술과 전략은 언제나 믿을만한 정보를 최대한 활용하는 것이었다. 이마가와 요시모토가 이미 국경을 넘었을 때도 노부나가는 첩보원이 보내는 정보를 수시로 점검하고 있었다. 적의 동태뿐만이 아니라 날씨에 관한 정보도 일급 정보로 분류했다. 노부나가는 그러한 정보를 바탕으로 군사행동을 결심했을 것이다.

　오다군이 다 결집했을 즈음, 요시모토가 이끄는 이마가와군 본대가 구쓰카케沓掛 지역(지금의 아이치현 도요아케시)을 지나서 오다카大高로 이동하고 있다는 정보가 들어왔다. 노부나가는 적이 오케하자마를 지날 것이라고 직감했다. 그곳은 아무리 많은 적이라도 행군대열이 길게 늘어나지 않을 수 없는 산기슭이었다. 노부나가는 기습을 생각했다. 하지만 소수의 병력으로 적의 본대를 정면에서 공격할 수는 없었다. 설령 기습에 성공한다고 하더라도 전투에서 이긴다는 보장이 없었다. 노부나가는 만약의 사태에 대비해 약 1,000명의 군사로 하여금 젠쇼지 요새를 지키게 하고, 자신이 직접 2,000명의 군사를 이끌고 최전선 나카지마中島 요새를 향해 출발하려고 결심했다.

이때 중신들이 필사적으로 노부나가를 만류했다. "젠쇼지에서 나카지마로 가려면 허허벌판을 가로지르는 외길로 행군해야 합니다. 곧 적에게 군사 수가 적다는 것이 알려지게 될 것입니다. 이미 이마가와 별동대가 주변에 포진하고 있습니다. 그들과 싸움이 벌어지면 적의 대군에 포위되어 전멸합니다. 지금이라도 본성으로 돌아가야 합니다." 노부나가는 중신들의 간언을 물리쳤다. 노부나가는 적의 척후에 발각되지 않도록 북쪽 방향으로 우회하는 샛길로 행군했다.

노부나가는 오케하자마에서 3킬로미터 떨어진 나카지마 요새에 도착해 첩보원들의 보고를 기다렸다. 여기서도 중신들은 노부나가의 출격을 필사적으로 만류했다. 노부나가는 다시 중신들의 간언을 물리치며 말했다. "우리는 비록 많지 않은 군사지만, 적군은 오랜 행군을 하면서 전투를 치렀다. 그들은 이미 지쳐있다. 많은 적이라고 해도 두려워할 것 없다. 운은 하늘에 있다. 힘에 부치면 우리가 물러나고, 적이 물

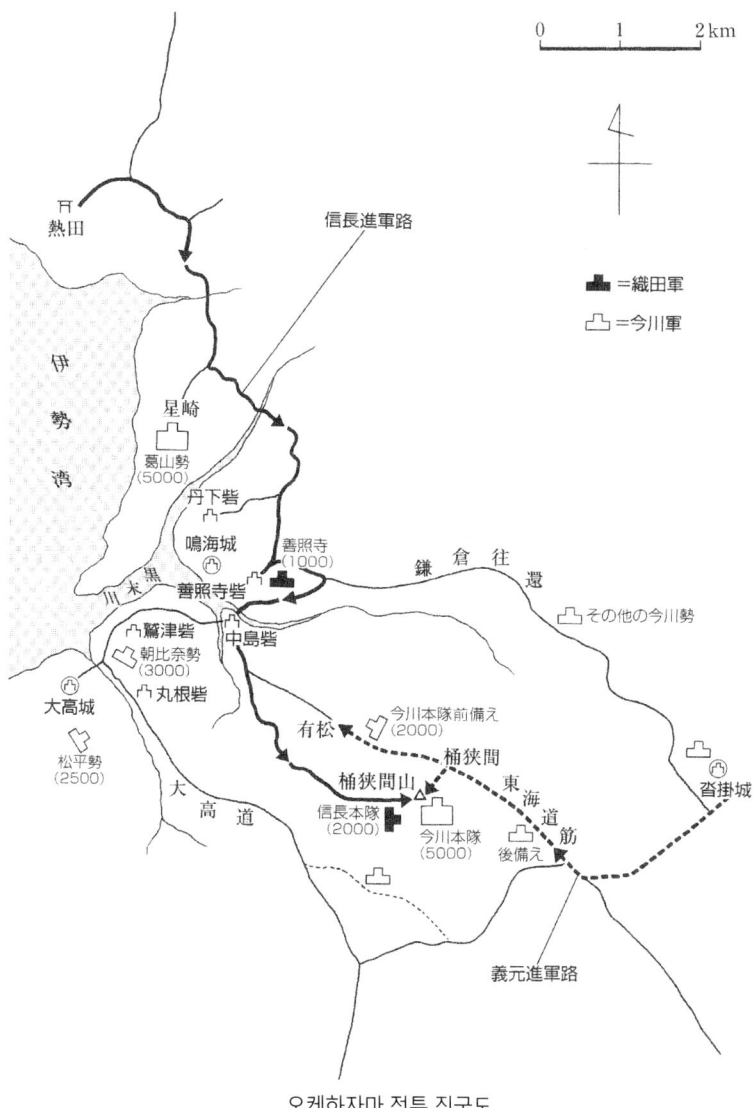

오케하자마 전투 진군도
谷口克広, 『信長の天下布武の道』, 吉川弘文館, 2006

러나면 추격하면 된다."

　노부나가가 나카지마 요새에서 첩보를 기다리는 동안에도 이마가와 대군은 행군을 계속했다. 노부나가와의 거리가 2킬로미터 이내로 좁혀졌다. 노부나가는 피를 말리면서 첩보를 기다렸다. 점심때가 다 돼서야 구쓰카케苦掛의 호족이 보낸 급보가 있었다. 구스카케를 출발해 약 6킬로미터 행군한 이마가와군 본대가 오케하자마에서 휴식하면서 점심을 먹을 준비를 하고 있다는 것이다. 적의 총대장 이마가와 요시모토는 그곳에서 다른 부대와 연락을 취하면서 나카지마·젠쇼지 요새 공격을 계획하고 있었다.

　그때 마침 강풍을 동반한 폭우가 쏟아지기 시작했다. 노부나가는 실낱같이 희미했지만 승리를 예감했다. 용기를 낸 노부나가는 군사를 이끌고 나카지마 요새를 출발해서 오케하자마가 한눈에 내려다보이는 언덕에 이르렀다. 보통 때 같았으면 이마가와군의 척후가 오다군의 이동을 감지했을 터였지만, 큰 나무도 넘어뜨릴 만치 강한 폭풍우가 몰아닥쳤다. 이마가와 요시모토는 방심했다. 더구나 오다군은 폭풍우를 등지고 나아갔고, 이마가와군은 폭풍우에 맞서는 형국이었다. 오다군이 여러 개의 낮은 언덕을 넘어서 이마가와군의 본진을 내려다보는 곳에 이르렀지만 이마가와군은 전혀 알아차리지 못했다. 이마가와 요시모토는 낮은 언덕 정상에 임시로 거처를 마련하고 비를 피하고 있었다. 산기슭에는 이마가와 요시모토 친위대 약 5,000명이 진을 치고 방어진지를 구축하고 있었다. 하지만 폭풍우 때문에 전열이 흐트러져 있었다. 나무 밑에서 비를 피하고 있는 군사들이 많았다.

적진을 면밀하게 살핀 노부나가는 비가 개기를 기다렸다가 돌격 명령을 내렸다. 노부나가가 직접 창을 비껴들고 큰 소리로 호령했다. 오다군이 일제히 활을 쏘며 적진을 향해 내달았다. 오후 1시경이었다. 기습을 받은 이마가와군은 도망하기에 급급했다. 총대장 이마가와 요시모토도 가마를 버리고 도망하는 상황이었다. 요시모토는 친위병 300여 기의 호위를 받았으나 오다군의 추격이 시작되자 친위병은 순식간에 50여 기로 줄었다. 오다군의 모리 신스케毛利新助가 적의 총대장 이마가와 요시모토를 쫓았다. 요시모토도 칼을 빼어들고 대항했다. 그러나 모리 신스케가 큰 소리를 지르며 이마가와 요시모토를 창으로 찔렀다. 모리 신스케는 넘어져 허우적거리는 요시모토의 가슴을 타고 앉아 목을 베었다. 그러자 이마가와군의 전열이 순식간에 무너졌다. 이마가와군의 패잔병들은 그날 오전에 기세를 올리며 행군한 길로 뿔뿔이 흩어져 도망하기에 바빴다. 이 전투에서 오다군은 이마가와군 3,000여 명의 목을 베었다. 노부나가는 일본 전쟁사에 길이 남을 대승을 거두면서 일본의 정치무대에 화려하게 등장했다.

CHAPTER6. 교토로 가는 길

section1. 상생의 외교

오다 노부나가가 오케하자마桶狹間 전투에서 승리하자, 그동안 오다 가문과 이마가와 가문 사이에서 어떻게 처신해야 할 지 눈치를 살피던 국경 지역의 호족들이 속속 노부나가에 충성을 맹세했다. 그 후 노부나가는 모든 다이묘의 꿈이기도 했던 일본을 제패하겠다는 목표를 세웠다. 하지만 노부나가는 서두르지 않았다. 당면한 과제를 하나하나 달성해 가는 방법을 택했다.

노부나가는 전략적으로 사고하는 두뇌의 소유자였다. 그는 목적을 달성하기 위해서 교묘하게 일을 꾸미고, 그것을 자신에게 유리하도록 활용하는 남다른 재간이 있었다. 노부나가는 서쪽의 교토로 진출한다는 목표를 세우고, 그것을 달성하기 위해 다른 지역의 다이묘들과 우호적인 관계를 맺었다. 그 첫 번째 작업이 마쓰다이라 이에야스松平家康와 동맹을 맺는 일이었다.

마쓰다이라 이에야스 나이 8세 때인 1549년부터 이마가와 가문에 인질로 잡혀있었고, 오케하자마 전투 때에는 이마가와군의 선봉으로 활약했다. 이마가와군의 총대장 이마가와 요시모토가 전사하자 고향인 미카와三河(지금의 아이치현愛知県 동부) 지역으로 돌아왔다. 인질로 잡혀 있을 때는 요시모토義元의 이름 한 자를 받아서 모토야스元康라고 칭했으나 인질에서 풀려난 후에는 이에야스라고 개명했다. 참고로 1569년 봄부터 이에야스는 오기마치 천황正親町天皇(재위:1557~1586)의 칙허로 도쿠가와씨德川氏를 칭했다.

오다 · 마쓰다이라 가문의 연합을 추진한 인물이 미카와三河 지역 가리야성刈谷城(지금의 아이치현 가리야시) 성주였던 미즈노 노부모토水野信元였다. 그는 먼저 노부나가에게 말했다. "이마가와 요시모토는 전사했고 그 아들 이마가와 우지자네今川氏真는 범용한 인물입니다. 염려할 것이 못 됩니다. 마쓰다이라 이에야스는 지혜와 용기가 특출합니다. 힘으로 그를 복종시키려고 하면 아마 세월을 낭비할 것입니다. 생각을 바꾸어 화목으로 연합하는 것이 좋을 듯합니다. 그 후 이에야스를 동쪽으로 나아가게 하고, 공께서는 서쪽을 공략한다면 패업을 이룰 수 있을 것입니다."

노부나가는 미즈노 노부모토의 권유를 받아들여 이에야스에게 사신을 보냈다. 이에야스는 중신들에게 이 일을 논의하도록 했다. 사카이 타다쓰구酒井忠次가 말했다. "아직 힘이 약한 마쓰다이라씨가 이마가와씨와 오다씨 사이에 끼어 자립을 도모하는 것은 최선의 방책이 아닙니다. 그렇다고 이마가와 우지자네와 함께하는 것은 만족스럽지 못합니다. 오다 노부나가와 우호적인 관계를 맺는 것이 이로운 방책입니다." 그러자 다른 중신들도 이 의견에 동조했다. 이에야스는 노부나가와 화친하기로 결정했다. 이 소식을 들은 노부나가는 매우 만족했다. 곧 두 집안의 중신들이 만나서 지배지역의 경계를 정했다. 1562년 정월 마쓰다이라 이에야스가 노부나가의 거성이 있는 기요스淸洲로 가서 동맹을 맺었다. 노부나가는 예의를 갖추어 이에야스를 영접했다.

노부나가와 동맹을 맺은 이에야스는 같은 해 2월 이마가와씨가 다스리는 미카와三河(지금의 아이치현 동부) 서쪽 지역을 공격해 빼앗고, 그곳을 지배하던 우도노 나가테루鵜殿長照 가문의 두 아들을 인질로 잡았다. 그들은 이마가와 우지자네의 친족이었다. 이마가와 우지자네는 이 소식을 듣고 크게 노했다. 자신이 인질로 잡고 있던 이에야스의 가족, 즉 처 쓰키야마도노築山殿, 아들 다케치요竹千代, 딸 가메히메亀姬 등을 죽이려고 했다. 그러자 이에야스는 인질로 잡은 나가테루의 두 아들과 자신의 가족을 교환했다.

1563년 2월 노부나가의 딸 도쿠히메德姬와 이에야스의 아들 다케치요의 약혼이 성립되었다. 당시 다케치요와 도쿠히메는 다섯 살 동갑내기였다. 이리하여 오다·도쿠가와 두 집안의 관계가 더욱 돈독해졌다. 7월 6일 이에야스가 모토야스元康에서 이에야스家康로 개명했다. 이에야스가 이마가와 요시모토로부터 물려받은 '元' 자를 버린 것은 자립의 뜻을 공식적으로 선언한 것이었다.

그 후 노부나가와 이에야스의 행동을 보면, 노부나가는 북쪽의 미노美濃와 서쪽의 이세伊勢 지역을 공략하고, 이에야스는 동쪽의 도토우미遠江(지금의 시즈오카현静岡県 서반부)·스루가駿河(지금의 시즈오카현 중부) 지역으로 진출했다. 노부나가와 이에야스가 동맹을 맺을 때 이러한 전략까지 양해하고 협정했던 것 같다. 두 사람의 정치적 판단과 결단으로 노부나가는 서쪽, 이에야스는 동쪽이라는 영토 확장 방향이 정해졌고, 두 가문의 동맹은 노부나가가 사망할 때까지 20여 년간 단 한 번도 깨진 적이 없었다. 배반이 빈번했던 전국시대에 매우 드문 일이었다. 이에야스는 그만큼 노부나가의 실력을 높이 평가했다. 노부나가도 이에야스와 동맹을 맺어서 이마가와씨·다케다씨武田氏를 견제할 필요가 있었다. 후방을 든든한 동맹자에게 맡긴 노부나가는 오로지 교토 방향으로 영토를 확장하는 일에 전념할 수 있었다.

오다 노부나가는 다케다씨와 우호적인 관계를 유지하려고 노력했다. 이마가와씨를 견제하기 위해서였다. 당시 다케다 신겐武田信玄은 중부 일본을 호령하던 명장이었다. 그를 적으로 삼는다면 비록 다케다군과 싸워서 매번 이기더라도 많은 세월을 허비할 수밖에 없었다. 그러면 교토로 진출하는 목표가 달성된다는 보장이 없었다. 그래서 노부나가는 가능한 한 다케다씨와 군사적 충돌을 피하려고 했다.

노부나가는 다케다 신겐에게 종종 사신을 보내 진귀한 물건을 선물하며 공순한 태도를 취했다. 다케다 신겐은 센고쿠다이묘들 중에서 외교에 가장 능하다고 평가되는 인물이었다. 자신에게 공순한 태도를 보이는 노부나가의 속내를 꿰뚫어 보고 있었다. 그러나 신겐은 노부나가가 내민 손을 잡지 않을 수 없었다. 호조씨北条氏・우에스기씨上杉氏라는 강적과 국경을 맞대고 있었던 다케다 신겐 또한 노부나가와 우호적인 관계를 유지하는 것이 유리했던 것이다.

노부나가는 조카를 양녀로 들여서 다케다 신겐의 아들인 다케다 가쓰요리武田勝頼에게 시집보냈다. 그러나 불행하게도 가쓰요리의 아내가 된 노부나가의 조카가 출산후유증으로 죽었다. 그러자 노부나가는 신겐의 딸을 자신의 장남인 오다 노부타다織田信忠의 아내로 맞아들이겠다고 제안했다. 다케다 신겐도 노부나가의 제안에 동의했다. 이런 과정을 보면, 노부나가와 신겐이 얼마나 우호적인 관계를 중요시했는지 알 수 있다.

오다 노부나가와 다케다 신겐은 보다 현실적인 문제로도 이마를 맞댔다. 가장 주목되는 것이 이마가와 가문이 지배하던 영지를 다케다 신겐과 도쿠가와 이에야스가 분할하기로 한 밀약이었다. 내륙에 영지를 가진 다케다 신겐은 바다에 접한 스루가駿河 지역을 손에 넣는 것이 절실했다. 그것은 노부나가 입장에서도 다케다 신겐과 우호적인 관계를 지속할 수 있는 호재였다. 무엇보다도 다케다 신겐의 관심을 자신이 진출하려는 쪽과 다른 방향으로 쏠리게 할 수 있는 것만으로도 바람직한 일이었다.

1564년 7월 노부나가는 자신의 여동생 오이치お市를 오미近江(지금의 시가현滋賀県)의 다이묘 아자이 나가마사浅井長政에게 시집보내기로 약속했다. 오미 지역은 사이토斎藤 가문이 지배하는 미노美濃의 배후에 있는 지역이었을 뿐만 아니라 교토로 진출하는 길목에 해당하는 곳이었다. 그래서 노부나가는 아자이 나가마사와 우호적인 관계를 맺을 필요가 있었다. 노부나가는 정략결혼을 추진하면서 나가마사에게 아사쿠라씨朝倉氏와 싸우지 않겠다고 약속했다. 아사쿠라 가문은 아자이 가문과 매우 친밀한 관계를 유지하고 있었기 때문이다.

section 2. 미노 공략

원래 사이토 가문과 오다 가문은 친밀한 관계를 유지했다. 특히 오다 노부나가는 사이토 도산斎藤道三의 딸을 아내로 맞아들였다. 두 사람의 관계는 단지 장인과 사위의 관계를 넘어서 서로 실력을 인정하는 사이였다. 두 사람이 쇼토쿠지聖德寺(지금의 나고야시 덴파쿠쿠天白区)에서 만났을 때, 도산이 노부나가의 기량에 감복했다는 이야기는 유명하다. 노부나가가 무라키성을 공격할 때, 사이토 도산에게 원군을 요청했고, 사이토군으로 하여금 자신의 거성인 나고야성을 지키게 했다. 두 사람 사이에 굳건한 신뢰가 없었다면 불가능한 일이었다.

그런데 노부나가가 오와리尾張(지금의 아이치현愛知県 서반부) 지역 내에서 친족과 세력다툼을 하는 동안 사이토 가문도 내분을 겪었다. 인심을 잃은 사이토 도산이 권좌에서 쫓겨나고, 그의 큰아들 사이토 요시타쓰斎藤義竜가 사이토 가문의 당주가 되었다. 분을 이기지 못한 도산은 1556년 4월 군사를 이끌고 나가라가와永良川 인근(지금의 기후현岐阜県 하시마시羽島市 일대)에서 요시타쓰와 싸웠으나 오히려 전사하고 말았다. 이때 노부나가가 도산을 지원하기 위해 사이토 가문의 영내로 진격했으나 이미 도산이 전사한 후였다. 도산이 사망하면서 사이토 가문과 오다 가문의 동맹은 사실상 깨지고 말았다.

사이토 도산이 큰아들 요시타쓰와 싸우기 위해 군사를 움직이기 하루 전, 이미 죽음을 각오한 도산은 유서를 써서 교토 묘카쿠지妙覺寺에 있는 막내아들에게 보냈다. 거기에는 자신이 지배하던 미노美濃(지금의 기후현 남부) 지역을 사위 오다 노부나가에게 양도한다는 내용이 있다. 지금까지 남아있는 유서가 정말 사이토 도산이 남긴 것인지 불명하다. 하지만 『고노키江濃記』를 비롯한 사료에 큰아들과 대립했던 도산이 노부나가 미노 지역을 지배하기를 원했다는 기록이 있는 것으로 보아 전혀 근거 없는 이야기는 아니었던 것 같다.

사이토·오다 가문의 동맹이 깨지면서 두 집안이 다시 적대하는 사이가 되었다. 하지만 한동안 서로 싸움을 걸지 않았다. 당시 노부나가는 오와리 지역을 통일하는 데 여념이 없었을 뿐만 아니라 이마가와 가문의 군사행동에 대응해야 했기 때문에 미노 지역으로 눈을 돌릴 여유가 없었다. 한편 사이토 요시타쓰도 분열된 인심을 수습하고 정치질서를 세우는 일이 시급했다. 그러나 요시타쓰는 은밀하게 노부나가에 반감을 품고 있던 오다씨 일족을 자기편으로 끌어들이거나 군사적으로 지원하면서 오와리 지역을 혼란스럽게 했다.

그러던 중 노부나가에게 기회가 찾아왔다. 1561년 5월 11일 사이토 요시타쓰가 급사한 것이다. 그 뒤를 이은 것은 14세 소년 사이토 다쓰오키斎藤竜興였다. 요시타쓰가 사망했다는 정보를 입수한 노부나가가 즉시 출진했다. 노부나가는 기소가와木曽川를 건너 사이토씨 영내로 쳐들어갔다. 사이토씨도 즉시 군사를 내어 모리베森部(지금의 기후현岐阜県

안파치군安八郡) 들판에서 싸웠다. 이 전투에서 사이토군 170여 명이 전사했다. 노부나가의 승리였다. 노부나가는 모리베 전투를 통해 사이토군의 전력을 직접 점검할 수 있었다.

모리베 전투에서 승리한 노부나가는 오와리로 돌아오지 않고, 모리베에서 가까운 곳에 있는 스노마타墨俣(지금의 기후현 오가키시大垣市 스노마타초墨俣町) 요새를 점령했다. 그러자 5월 23일 사이토 다쓰오키가 군대를 보냈다. 사이토군은 이나바야마성稲葉山城(지금의 기후현 기후시) 서쪽 주시조十四条(지금의 기후현 모토스군本巢郡)에 진을 쳤다. 노부나가도 스노마타 요새에서 나와 전투를 벌였다. 하지만 노부나가가 패배했고, 사이토군이 후퇴하는 노부나가군을 추격했다. 노부나가는 일단 스노마타 요새로 물러났다가 자신의 거성인 기요스성으로 돌아왔다.

노부나가는 사이토 가문 공략에 집중하기로 했다. 1563년에 거성을 기요스성에서 고마키성小牧城(지금의 아이치현 고마키시)으로 옮겼다. 고마키성은 미노를 공격하기에 매우 좋은 전략적 요충지였다. 고마키성에서 사이토씨의 거성인 이나바야마성을 기습 공격할 수 있었다. 고마키성은 한마디로 미노를 공격하기 위한 성이었다.

한편, 노부나가와 이누야마성犬山城(지금의 아이치현 이누야마시) 성주인 종형제 오다 노부키요織田信清의 사이가 벌어졌다. 당시 노부키요는 기소가와의 남쪽 벌판과 지금의 아이치현 니와군丹羽郡 일대를 지배하고 있었다. 노부키요는 노부나가가 미노 지역을 공격할 때 협력했지만, 노부나가 세력이 급성장하자 불안감을 느꼈던 것 같다. 노부키요는 은밀히 사이토씨와 내통하며 노부나가에 대항하는 자세를 취했다.

고마키성으로 본거지를 옮긴 노부나가는 먼저 종형제 오다 노부키요를 공격할 계획을 세웠다. 노부나가는 부장 니와 나가히데丹羽長秀에게 노부키요의 지배하에 있는 호족들을 회유해서 자기편으로 끌어들이게 했다. 그런 다음 노부키요의 본거지 이누야마성을 포위했다. 그러자 노부키요가 성을 버리고 도망해서 다케다 신겐에게 몸을 의탁했다. 오와리 내부의 적을 완전히 제거한 노부나가는 미노 지역 공략에 전념했다.

기소가와 연변에 우누마성鵜沼城(지금의 기후현 가카미가하라시各務原市)과 사루바미성猿啄城(지금의 기후현 가모군加茂郡)이 있었다. 1564년경 노부나가는 기소가와를 건너 요새를 건설하고 우누마성을 포위했다. 그러자 우누마성 성주가 항복했다. 노부나가는 즉시 사루바미성을 공략했다. 사루바미성 성주도 항복했다. 우누마성에서 10킬로미터 정도 떨어진 곳에 가지타성加治田城이 있었다. 1565년 7월 가지타성 성주가 항복하겠다는 뜻을 전해왔다. 가지타성을 손에 넣으면 미노의 동부 지역을 쉽게 공략할 수 있었다. 노부나가는 든든한 지원군을 얻었던 것이다.

노부나가는 먼저 사이토 가문을 섬기던 호족들을 회유해서 우군으로 끌어들였다. 끝까지 복종하지 않는 호족은 쳐서 우환을 없앴다. 노부나가가 영토 깊숙이 침략하자 사이토군이 반격에 나섰다. 사이토군은 가지타성 남쪽의 도호라堂洞(지금의 기후현 가모군)에 성을 쌓고 가지타성을 공격할 준비를 했다. 9월 28일 노부나가가 출진해 도호라성을 공격했다. 저녁때까지 계속된 전투에서 노부나가가 승리했다.

노부나가의 미노 공략이 순탄하게 진행된 것은 아니었다. 1566년 8월 고노시마河野島(지금의 기후현 가카미하라시) 전투에서 노부나가는 사이토군에게 크게 패했다. 8월 29일 오다군이 기소가와를 건너서 사이토씨 영내로 들어가 진을 쳤다. 하지만 사이토군의 공격으로 수세에 몰린 오다군이 강을 건너서 퇴각하다가 많은 군사가 익사하거나 전사했다. 고노시마 전투에서 크게 패한 노부나가는 기소가와 건너편에 요새를 구축하지 않고는 승리할 수 없다는 것을 알았다. 노부나가는 스노마타墨俣에 교두보를 확보하려고 했다.

그러나 오와리와 미노의 국경에 해당하는 스노마타는 기소가와 뿐만 아니라 두 줄기의 하천도 합류하는 곳에 위치한 전략적 요충지였다. 그래서 그곳은 예부터 전투가 벌어질 때마다 쟁탈의 목표가 되었다. 그런데 적진에 있는 스노마타에 성을 쌓는 일은 결코 쉬운 일이 아니었다.

노부나가는 여러 장수들과 상의했으나 누구도 선뜻 나서는 사람이 없었다. 고심끝에 노부나가는 훗날 하시바 히데요시羽柴秀吉를 칭하게 되는 기노시타 히데요시木下秀吉에게 스노마타에 성을 쌓는 일을 맡겼다. 기노시타는 강의 상류에서 목재와 축성 재료를 준비해 뗏

기후성

목으로 운반했다. 병사의 일부는 사이토군의 공격을 막게 하고 나머지 병사는 공사에 동원했다. 소식을 들은 사이토군이 축성을 저지하려고 했으나 히데요시가 지휘하는 오다군은 사이토군과 싸우면서 단기간에 스노마타성을 완공했다.

  오다군의 축성 작전은 그 지역 토호의 적극적인 협조가 있었기에 가능했다. 히데요시는 스노마타 지역의 호족 하치스카 고로쿠蜂須賀小六를 비롯한 1,000명 이상의 촌민들을 동원하는 공을 세웠다. 당시는 토호들이 많은 부랑자들을 거느리면서 세력을 형성하고 있었다. 그것은 사회 변동기에 항상 나타나는 현상인데, 기노시타 도키치로는 사회 현상을 눈여겨 봐 두었다가 결정적인 순간에 이용하는 기지를 발휘했던 것이다.

  스노마타성을 건설한 노부나가는 유리한 입장에서 미노 지역을 공

천하포무 인장

략할 수 있었다. 1567년 8월 사이토씨의 유력한 가신들이 주군 사이토 다쓰오키를 배반하고 노부나가와 내통했다. 노부나가는 즉시 군사를 움직여 이나바야마성을 포위했다. 노부나가군은 이나바야마성에 불을 질러 초토화시켰다. 승산이 없다고 판단한 사이토 다쓰오키가 도망하면서 사이토 가문이 멸망했다. 숙원을 푼 노부나가는 거성을 이나바야마성으로 옮기고 그곳의 지명을 기후岐阜(지금의 기후현 현청 소재지)라고 했다.

노부나가가 미노를 공략하자, 오기마치 천황正親町天皇이 노부나가에게 칙사를 보냈다. 천황은 미노·오와리 지역에 천황 직할 영지를 설정해 줄 것, 자기 아들의 성인식 비용과 궁궐의 수리비를 부담해 줄 것 등을 요청했다. 그런데 여기서 오해하지 말아야 할 것은 오기마치 천황이 노부나가에게만 그런 요청을 한 것이 아니었다는 것이다. 천황의 목적은 천황 일족이 지배하는 장원을 회복하는 것이었지 특정한 다이묘와 친분관계를 맺거나 힘을 실어주는데 있지 않았다. 그래서 실력이 있다고 판단한 여러 다이묘에게 같은 요구를 했다.

그러나 노부나가에게 천황의 칙명은 교토 입성의 기회를 제공하는 촉매제였다. 노부나가가 상경을 꿈꾸었던 것은 결코 천황·쇼군에게 경의를 표하기 위해서가 아니었다. 그는 교토로 진출해서 천하를 수중에 넣겠다는 야망을 불태우고 있었다. 노부나가는 미노를 공략하면서 '천하포무天下布武'라고 새겨진 인장을 사용하기 시작했다. 노부나가는 이미 일본을 제패하겠다는 뜻을 품고 있었던 것이다.

section 3. 이세 북부 공략

그러나 미노美濃 지역을 손에 넣으면 교토로 쉽게 들어간다는 보장이 없었다. 교토로 가는 길목인 오미近江 지역을 지배하는 롯카쿠씨六角氏 일족과 교토를 지배하는 미요시씨三好氏 일족이 힘을 합해 노부나가의 교토 입성을 막을 것이 확실했다. 특히 미요시씨 일족은 13대 쇼군 아시카가 요시테루足利義輝를 암살할 만큼 강력한 세력이었다. 아직 오와리·미노 지역의 병력밖에 동원할 수 없었던 노부나가가 롯카쿠씨·미요시씨를 상대하기 어려웠다. 더욱 강력한 힘을 축적할 필요가 있었다.

노부나가는 서두르지 않고 교토로 가는 길을 열기 시작했다. 1567년에 미노 지역을 공략한 노부나가는 교토로 가는 길목인 이세伊勢(지금의 미에현三重県) 북부 지역을 수중에 넣는 작전에 돌입했다. 당시 이세 지역은 기타바타케씨北畠氏가 남부 5개 군을 지배하고 있었고, 북부 8개 군은 세키씨関氏·구도씨工藤氏를 비롯한 호족 48가문이 할거하면서 지배하고 있었다. 노부나가는 1567년 봄 이나바야마성 공략을 앞두고 다키가와 가즈마스滝川一益에게 이세 북부의 여러 성을 공격하도록 했다. 이어서 노부나가는 8월 중순에 이세 북부로 출진해서 나가시마長島(지금의 미에현三重県 구와나군桑名郡) 일대에 불을 지르는 등 과격한 군사행동을 하고 돌아와 9월에 미노의 이나바야마성을 공략했다.

1568년 2월 노부나가는 다시 이세 북부를 공략했다. 노부나가의 공략 목표는 스즈카군鈴鹿郡(지금의 미에현 스즈카시)과 가와와군河曲郡(지금의 미에현 스즈카시) 일대를 지배하고 있던 간베씨神戸氏와 그의 일족 세키씨関氏, 그리고 안키군庵芸郡(지금의 미에현 쓰시津市)과 아노군安濃郡(지금의 미에현 쓰시津市) 일대를 지배하고 있던 나가노씨長野氏 등이었다.

노부나가는 먼저 간베씨의 거성인 간베성(지금의 미에현 스즈카시鈴鹿市) 주변의 여러 지성을 공격했다. 간베씨의 총대장 간베 도모모리神戸具盛는 자신의 거성을 굳게 지키고 있었다. 그러나 노부나가는 군사력을 앞세운 공격을 피하는 전략을 구사했다. 노부나가는 자신의 3남 노부다카信孝를 간베 도모모리의 양자로 들여보내는 조건을 제시했다. 도모모리는 노부나가의 제안을 받아들였고, 그 후 간베 도모모리는 노부나가 군단에 편성되었다. 도모모리가 노부나가에 복종하자, 그를 섬기던 여러 호족들도 노부나가 군단에 편입했다.

간베씨와 그 일족인 세키씨도 굴복시킨 노부나가는 이어서 나가노 가문을 공격했다. 당시 나가노 가문의 당주는 10살 먹은 소년이었다. 늙은 가신이 어린 주군을 보좌하고 있었다. 그런데 나가노씨 가신들은 노부나가와 전쟁하는 것을 두려워하고 있었다. 그래서 어린 주군을 추방하고 노부나가의 일족을 새로운 주군으로 맞아들이기로 했다. 노부나가는 자신의 동생인 오다 노부카네織田信包를 나가노 가문의 당주로 들여보냈다. 나가노씨를 섬기던 호족들이 자연스럽게 노부나가 군단에 편입되었다.

노부나가가 이세 북부 지역 공략에 힘을 기울인 것은 교토 인근 오미近江 지역을 지배하던 롯카쿠 요시카타六角義賢를 견제하기 위해서였다. 이세 지역의 호족들은 일찍부터 롯카쿠씨와 긴밀한 관계를 유지하고 있었다. 실제로 간베 노부토모가 노부나가에 복속한 후에도 그의 일족이 계속 롯카쿠씨와 내통하면서 노부나가에 저항했다. 노부나가가 이세의 북부를 정복하지 않고 직접 교토로 들어가면 자칫 곤경에 처할 수 있었다. 그래서 노부나가는 교토로 진출하기 전에 이세 북부 지역을 장악했던 것이다.

　이세 지역은 중산도中山道와 동해도東海道가 만나는 교통의 요지이기도 했다. 이세 북부 지역은 오미近江에서 미노・오와리 지역으로 통하는 길목이었다. 그 길을 따라 사람이 왕래하고 상품이 유통되었다. 오미 상인들은 이세 북부를 통하는 길을 이용해 교토・오사카에서 생산된 상품을 동부 일본 지역으로 운송했고, 동부 일본 지역에서 생산된 원료를 교토・오사카로 운송하면서 큰돈을 벌었다. 미카와 지역에서 생산된 목면, 시나노信濃 지역에서 생산된 모시, 엣추越中(지금의 도야마현 富山県)・에치고越後(지금의 니이가타현新潟県) 지역에서 생산된 포목 등 동부 일본의 특산물이 이세 북부 지역을 통해서 교토・오사카로 운송되었다. 일찍부터 이세 북부 지역의 중요성을 잘 알고 있던 노부나가는 교토로 가기 위한 준비 작업으로 미노와 이세의 북부 지역을 동시에 공략했던 것이다.

section 4. 노부나가와 아시카가 요시아키

　1565년 5월 무로마치 막부 13대 쇼군 아시카가 요시테루足利義輝가 미요시 요시쓰구三好義継와 그의 가신 마쓰나가 히사미치松永久通에게 암살되었다. 그러자 일찍이 출가한 요시테루의 동생 요시아키義昭가 환속해서 위기에 처한 막부를 재건하려고 했다. 그는 오미近江(지금의 시가현) 지역의 슈고守護 롯카쿠씨六角氏와 호족 와다씨和田氏의 보호를 받았다. 1566년 4월 조정은 아시카가 요시아키에게 관직을 수여했다.

아시카가 요시아키의 바람은 교토로 가서 쇼군에 취임하는 것이었다. 그는 여러 다이묘들에게 서신을 보내 자신의 교토 입성을 도와달라고 호소했다. 요시아키가 가장 신뢰했던 인물은 에치고越後의 다이묘 우에스기 겐신上杉謙信이었다. 겐신은 13대 쇼군 요시테루에게 충성을 맹세한 적이 있었다. 그런데 겐신은 때마침 영내에서 일어난 반란을 진압하느라 정신이 없어서 대군을 이끌고 상경할 수 없었다. 요시아키가 겐신 다음으로 신뢰했던 인물은 에치젠越前(지금의 후쿠이현 북부)의 다이묘 아사쿠라 요시카게朝倉義景였다. 그러나 요시카게는 에치젠 지역을 지배하는데 만족하고 있었다. 그는 교토로 진출해서 쇼군을 보좌하려는 야심이 없는 인물이었다.

요시아키는 노부나가에게도 도움을 요청했다. 요시아키는 노부나가를 그다지 신뢰하지 않았지만 자주 서신을 보냈다. 노부나가는 요시아키의 요청을 받아들이고 싶었다. 그러나 노부나가가 교토로 나아가려면 미노 지역을 지나지 않으면 안 되었다. 그곳은 사이토씨가 지배하고 있었다. 1565년 당시 노부나가는 아직 미노 지역을 손에 넣지 못하고 있었다. 노부나가의 처지를 알고 있던 요시아키는 사이토씨를 설득해 노부나가와 화목하도록 주선했다. 그리고 노부나가에게 사신을 보내

가능하면 빨리 상경하라고 재촉했다.

한편, 1568년 2월 롯카쿠·미요시 가문이 아시카가 요시히데足利義榮를 무로마치 막부의 14대 쇼군으로 옹립했다. 초조해진 아시카가 요시아키는 아사쿠라 요시카게에게 다시 출병을 요청했다. 하지만 요시카게는 선뜻 응하지 않았다. 같은 해 4월 요시아키는 노부나가에게 다시 교토 입성을 촉구하는 밀서를 보냈다. 노부나가도 요시아키에게 사신을 보내 교토로 진출하겠다는 뜻을 밝혔다. 요시아키는 크게 기뻐하며 노부나가에게 달려갈 준비를 했다.

노부나가는 요시아키를 영접하기 위해 무라이 사다카쓰村井貞勝를 에치젠으로 파견했다. 1568년 7월 13일 아시카가 요시아키는 그동안 몸을 의탁했던 아사쿠라 요시카게에게 작별을 고했다. 요시아키는 도중에 오미近江의 오타니성大谷城(지금의 시가현滋賀県 나가하마시長浜市)에 들러 노부나가의 매제인 아자이 나가마사浅井長政에게 융숭한 대접을 받았다. 노부나가는 직접 오미의 접경까지 나가 요시아키를 맞이했다. 7월 25일 노부나가의 본거지 기후岐阜에 도착한 요시아키는 교외에 있는 류쇼지立政寺에 머물렀다. 노부나가는 류쇼지에서 잔치를 베풀고 요시아키에게 도검, 갑옷, 말 등을 헌상했다.

CHAPTER 7. 교토 입성

section 1. 파죽지세

　상경을 결심한 노부나가는 먼저 오미 지역의 지배자 롯카쿠 요시카타六角義賢에게 자신이 아시카가 요시아키足利義昭를 받들고 상경할 수 있도록 길을 내어달라고 요청했다. 요시아키도 롯카쿠 요시카타에게 사신을 보냈다. 그러나 미요시씨三好氏 일족과 친밀한 관계를 유지하고 있던 롯카쿠 요시카타는 난색을 표했다. 노부나가는 요시카타에게 같이 적을 치고 요시아키를 쇼군으로 옹립하자고 설득했다. 그러나 요시카타는 노부나가의 제안을 거절했다.

롯카쿠 요시카타의 입장에서 보았을 때, 쇼군 옹립에 관한 일은 무로마치 막부 내부의 일이었다. 물론 롯카쿠 가문은 막부 내부의 권력 다툼에 깊숙이 관여했다. 그러나 그것은 롯카쿠 가문이 막부 내부의 일원이었기 때문이다. 롯카쿠 요시카타는 쇼군 옹

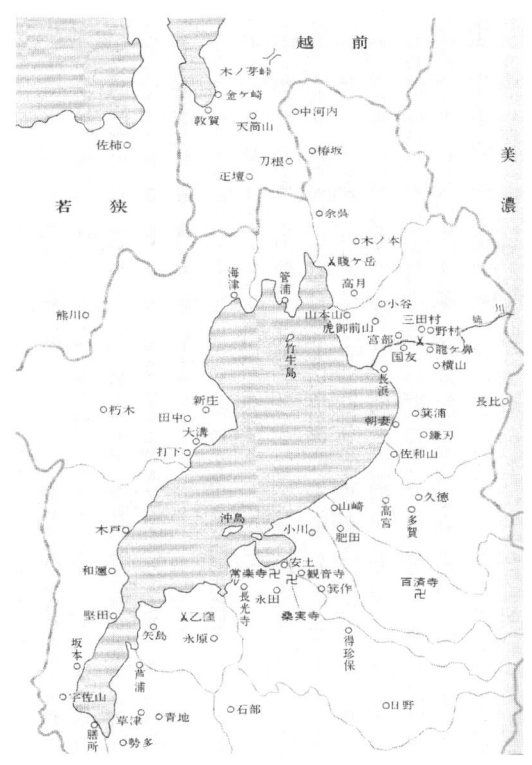

오미 지역 / 谷口克広, 『織田信長合戦全録』, 中公新書, 2002

립과 관련된 일에 외부 세력이 간섭할 수 없는 일이라고 생각했을 것이다.

롯카쿠씨의 속내를 확인한 노부나가는 아사쿠라 요시카게에게 직접 만나서 얘기하고 싶다는 뜻을 전했다. 그러나 요시카게는 아무 반응이 없었다. 요시카게는 자신이 보호하고 있던 아시카가 요시아키가 노부

나가에게 달려간 것이 못마땅하기도 했지만, 그보다도 노부나가에게 머리를 숙이는 것이 싫었을 것이다.

노부나가는 군사력을 앞세워 교토로 가는 길을 열 수밖에 없다고 판단했다. 노부나가는 일단 자신의 거성 기후岐阜로 돌아와 전투 준비에 들어갔다. 미노·오와리·이세 지역의 병력이 집결했다. 도쿠가와 이에야스도 대군을 보냈다. 동원된 군사는 5만이 넘었다. 1568년 9월 7일 노부나가가 출진을 명했다.

롯카쿠 요시카타는 자신의 거성인 간온지성観音寺城(지금의 시가현滋賀県 오미야하타시近江八幡市)에 방어진지를 구축하고 노부나가 군대를 맞이했다. 특히 성의 전방에 위치한 와다야마성和田山城(간온지성에서 동쪽으로 2킬로미터 떨어진 산성)의 수비를 강화했다. 9월 12일 오다군의 선봉대가 공격을 개시했다. 오다군은 간온지성의 후방에 있는 미쓰쿠리성箕作城(지금의 시가현 히가시오미시東近江市)을 공격해 단숨에 함락시켰다.

미쓰쿠리성이 함락되자 롯카쿠군의 기세가 꺾였다. 롯카쿠 요시카타를 더욱 겁에 질리게 한 것은 간온지성 부근에 진을 친 엄청난 수의 오다군이었다. 전의를 상실한 롯카쿠 요시카타는 간온지성을 버리고 도망했다. 오미 지역의 호족들 대부분이 노부나가에게 항복했다. 요시카타가 도망했다는 소식을 들은 미요시씨 일족도 교토를 버리고 도망했다.

교토로 들어가는 길목을 확보한 노부나가는 자신의 거성에 머물고 있던 아시카가 요시아키에게 사신을 보내 낭보를 전했다. 요시아키는 크게 기뻐하며 기후를 출발해 9월 22일에 노부나가 진영에 합류했다. 오다군의 교토 입성 준비가 완료되었다.

미요시씨 일족이 도망한 교토는 무주공산이나 다름이 없었다. 곧 전쟁이 일어난다는 소문이 돌자 교토의 민중이 불안에 떨었다. 천황과 귀족들도 불안하기는 마찬가지였다. 아직 이름도 생소한 오다 노부나가에게 자신들의 운명을 맡길 수밖에 없는 처지였다. 대세가 기울었다고 판단한 오기마치 천황은 노부나가에게 교서를 내려 궁전의 경호와 교토 시내의 치안을 유지해 줄 것을 당부했다.

오다군이 곧 상경한다는 소식이 전해지자 교토 민중의 불안감이 극에 달했다. 교토가 전란에 휩싸였던 것은 이번이 처음이 아니었다. 그러나 오다군의 상경은 이제까지와는 다른 의미를 갖고 있었다. 이제까지의 소란은 무로마치 막부 내부의 세력다툼이었다. 그래서 어느 편이 이겨도 사태의 근본적인 변화가 없었다. 그런데 이번은 겨우 오와리·미노 지역을 다스리는 신분이 낮은 다이묘가 교토로 진출하려고 하는 것이었다. 그것은 전례가 없는 일이었다. 천황과 귀족도 공포에 질려 있었다. 오기마치 천황은 3일간 칩거하며 천하가 평안하기를 기원했다.

조정의 귀족 야마시나 도키쓰구山科言継의 일기에 다음과 같은 기록이 있다. "9월 12일, 어제 미쓰쿠리성이 함락되었다. 간온지성도 함락되었다고 한다. 그림 상자와 두 자루의 칼을 궁중에 보관했다." "9월 14일, 오와리의 군대가 내일 새벽에 교토에 들어오는 것이 확실하다. 사람을 보내서 남은 물건을 궁중으로 옮겼다." "9월 20일, 오다군이 모습을 드러냈다. 교토 안팎이 술렁거렸다. 금명간에 교토로 들어온다고 한다. 오늘 아침도 소동이 일어났다." 교토 땅을 처음 밟아보는 시골 무사들이 약탈을 일삼을 것이라고 지레 걱정하는 귀족사회의 분위기가 잘 드러나 있다.

교토 민중도 노부나가 군대가 용맹하다는 소문을 이미 듣고 있던 터였다. 군대가 난폭하게 행동하지 않을까 염려해서 가족과 함께 도망하는 자들이 많았다. 교토 자치조직의 대표들은 노부나가가 입성하면 나아가 맞이해야 했기 때문에 교토 시내에서 대기하고 있었다. 그러나 오다군의 난폭한 행동을 두려워했던 그들은 자신의 가족을 안전한 곳으로 피신시키고 혼자 남아있었다.

section 2. 교토 평정

1568년 9월 26일 드디어 노부나가가 교토로 들어가 도지東寺에 본진을 두었다. 이어서 입성한 아시카가 요시아키足利義昭는 기요미즈데라淸水寺에 여장을 풀었다. 노부나가는 사무 책임자 묘인 료세이明院良政와 아시카가 요시아키의 측근 호소카와 후지타카細川藤孝를 조정으로 보내 궁전을 경호하겠다는 뜻을 전하게 했다. 노부나가는 병사들에게 엄정한 기강을 유지할 것을 명령했다. 궁문도 굳게 지키고 교토 시내도 정기적으로 순찰하게 했다. 특히 난폭한 행동이나 약탈을 엄금했다. 군기가 엄정한 노부나가 군사들의 모습을 지켜본 교토 민중은 그제야 안심하고 일상생활에 복귀했다.

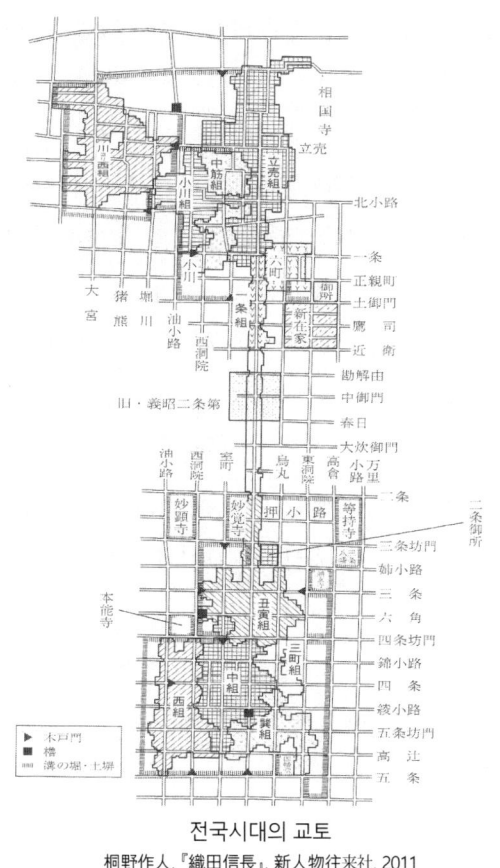

전국시대의 교토
桐野作人,『織田信長』, 新人物往來社, 2011

오다군이 교토의 치안을 회복시키자, 천황·귀족과 사원의 승려들도 비로소 두려움에서 해방되었다. 그들은 경황 중에도 자신들의 이권을 챙기기에 여념이 없었다. 10월 9일 아시카가 요시아키는 노부나가의 허가장을 첨부해 닌나지仁和寺의 영지 지배권을 승인했다. 10월 20일 천황은 요시아키와 노부나가에게 야마시나 도키쓰구의 영지를 회복시키라는 칙령을 내렸다. 다음 날 막부 명의로 교토 일대의 천황 일족 소유 영지에 부역을 부과했다. 거기에도 노부나가의 허가장이 첨부되어 있었다. 그밖에도 막부 명의로 귀족과 사원에 대한 영지를 잇달아 승인했는데, 그 과정에 노부나가가 관여했을 가능성이 있다. 실제로 노부나가는 원래 귀족들의 영지였으나 오랫동안 권리 행사를 못한 곳이 있으면 자료를 제출하도록 했다. 귀족들은 노부나가가 자신들의 영지를 회복하는 일에 성의를 보이자 기뻐했다.

노부나가는 교토에서 어떻게 처신해야 한다는 것을 잘 알고 있었다. 서양인 선교사 루이스 프로이스Luis Frois는 다음과 같이 기록했다. "어떤 군사가 짓궂게 귀부인의 얼굴을 보려고 그 여인이 머리에 쓴 장옷을 들추었다. 때마침 그 장면을 먼발치에서 본 노부나가는 즉시 모두가 지켜보는 가운데 그 군사의 목을 베었다." 또 다음과 같은 이야기도 전한다. 교토의 유명한 시인이 노부나가에게 다가서면서 "일본이 손에 들어온 오늘의 기쁨"이라고 노래하자, 노부나가가 즉석에서 "춤추며 노는 천세만세의 부채로구나."라고 응답했다. 그 광경을 지켜본 교토 민중은 노부나가가 교양이 있는 인물이라는 것을 알고 안심했다. 노부나가는 조정과 막부가 있는 교토에서 생활하려면 어떤 자질이 요구되는 지 잘 알고 있었던 것이다. 하지만 노부나가는 교토의 문화를 무조건 추종하려고 하지 않았다.

교토로 진출한 노부나가는 편안하게 쉴 틈이 없었다. 야마시로山城(지금의 교토부京都府 중부와 남부)·셋쓰摂津(지금의 오사카부大阪府와 효고현兵庫県의 일부) 지역에서 미요시씨 일족이 교토를 탈환할 기회를 엿보고 있었다. 노부나가는 먼저 야마시로 일대를 공격했다. 미요시씨 일족도 병력을 집결시키면 결코 적은 숫자가 아니었다. 하지만 병력이 분산되었기 때문에 오다군의 공격에 맥없이 무너졌다. 셋쓰의 다이묘 이케다 가쓰마사池田勝正가 오다군에 대항했으나 10월 2일에 항복했다.

교토 주변의 다이묘·호족들에 대한 노부나가의 조치는 관대했다. 노부나가가 상경하기 전부터 자신에게 호의적인 자들은 물론 전투 과정에서 항복한 자들에 대해서도 모두 이전과 같이 영지의 지배권을 승인했다. 노부나가가 상경하기 전부터 호의적이었던 인물 중에 마쓰나가 히사히데松永久秀도 포함되어 있었다. 그는 교토 인근을 무대로 미요시씨 일족과 싸우면서 노부나가를 후방에서 지원했다. 당시 노부나가는 미노의 사이토 가문과 전쟁을 벌이던 중이었다. 10월 3일 마쓰나가 히사히데가 노부나가를 방문해서 귀한 차항아리를 바치며 충성을 맹세했다. 노부나가에 끝까지 대항했던 미요시 요시쓰구三好義継가 노부나가에게 사신을 보내 용서를 빌었다. 노부나가는 요시쓰구도 용서했다.

미요시 요시쓰구와 마쓰나가 히사히데의 아들 히사미치는 무로마치 막부의 제13대 쇼군 아시카가 요시테루를 암살한 자였다. 아시카가 요시아키는 노부나가에게 그들을 목 베어 죽이라고 요구했다. 그러나 노부나가는 말했다. "스스로 찾아와 머리를 조아리는 자를 용서하는 것이 관용입니다." 노부나가는 상경하면서 미요시 요시쓰구와 마쓰나가 히사히데를 응징하고 막부를 재흥한다는 명분을 내걸었다. 하지만 노부나가는 그들을 사면했다. 노부나가의 속내가 드러난 것이다. 노부나가는 막부의 재건에 큰 의미를 두지 않았다. 노부나가는 아시카가 요시아키를 앞세우고 천황을 이용하면서 천하를 호령하려고 했던 것이다.

미요시 요시쓰구와 마쓰나가 히사히데를 사면한 것은 고도의 정치적 판단이었다. 롯카쿠씨와 미요시씨는 오랫동안 교토·오사카 지역을 지배했던 가문이었다. 교토·오사카 지역의 호족들이 그들과 주종관계를 맺고 있었다. 노부나가가 교토 일대를 평정했다고 해도 언제 어느 때 토착 세력들이 반기를 들지 알 수 없었다. 요시쓰구와 히사히데가 노부나가에 복종하면 교토·오사카 지역을 큰 어려움 없이 다스릴 수 있었다. 더구나 마쓰나가 히사히데는 적을 매우 잔인하게 진압하는 것으로 이름이 난 인물이었다. 노부나가는 히사히데를 잘 이용하면 큰 부담 없이 적을 제압할 수 있다고 판단했던 것 같다.

section 3. 15대 쇼군 아시카가 요시아키 옹립

1568년 10월 18일 조정은 아시카가 요시아키足利義昭를 무로마치 막부 15대 세이다이쇼군征夷大將軍에 임명했다. 같은 해 2월 8일에 미요시씨 일족이 14대 쇼군으로 옹립한 아시카가 요시히데足利義榮는 노부나가가 상경하기 전에 급사했다. 그래서 요시아키가 새로운 쇼군에 취임하는데 걸림돌이 되지 않았다. 아시카가 요시아키는 형인 13대 쇼군 아시카가 요시테루足利義輝가 암살된 후 3년여 동안 유랑 생활을 하다가 이윽고 쇼군에 취임하게 된 것이다.

15대 쇼군 요시아키는 노가쿠能樂라는 연극을 상연하기로 하고 노부나가를 초대했다. 그동안의 노고를 치하하기 위해서였다. 이 자리에서 쇼군 요시아키는 노부나가에게 막부의 최고 관직인 간레이管領에 임명하고 후쿠쇼군副將軍의 지위를 수여할 뜻을 비쳤다. 후쿠쇼군은 전례가 없는 것이었다. 그만큼 요시아키는 노부나가에게 최대한 감사의 뜻을 전하고 싶었던 것이다. 그러나 노부나가는 요시아키의 요청을 받아들이지 않았다. 『신초코키信長公記』는 그때 노부나가가 쇼군 아시카가 요시아키를 "말할 수 없이 겸손하게" 대했고, 주변 사람들이 노부나가의 그런 모습을 보고 감탄했다고 기록했다. 그러나 노부나가가 겸손했기 때문에 요시아키의 요청을 사양한 것이 아니었다. 노부나가는 낡은 질서 속에서 지위를 높이고 싶은 생각이 전혀 없었던 것이다.

쇼군 요시아키는 다음 날 노부나가에게 세 통의 서신을 보냈다. 첫 번째 서신은 노부나가를 막부의 간레이 가문의 필두인 시바씨斯波氏의 당주로 임명한다는 것이었다. 쇼군 요시아키는 노부나가를 쇼군 가문의 가신으로 취급했던 것이다. 두 번째 서신은 노부나가를 "무용 천하제일"이라고 칭찬하면서 아시카가씨가 재흥할 수 있도록 도와준 것에 대해 감사의 뜻을 전하는 것이었다. 세 번째 서신은 쇼군 요시아키가 오미近江(지금의 시가현)·야마시로山城·셋쓰摂津·이즈미和泉(지금의 오사카부 남부)·가와치河内(지금의 오사카부 가와치군)의 5개 구니国를 노부나가의 영지로 수여한다는 것이었다. 노부나가는 시바씨의 당주 지위와 5개 구니의 영지를 사양했다. 영지를 수여하는 것은 전통적으로 쇼군의 권한이었다. 하지만 쇼군의 권위가 무너진 지 이미 오래였고, 전국시대는 실력으로 영지를 쟁취하는 시대였다. 실질적이지 않은 것에 눈을 돌릴 노부나가가 아니었다. 하지만 노부나가는 아시카가씨 쇼군 가문에서 사용하는 문장紋章을 사용하라는 요시아키의 권유는 받아들였다. 쇼군 요시아키의 체면을 생각해서였다.

노부나가는 교토·오사카 지역을 평정하고, 막부를 재건한 후 10월 26일에 자신의 본거지 기후로 돌아왔다. 요시아키는 자신이 쇼군에 취임하도록 힘쓴 노부나가에게 감사장을 보냈다. 그 서신의 겉봉에 "아버지 오다 노부나가님"이라고 썼다. 쇼군 요시아키가 노부나가에게 진심으로 경의를 표했다는 것을 알 수 있다. 하지만 노부나가는 냉정했다. 그는 무로마치 막부를 재건하려고 상경했던 것이 아니었다. 그것을 빌미로 자신의 권력을 강화하는 것이 목적이었다. 실제로 모든 권력은 노부나가의 수중에 있었다. 아시카가 요시아키는 명목상의 쇼군에 불과했다.

CHAPTER 8. 교토 경영

section 1. 니조성 조영

　오다 노부나가는 자신의 거성 기후岐阜(지금의 기후현 현청 소재지)에서 1569년 새해를 맞이했다. 그런데 새해가 되자마자 교토에서 급보가 날라들었다. 정월 5일 교토에서 물러나 있던 미요시씨 일족이 교토로 진격해서 쇼군의 거처를 습격했다는 것이다.

　노부나가는 자신의 영지로 돌아오면서 쇼군의 거처를 호위하는 군

기나이 지방 / 谷口克広, 『信長の天下布武の道』, 吉川弘文館, 2006

사들을 남겨두었다. 그들이 용감하게 싸워서 미요시씨 일족의 공격을 막아냈다. 다행히 다음 날 교토 인근의 오다군이 달려와서 적을 교토에서 몰아냈다. 하지만 쇼군 요시아키는 큰 충격을 받았다. 급보를 접한 노부나가는 한겨울임에도 불구하고 말을 달려 상경해 쇼군 요시아키를 위로했다.

교토·오사카 지역의 호족들은 노부나가에 반감을 품고 있었다. 그들은 노부나가의 위세에 눌려 일시적으로 복종했을 뿐이다. 마음속으로는 여전히 미요시씨 일족 편을 들고 있는 자들이 많았다. 노부나가가 본거지로 돌아가자 그들이 힘을 합해 쇼군의 거처를 습격했던 것이다.

상경한 노부나가는 전투에서 공을 세운 무사들을 포상했다. 노부나가는 미요시씨 일족과 교토 인근의 호족들에 대한 불신감을 떨칠 수 없었다. 그래서 방어시설을 갖춘 쇼군將軍 궁전을 확장 수축하기로 결심했다. 노부나가는 가신들에게 군대를 이끌고 상경하라고 명령했다.

오다군이 다시 교토에 결집했다. 교토·오사카 인근 13개 구니国에서 역부役夫가 동원되었다. 루이스 프로이스는 당시의 상황을 다음과 같이 기록했다. "공사를 하기 위해 일본 여러 다이묘와 무사들이 동원되었다." 공사에 동원된 인원은 "통상 2만5,000명, 적을 때에도 1만5,000명이었다." 오다군과 동원된 역부들은 정월 27일 니조二条에 깊고 넓은 해자를 파는 것을 시작으로 쇼군 궁전을 신축하기 시작했다.

노부나가는 부하에게 쇼군 궁전 조영 책임을 맡겼다. 노부나가는 '속도전'을 명령했다. 공사는 밤낮을 가리지 않고 계속되었다. 노부나가가 직접 현장에서 공사를 지휘하기도 했다. 공사에 동원된 다이묘들도 직접 흙과 돌을 나르며 공사를 독려했다. 다이묘 저택에 있던 기괴한 돌을 옮겨다 아름다운 정원을 꾸몄다. 쇼군 궁전 니조성二条城 주변에는 노부나가 부장들의 저택이 들어섰다. 얼마 지나지 않아서 난공불락의 요새와 같은 쇼군의 궁전을 중심으로 거대한 도시가 조성되었다. 1569년 4월 14일 쇼군이 신축한 궁전으로 이사했다. 공사기간은 70일에 불과했다.

일을 마친 노부나가는 자신의 본거지 기후로 돌아가기로 했다. 4월 21일 노부나가는 니조성으로 가서 쇼군 아시카가 요시아키를 예방하고 작별 인사를 했다. 쇼군 요시아키는 감격의 눈물을 흘렸다. 쇼군 요시아키는 돌담 위에 올라서 노부나가가 군대를 이끌고 가는 모습을 지켜보면서 배웅했다.

section 2. 노부나가와 조정

위풍당당한 쇼군 궁전 니조성이 모습을 드러내면서 사실상 붕괴되었던 무로마치 막부의 권위가 어느 정도 회복되었다. 그런데 오닌応仁의 난 후, 교토가 황폐화되면서 쇼군의 권위만 실추된 것이 아니었다. 천황과 귀족의 권위도 추락했다. 천황과 귀족의 생활은 상상할 수 없을 만큼 궁핍했다. 그들은 겨우 전통적인 의례를 관장하고 있었을 뿐, 정치적으로도 경제적으로도 회복이 불가능할 정도로 몰락했다.

오기마치 천황의 태자는 정비를 두지 못했다. 예식을 거행하려면 막대한 비용이 들었기 때문에 배필을 맞이할 엄두도 내지 못하고 있었다. 태자 이외의 왕자들과 공주들은 대부분이 승려가 되었다. 경제적으로 궁핍했기 때문이다. 천황은 세 명의 측근이 시봉하고 있었고, 태자는 두 명이 시봉하고 있었다. 궁궐에서 생활하는 인원은 천황 일족 10여 명, 시봉하는 측근·궁녀 30여 명이 고작이었다.

궁궐의 재정이 넉넉하지 못해 모두 40여 명밖에 안 되는 인원도 제대로 건사하지 못할 지경이었다. 천황 일족은 정해진 수입이 없었다. 가끔 서부 일본의 영지에서 얼마 되지 않는 조세가 징수될 뿐이었다. 그 밖의 수입으로는 관위를 수여받는 자들이 바치는 예물, 귀족과 다이묘 가문이 때때로 바치는 물품 등이 있었다.

1571년 10월 노부나가는 미곡 520석을 교토의 상공인들에게 강제로 대여하고 30퍼센트의 이자를 납부하게 해서 그 자금을 궁궐의 생활비로 쓰게 했다. 상공인이 이자로 납부하는 미곡은 매월 13석 정도였다. 그중 7석 정도는 궁궐에 거주하는 인원의 식료로 사용하고, 나머지는 소금·식료품 등을 구입하는 비용으로 충당했다. 노부나가의 배려로 천황 일족은 끼니를 거르는 걱정은 덜 수 있게 되었다.

재정이 궁핍하다보니 천황의 궁궐이 낡거나 파괴되었어도 수리하지 못하고 방치되었다. 천황은 각지의 다이묘나 호족들에게 궁궐의 수리를 위한 경제적인 지원을 요청했지만 호응하는 자들이 거의 없었다. 노부나가는 천황의 궁궐을 수리하거나 신축할 계획을 세웠다. 노부나가는 역시 부하를 천황 궁궐 수리 및 신축 책임자로 임명했다. 노부나가는 역시 '속도전'을 명령했다. 공사는 밤낮을 가리지 않고 진행되었다. 노부나가도 자주 공사 현장을 순시하면서 인부들을 격려했다. 공사가 단기간에 마무리되었다.

section 3. 노부나가와 쇼군

노부나가는 교토로 진출하면서부터 복잡한 권력투쟁의 늪에 빠져들게 되었다. 중앙 정치무대에서 잔뼈가 굵은 사람들은 스스로 일을 추진하지는 못했지만 남을 음해하거나 일을 꾸미는 데에는 남다른 재능이 있었다. 노부나가는 술수가 능란한 귀족·쇼군·사원·호족 세력과 대적하면서 지배권을 강화해야만 했다. 그들은 노부나가가 일찍이 경험하지 못했던 싸움 방식을 택했다. 특히 쇼군과 사원 세력은 정면으로 싸우지 않고 뒤에서 은밀하게 노부나가의 힘을 약화시키려고 했다.

쇼군 요시아키는 권모술수에 능한 전형적인 인물이었다. 그는 쇼군에 취임하자마자 전국의 유력한 다이묘들에게 밀서를 보내 일을 꾸몄다. 그 방법은 이른바 이이제이以夷制夷, 즉 유력한 다이묘들을 서로 견제하게 하면서 세력균형을 유지하는 전략이었다. 그것은 쇼군의 지위를 안정시키는 효과적인 방법이기도 했다. 쇼군의 정치적 행보는 당연히 일본을 제패하려는 야망을 품고 있던 노부나가의 마음을 불편하게 했다.

노부나가가 교토로 진출한 지 1년이 지난 1569년 10월 드디어 쇼군 요시아키와 노부나가가 충돌했다. 대립은 시코쿠四国 공략을 둘러싸고 표면화되었다. 노부나가는 시코쿠 공략을 서두르지 않았다. 그런데 쇼군 요시아키는 일찍부터 서부 일본의 실력자 모리毛利 가문에게 시코쿠를 공략하게 할 생각이었다. 오다·모리 가문이 세력균형을 이루게 하는 것이 목적이었다. 자신이 정치의 중심에 서려고 했던 쇼군 요시아키의 태도가 불화의 씨가 되었다. 화가 난 노부나가는 10월 16일 자신의 본거지 기후岐阜로 돌아가고 말았다.

노부나가와 쇼군 요시아키의 불화는 오기마치 천황正親町天皇을 불안하게 했던 것 같다. 천황은 기후로 칙사를 보내 엔랴쿠지延暦寺(지금의 시가현滋賀県 오쓰시大津市에 있는 천태종의 총본산)의 영지를 돌려주라고 명령하면서 노부나가를 달랬다. 그러나 칙사를 맞이한 노부나가의 태도는 차가웠다. 칙사에게 교토의 일에는 관여하지 않겠다고 말하기도 했다. 하지만 노부나가는 쇼군 요시아키와 즉시 절교하기로 마음을 먹은 것은 아니었다. 노부나가는 조건을 달아서 천황의 화해 제안을 받아들였다. 전국시대의 천황은 정치적으로 무력했으나 경우에 따라서는 중재자 역할을 훌륭히 해냈다. 천황은 역사의 진행을 더디게 하는 역할을 했지만 역사가 급박하게 돌아가는 것을 조절하는 완충제 역할도 했다.

1570년 정월 노부나가는 천황의 중재로 5개조의 조건을 담은 서신을 쇼군 요시아키에게 보냈다. 노부나가가 제시한 조건의 골자는 다음과 같았다. 쇼군이 다른 다이묘에게 서신을 보낼 때는 반드시 노부나가의 서신을 첨부할 것, 지금까지 내린 쇼군 요시아키의 명령을 모두 취소할 것, 천하의 일을 노부나가에게 위임한 이상 노부나가가 임의로 일을 처리하는 것을 허락할 것 등이었다. 노부나가의 힘이 필요했던 쇼군 요시아키는 천황의 중재에 응하지 않을 수 없었다. 그 후 쇼군 요시아키는 사실상 권력에서 밀려났다. 노부나가가 공문서를 작성해서 붉은색 도장을 찍으면 그 문서의 겉봉에 요시아키가 검은색 도장을 찍는 것이 전부였다. 쇼군 요시아키는 노부나가에게 실권을 빼앗겼던 것이다.

사실상 권력을 장악한 노부나가는 1570년 2월 말일에 상경했다. 귀족들이 다투어 나아가 노부나가를 영접했다. 노부나가는 교토에 머물면서 행정적인 일을 처리했다. 쇼군 요시아키와 노부나가는 이전과 같은 우정을 회복한 듯이 보였다. 4월 1일 쇼군 요시아키는 노부나가와 여러 다이묘들을 초청해 연극을 관람하면서 즐거운 한때를 보냈다. 4월 5일에는 쇼군 요시아키와 노부나가가 나란히 말을 조련하는 모습을 둘러보기도 했다.

하지만 쇼군 요시아키와 노부나가는 이미 예전처럼 다정한 시절로 돌아갈 수 없었다. 특히 권력을 빼앗긴 쇼군 요시아키는 마음속으로 노부나가를 증오하고 있었다. 여러 다이묘들과 호족들에게 은밀히 편지를 보내 자신의 딱한 처지를 하소연했다. 그것은 노부나가와 한 약속을 어기는 행위였다. 요시아키는 노부나가를 멀리하면서 멋대로 행동했다. 그러자 1572년 노부나가는 17개조의 의견서를 요시아키에게 보냈다. 노부나가는 쇼군의 잘못을 널리 알렸다. 쇼군 요시아키는 반발했다. 그러나 요시아키가 반발하면 반발할수록 노부나가는 더욱더 요시아키를 압박했다.

CHAPTER 9. 긴키 지방과 그 주변 지역 공략

section 1. 이세 남부 공략

오다 노부나가는 교토로 진출할 준비를 하던 1568년경에 이세(伊勢) 북부 지역을 평정했다. 그 후 이세 북부의 호족들이 거의 노부나가 군단에 편성되었다. 그러나 이세 남부 지역의 대부분을 지배하는 기타바타케北畠 가문은 여전히 독자적인 권력을 형성하고 있었다. 노부나가는 호시탐탐 이세 남부 지역을 공략할 기회를 엿보고 있었다. 1569년 드디어 노부나가에게 기회가 찾아왔다.

1569년 5월 이세伊勢 고쿠시国司 가문의 당주 기타바타케 도모노리北畠具政의 동생으로 고쓰쿠리성木造城(지금의 미에현三重県 히사이시久居市) 성주인 고쓰쿠리 도모마사木造具政가 노부나가에 복종하겠다는 뜻을 전해왔다. 측근의 진언에 따른 결정이었다.

노부나가는 8월 20일 출진해서 당일에 구와나桑名에 당도했다. 그때 8만 명 이상의 대군이 동원되었다. 기타바타케 도모노리는 오가와치성大河内城(지금의 미에현 마쓰자카시松阪市)에서 농성하며 노부나가에 맞설 태세를 취했다. 노부나가가 진을 친 구와나에서 오가와치성에 이르는 길 곳곳에 기타바타케씨의 요새가 있었고, 그곳에는 병사들이 배치되어 있었다.

이세 지방

8월 23일 고쓰쿠리까지 진군한 노부나가는 잠시 휴식을 취하고 26일부터 기타바타케 도모노리 공략에 나섰다. 노부나가는 곳곳에 있는 요새를 공격하지 않고 곧바로 오가와치성으로 진군했다. 8월 28일 노부나가의 대군이 오가와치성을 포위했다. 성의 주변에 요새를 구축하고 적의 동태를 감시했다. 9월 8일 오다군이 성을 공격했으나 성과를 거두지 못했다. 오히려 노부나가의 친위대 군사들이 전사하는 피해를 입었다. 공격에 실패한 노부나가는 장기전 태세에 돌입했다. 시일이 지나자 오가와치성의 군량이 고갈되었고, 기타바타케 도모노리가 휴전을 제안했다. 노부나가는 그 제안을 받아들였다. 휴전의 조건은 오가와치성을 노부나가에게 양도하고, 노부나가의 차남 오다 노부카쓰織田信雄를 기타바타케 가문의 양자로 들이는 형식으로 사실상 지배지를 노부나가에게 바치는 것이었다. 그 후 노부나가는 1575년경에 기타바타케 도모노리를 비롯한 기타바타케씨 일족을 몰살시키고 이세 남부 지역을 완전히 장악했다.

section 2. 노부나가와 아자이 나가마사

오다 노부나가가 다케다 신겐武田信玄이나 아자이 나가마사浅井長政와 우호적인 관계를 맺었을 때는 노부나가의 힘이 다른 다이묘들을 압도할 정도는 아니었다. 그런데 노부나가는 사이토씨가 지배하던 미노 지역을 손에 넣으면서 급성장했다. 그 무렵부터 여러 다이묘들이 연합해서 노부나가에 대항하기 시작했다. 노부나가의 교묘한 외교 전략도 큰 힘을 발휘할 수 없게 되었다.

노부나가는 전략을 수정했다. 상생의 외교 전략을 포기하고 군사력을 앞세워 다른 다이묘들을 압박하는 전략을 구사했다. 1570년 봄 노부나가는 아사쿠라 가문을 치려는 계획을 세웠다. 그것은 노부나가가 자신의 매제인 아자이 나가마사와 맺었던 협정을 위반한 것이었다. 협정을 맺을 때 노부나가는 아자이씨와 돈독한 관계를 유지하고 있는 아사쿠라씨를 치지 않겠다고 확약한 적이 있었다.

노부나가는 왜 매제 나가마사와 맺은 협정을 위반하면서까지 아사쿠라 가문을 치려고 했을까? 그 단초는 쇼군 아시카가 요시아키足利義昭가 제공했다. 쇼군 요시아키와 노부나가 사이가 벌어지자, 요시아키는 아사쿠라 요시카게朝倉義景에게 속내를 털어놓았다. 요시카게는 쇼군 요시아키가 유랑할 때 한동안 뒷바라지한 인물이었다. 의협심이 발동한 요시카게는 쇼군 요시아키를 돕기로 결심했다. 그는 노부나가에 대항하는 다이묘들을 결집시키는 일을 추진했다. 그 소식을 들은 노부나가는 분노했다. 먼저 아사쿠라 요시카게를 쳐서 쇼군 요시아키가 의지하는 세력을 없애는 것이 급선무라고 판단했다. 그리고 아사쿠라씨가 지배하는 에치젠越前(지금의 후쿠이현福井県 북부) 지역을 장악하면 에치고越後(지금의 니이가타현新潟県) 지역의 실력자 우에스기 겐신上杉謙信도

견제할 수 있었다. 에치젠 지역은 노부나가가 언젠가는 손에 넣어야 하는 지역이었다. 그래서 노부나가는 매제와 맺은 협정을 먼저 깨는 무리수를 두었던 것이다.

노부나가는 교활했다. 에치젠 지역을 공략하기 전에 아자이 나가마사와 아사쿠라 요시카게를 이간하려고 획책했다. 노부나가는 교토로 진출한 후부터 아자이 나가마사에게 호의를 보였다. 오다씨를 대대로 섬긴 가신들이 아자이 나가마사의 가신들과 다투어 많은 사상자를 낸 적이 있었다. 노부나가의 가신들이 나가마사를 벌해야 한다고 성토했다. 그때 노부나가는 나가마사가 자신의 매제라는 이유를 들어 가신들의 청을 들어주지 않았을 뿐만 아니라 오히려 가신들을 꾸짖었다.

하지만 아자이 나가마사는 노부나가가 얕은 수로 회유할 수 있는 인물이 아니었다. 나가마사는 의협심이 남다른 인물이었다. 노부나가가 에치젠 지역의 아사쿠라 가문을 치려는 계획이 구체화되자 나가마사는 깊은 고민에 빠졌다. 아사쿠라씨는 대대로 아자이씨와 돈독한 관계를 유지해왔던 가문이었다. 그래서 나가마사의 가신들 또한 아사쿠라 가문을 남다르게 생각하고 있었다. 무엇보다도 노부나가가 아사쿠라씨를 멸망시키면 아자이씨의 안전도 보장할 수 없었다. 노부나가가 아자이 나가마사에게 한 약속을 저버리고 아사쿠라 요시카게를 치는 것은 나가마사가 노부나가의 교토 입성을 위해 이용당했다는 것을 의미했다. 이대로 노부나가에 협력한다면 아자이 가문 또한 언젠가는 멸망할 것이고, 살아남는다고 해도 노부나가에게 머리를 조아리는 신세로 전락할 것이 분명했다. 아사쿠라 가문과 협력하면서 노부나가에 대항하는 것만이 잠시나마 아자이 가문이 독립성을 유지할 수 있는 유일한 길이었다. 아자이 나가마사는 노부나가와 맞서기로 결심했다.

section 3. 아자이 · 아사쿠라 가문

1570년 다시 교토로 간 노부나가는 은밀하게 교토의 북쪽 지역을 공략할 계획을 추진하고 있었다. 이미 전년 8월에 노부나가가 이세 지역을 공략한 후에 아와阿波(지금의 도쿠시마현德島県) · 사누키讚岐(지금의 카가와현香川県) 지역으로 물러난 미요시씨三好氏 일족을 치거나 아니면 에치젠의 아사쿠라 가문을 칠 것이라고 공언한 적이 있었다.

노부나가는 먼저 아사쿠라씨 공략에 나섰다. 1570년 4월 20일 노부나가는 화려한 군장을 갖추고 교토를 출발했다. 노부나가가 거느린 군사는 3만여 대군이었다. 노부나가의 뒤를 잇는 행렬 중에는 귀족들의 모습도 보였다. 길거리에는 많은 민중들이 나와서 오다군을 전송했다. 천황은 궁중에서 며칠 동안이나 기도하면서 노부나가의 전승을 기원했다. 오다군의 사기는 충천했다. 일거에 아사쿠라 가문의 본성을 점령하는 것은 시간문제라고 믿었다.

노부나가는 비파호琵琶湖 서쪽 길을 따라 진군했다. 4월 25일에는 아사쿠라군의 방어선을 무너뜨리고 동쪽으로 진군해서 에치젠의 쓰루가敦賀(지금의 후쿠이현福井県 쓰루가시)에 이르렀다. 그리고 아사쿠라 가문의 부장이 지키는 덴즈쓰야마성天筒山城(지금의 후쿠이현 쓰루가시)을 공격했다. 덴즈쓰야마성은 산 위에 건설된 천험의 요새였다. 하지만 노부나가는 맹공을 퍼부어 하루 만에 성을 함락했다. 노부나가군은 적 1,370여 명의 목을 베었다.

다음 날 노부나가는 덴즈쓰야마의 북서쪽에 있는 가네가사키성金ヶ崎城을 공격했다. 이 성은 아사쿠라 요시카게의 친족이 지키고 있었다. 노부나가는 지옥을 방불케 하는 전투를 벌인 끝에 가네가사키성도 하루 만에 점령했다. 그 광경을 지켜본 가네가사키성 남쪽에 있는 산에 진을 치고 있던 아사쿠라군이 모두 도망했다. 노부나가는 단 이틀 만에 쓰루가군 전역을 점령했다.

잠시 휴식한 노부나가는 아사쿠라 가문의 본성 이치조다니성一乘谷城(지금의 후쿠이현福井県 후쿠이시)으로 진격할 준비를 했다. 바로 그때 노부나가의 매제 아자이 나가마사가 롯카쿠씨六角氏 일족과 함께 아사쿠라 가문을 지원하기로 했다는 소식이 전해졌다. 아자이 나가마사가 반기를 들자 노부나가는 큰 충격을 받았다.

노부나가는 나가마사의 배반을 믿으려고 하지 않았다. 사적으로 매제이기도 했고, 오미 지역의 북부를 다스리게 했으므로 불만이 있을 이유가 없다고 생각했다. 노부나가는 나가마사를 가신으로 여기고 있었던 것이다. 다른 사람을 좀처럼 믿지 않는 노부나가였던 만큼 아자이 나가마사에 대한 배신감은 더욱 컸다.

　노부나가는 적에게 완전히 포위되었다. 노부나가는 기노시타 히데요시木下秀吉・아케치 미쓰히데明智光秀・이케다 가쓰마사池田勝正에게 가네가사키성을 지키게 하고 후퇴했다. 중간에 여러 번 죽을 고비를 넘기며 가까스로 4월 30일 밤에 교토로 돌아왔다. 그때 노부나가를 따르는 무사는 겨우 10여 명이었다고 한다. 출진 당시 위풍당당했던 노부나가의 모습은 찾을 수 없었다. 상황이 얼마나 급박했는지 미루어 짐작할 수 있다.

　교토로 돌아온 노부나가는 전열을 정비했다. 하지만 사태가 심상치 않았다. 아자이 나가마사가 노부나가에 등을 돌리자, 멀리 도망한 롯카쿠씨 일족이 비파호 인근까지 진출했다. 노부나가의 오미 지역 공략이 물거품이 되었을 뿐만 아니라, 기후岐阜와 교토를 잇는 교통로마저 봉쇄되는 것은 시간문제였다. 노부나가는 이나바 잇테쓰稲葉一鉄가 이끄는 부대를 모리야마守山(지금의 시가현滋賀県 모리야마시)에 파견했다.

　이나바 잇테쓰는 롯카쿠씨 편에 서서 모리야마로 쳐들어온 호족들을 격퇴하고 비파호 연안 도로를 확보했다. 노부나가는 5월 9일 본거지 기후로 향했다. 5월 12일 나가하라永原(지금의 시가현 야스군野洲郡)에 이르러 며칠 간 머물렀다. 노부나가는 비파호 남쪽 연안에 부장들을 배치했다. 사쿠마 노부모리佐久間信盛는 나가하라성, 시바타 가쓰이에柴田勝家는 조코지성長光寺城(지금의 시가현 야하타씨八幡市)·나카가와 시게마사中川重政는 아즈치성安土城(지금의 시가현 야하타시 아즈치초)을 지키게 했다. 오미 각지에서 발생할 수 있는 반란을 진압하고 기후로 통하는 길을 확보하기 위해서였다. 모리야마에는 여전히 이나바 잇테쓰 부대가 주둔하고 있었다. 하지만 반란 세력이 모리야마를 습격했다. 격전 끝에 이나바 잇테쓰 부대가 반란 세력을 격퇴했다. 이때 전사한 반란 세력이 1,200여 명에 이르렀다. 교토와 기후를 잇는 길은 여전히 위험했다. 반란 세력이 교토에서 기후로 향하는 노부나가를 화승총으로 저격해 상처를 입히기도 했다. 노부나가는 그야말로 사선을 넘어 가까스로 기후로 돌아올 수 있었다.

기후로 돌아온 노부나가는 즉시 전쟁 준비에 착수했다. 5월 25일에는 측근에게 출진을 재촉하면서 화승총을 확보하라는 명령을 내렸다. 6월 4일 사카이堺(지금의 오사카부 사카이시)의 호상 이마이 소큐今井宗久에게 탄약과 탄환의 원료인 납의 조달과 군량미의 운송을 당부했다. 무기를 점검하고 화승총과 화약을 준비한 노부나가는 6월 19일에 기후를 출발해 오미 지역으로 출진했다.

노부나가는 매우 신중한 태도를 취했다. 오미 지역의 여러 마을을 불태우고 진군하면서 도쿠가와 이에야스德川家康에게도 원군을 요청했다. 오다·도쿠가와 연합군은 오타니성小谷城(지금의 시가현 나가하마시長浜市)에서 20여 리 떨어진 요코야마성横山城을 포위했다. 그러자 이를 구원하기 위해 아사쿠라·아자이 연합군이 출진했다.

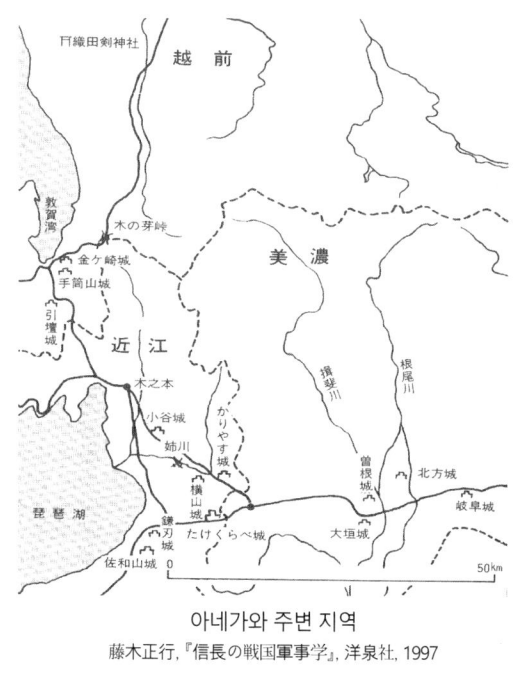

아네가와 주변 지역
藤木正行, 『信長の戦国軍事学』, 洋泉社, 1997

노부나가는 6월 24일부터 요코야마성을 공격하기 시작했다. 이때 도쿠가와 이에야스가 5,000여 군사를 이끌고 합류했다. 아사쿠라·아자이 연합군은 아네가와姉川(지금의 시가현 북부의 하천)를 가운데 두고 대진했다. 6월 28일 도쿠가와군이 하천 건너편에 진을 친 아사쿠라군을 공격했다. 그와 동시에 아사쿠라군의 동쪽에 진을 친 아자이군이 오다군을 향해 돌진했다. 하천을 낀 평지에서 전투가 벌어졌다.

아자이 나가마사는 아네가와 전투에 모든 것을 걸었다. 오다 노부나가를 배반한 이상 그의 목을 베거나 아니면 자신이 죽는 길이 있을 뿐이었다. 아사쿠라·아자이 연합군이 사력을 다해 싸웠다. 하지만 오다·도쿠가와 연합군의 전력 앞에 무너졌다. 패배한 아사쿠라·아자이 연합군은 북쪽으로 퇴각했다. 오다·도쿠가와 연합군은 도망하는 적을 오타니성 근처까지 추격했다. 이 싸움에서 전사한 아사쿠라·아자이 연합군이 8,000명이 넘었다. 들판과 논밭이 모두 시체로 덮였고, 죽은 자가 너무 많아 수급을 거둘 수가 없었다.

전승을 거둔 노부나가는 요코야마성에 기노시타 히데요시를 배치했다. 요코야마성은 교토 북쪽을 지키는 전진기지였다. 노부나가는 니와 나가히데로 하여금 오미 남쪽의 사와야마성佐和山城을 포위하게 했다. 1571년 2월 나가히데는 사와야마성을 함락했다. 노부나가는 나가히데를 사와야마성에 주둔시켰다. 이리하여 노부나가는 오미 지역을 완전히 장악하게 되었고, 노부나가의 본거지 기후에서 교토를 잇는 교통로의 안전이 확보되었다.

section 4. 미요시씨 일족과 혼간지

노부나가가 아사쿠라·아자이 연합 세력을 물리쳤지만 그들에게 결정적인 타격을 입힌 것은 아니었다. 그들은 그 후 3년 동안 끈질기게 저항했다. 노부나가의 독주에 두려움을 느낀 교토·오사카 인근의 호족들도 연합해서 노부나가에 대항하기 시작했다. 아자이·아사쿠라·롯카쿠·미요시 가문이 연합했다. 다케다 신겐武田信玄도 가세했다. 무엇보다도 거대한 사원 세력인 엔랴쿠지延曆寺와 이시야마혼간지石山本願寺가 반 노부나가 연합에 합류했다. 아무리 강력한 노부나가 군대도 두려워하지 않을 수 없었다.

혼간지가 자리한 오사카의 이시야마(지금의 오사카성大阪城)는 난공불락의 요새였다. 노부나가는 그곳을 차지하고 싶어 했다. 노부나가가 이시야마혼간지에 막대한 군자금을 내라고 강요한 것도 혼간지 세력을 압박하기 위한 수단이었다. 노부나가가 이시야마를 차지하려고 한다는 사실이 알려지자 혼간지 문도들이 분개했다. 그 무렵 미요시씨 일족이 혼간지에 연합을 타진했다. 혼간지의 지도자 겐뇨顯如는 즉시 미요시씨 일족이 내민 손을 잡았다.

미요시씨 일족은 1570년 7월부터 오사카 지역에서 다시 활동하기 시작했다. 한편 아네가와 전투에서 승리한 노부나가는 7월 4일 교토로 돌아와 잠시 휴식한 후 7월 하순에 교토를 떠나 본거지인 기후로 돌아갔다. 그런데 노부나가가 아자이 가문과 결전을 벌이지 않고 일단 기후로 돌아가는 것을 지켜본 미요시씨 일족은 노부나가가 아사쿠라·아자이 연합 세력을 여전히 두려워하고 있다고 판단했던 것 같다. 미요시씨 일족은 7월 하순에 셋쓰攝津(지금의 효고현과 오사카부의 일부)에서 군사를 움직이면서 진지를 구축했다.

미요시씨 일족은 시코쿠四国의 아와阿波・사누키讚岐와 오사카 남부에 있는 아와지淡路(지금의 효고현 일부) 지역의 호족들을 거느리고 있었다. 또 유력한 해적 기이紀伊(지금의 와카야마현和歌山県과 미에현三重県의 일부)의 사이가雜賀 세력이 미요시씨를 돕고 있었다. 이미 노부나가의 세력 하에 들어온 교토・오사카 인근 지역 호족들 중에 셋쓰의 이케다씨池田氏・쓰쓰이씨筒井氏가 미요시씨 편을 들고 있었다.

무로마치 막부의 쇼군 아시카가 요시아키는 미요시씨 일족과 그에 동조하는 세력들의 움직임을 노부나가에게 알리고, 기나이畿内의 다이묘들에게 미요시씨 일족을 토벌하라고 호소했다. 노부나가 편에 선 호족들이 오사카에 진을 치고 미요시씨 일족과 맞서려고 했지만, 미요시씨 일족에게 패배했다. 야마토大和의 마쓰나가 히사히데松永久秀도 야마토와 가와치河内 경계에 있는 시기산信貴山(지금의 나라현奈良県 이코마군生駒郡)에 거점을 두고 미요시씨 일족과 맞섰지만 미요시씨 편을 드는 야마토의 호족들이 있어서 적극적인 행동에 나설 수가 없었다. 미요시씨 일족이 전투의 주도권을 쥐고 있었다.

사태가 심각하다고 판단한 노부나가는 8월 20일에 기후를 떠나 23일에 교토로 들어가서 덴노지天王寺에 본진을 두었다. 노부나가가 이끄는 군대는 4만 명 정도였고, 거기에 기나이의 호족 세력이 대규모 화승총 부대를 이끌고 참전했다. 노부나가는 미요시씨 일족의 본거지를 포위했다. 미요시군은 요새에 은신하면서 장기전 태세에 돌입했다. 노부나가는 9월 초부터 적의 요새를 공격했다. 양편 군사의 치열한 공방전이 벌어졌다. 수일간 천지를 진동하는 총소리가 끊이지 않았다. 수세에 몰린 미요시씨 일족이 강화를 청했으나 노부나가가 듣지 않았다. 오히려 공격의 고삐를 죄었다.

미요시씨 일족이 멸망할 위기에 처했다. 이를 지켜보던 혼간지의 겐뇨가 초조해졌다. 미요시씨 일족이 멸망하면 노부나가의 칼날이 혼간지를 겨눌 것이 분명했다. 겐뇨는 참전을 결심했다. 문도들에게 노부나가와 싸울 것을 명령했다. 명령은 비장했다. 노부나가가 이시야마혼간지를 빼앗으려고 하기 때문에 어쩔 수 없이 거병하는 것이니 신명을 바쳐 싸워야 하며, 만약 명령에 따르지 않는 문도門徒는 파문한다고 선언했다.

9월 12일 밤, 혼간지 세력이 미요시씨 일족을 도와 참전했다. 노부나가는 혼간지 세력을 두려워하고 있었다. 그동안 혼간지의 지도자 겐뇨는 은밀하게 미요시씨 일족과 손잡고 아사쿠라·아자이 가문과도 연락을 취하고 있었다. 그런데 겐뇨가 이윽고 각지의 문도들에게 노부나가를 공격하라는 명령을 내렸던 것이다. 14일에는 혼간지 세력이 출진해서 노부나가 친위대가 지키는 진지를 공격했다. 이것을 시작으로 노부나가와 혼간지의 10년간에 걸친 전쟁이 시작되었다.

한편, 원군을 얻은 아자이·아사쿠라 연합군은 교토를 급습할 계획을 세웠다. 아자이·아사쿠라 연합군 3만여 명이 비파호의 서쪽 길을 따라 사카모토坂本(지금의 시가현滋賀県 오쓰시大津市)까지 진격했다. 그러자 19일 노부나가의 부장 모리 요시나리森可成가 1,000여 명의 군사를 이끌고 아자이·아사쿠라 연합군에 맞섰다. 하지만 수적으로 열세였던 모리 요시나리 군대가 거의 전멸했다. 모리 요시나리도 전사했다. 아자이·아사쿠라 연합군은 여세를 몰아 교토로 진격해서 야마시나山科·다이고醍醐(지금의 교토부京都府 후시미쿠伏見区) 일대를 공략했다. 아자이·아사쿠라 연합군의 공격 목표는 니조二条에 있는 무로마치 막부의 쇼군 궁전이었다. 노부나가는 아케치 미쓰히데와 시바타 가쓰이에가 이끄는 부대를 교토로 보내 쇼군의 궁전 니조성을 지키라고 명령했다. 하지만 아자이·아사쿠라 연합군의 기세가 심상치 않았다. 시바타 가쓰이에는 노부나가에게 교토의 사태가 심각하다고 보고했다.

9월 23일 노부나가가 즉시 말머리를 돌려서 교토로 돌아왔다. 다음 날 노부나가는 오미近江로 출진했다. 노부나가는 아자이·아사쿠라 연합군을 치는 것이 급선무라고 판단했던 것이다. 그러자 아자이·아사쿠라 연합군이 히에이잔比叡山 엔랴쿠지延暦寺로 물러나 진을 쳤다. 노부나가는 엔랴쿠지 승려들에게 자신의 편을 든다면 엔랴쿠지의 영지를 이전 상태로 회복시키는 등 경제적인 지원을 아끼지 않겠다고 약속했다. 그것이 여의치 않다면 중립을 지키라고 요구했다. 만약 자신에게 대적한다면 사원을 모두 불태울 것이라고 협박했다. 하지만 엔랴쿠지는 노부나가의 제안을 거부하고 아자이·아사쿠라 연합군을 지원했다.

　1570년 10월 7일 혼간지의 겐뇨는 치쿠고筑後(지금의 후쿠오카현福岡県 서반부)·사누키讃岐·아와阿波 및 오미 지역의 주지와 문도들에게 거병할 것을 명령했다. 혼간지 세력은 오와리·미노의 간선도로를 점거하면서 노부나가의 군사행동을 저지했다. 혼간지의 거병은 그동안 각지의 혼간지 문도들이 산발적으로 일으킨 잇코잇키一向一揆와는 차원이 다른 것이었다. 더구나 오다군 내에도 정토진종, 즉 잇코종一向宗 문도들이 적지 않았다. 특히 오다군 화승총 부대 주역이었던 네고로根来·사이가雜賀의 군대도 사실은 혼간지와 내통하고 있었다. 더구나 혼간지는 상상 이상의 화승총을 보유하고 있었다. 혼간지의 화승총 부대는 오사카 주변의 저습지대에 포진하고 있는 오다군을 공포에 떨게 했다.

　노부나가가 특히 두려워했던 것은 잇코잇키 세력이 서부 일본 여러 지역 세력을 규합하는 것이었다. 그러면 노부나가가 이시야마를 점령한다고 해도 의미가 없게 된다. 이시야마의 점령이 곧 서부 일본의 제패가 아닐 뿐만 아니라 이시야마를 공격하는데 따르는 희생이 너무 클 것이기 때문이었다. 노부나가는 이시야마혼간지와의 전쟁에서 잠시 발을 빼고 아자이·아사쿠라군 및 전국에 산재한 잇코잇키 세력을 향해 칼날을 겨누었다.

한편, 미요시씨 일족은 노부나가가 곤경에 처한 때를 이용해서 교토로 쳐들어갈 계획을 세웠다. 아자이·아사쿠라군과 연합하기 위해서였다. 그러면 노부나가에 저항감을 갖고 있던 호족들이 잇키 세력을 이끌고 오다군을 공격할 가능성이 있었다. 실제로 호족들이 이끄는 잇키 세력은 아자이·아사쿠라군의 주력을 이루고 있었다. 11월에 이세 지역의 잇코잇키 세력이 노부나가의 동생 노부오키信興가 지키는 고키에성小木江城(지금의 아이치현 아이사이시愛西市)을 공격했다. 잇코잇키의 공격을 막아내지 못한 노부오키는 끝내 자결했다.

노부나가군과 아자이·아사쿠라 연합군의 대치는 3개월 가까이 지속되었다. 드디어 11월 말 양군이 가타다堅田(지금의 시가현 오쓰시)에서 충돌했다. 노부나가는 가타다의 호족들이 복속한 것을 기화로 그 지역에 군사를 보내 점령하려고 했다. 그러자 아사쿠라 요시카게가 군대를 가타다로 보냈다. 혼간지 문도들도 아사쿠라군을 따라 전투에 나섰다. 격전 끝에 아사쿠라군이 가타다를 점령했다. 엔랴쿠지에 진을 치고 상황에 따라서 대응하는 아자이·아사쿠라 연합군이 전국의 주도권을 쥐고 있었다.

겨울이 깊어가고 있었다. 노부나가는 진퇴양난의 형국에 처했다. 엔랴쿠지에 진지를 구축한 아자이·아사쿠라군 측도 식량이 고갈되었지만, 적에 포위된 노부나가도 군량 운반이 곤란한 상황이었다. 노부나가의 본거지 기후에서조차 잇코잇키 세력이 봉기했다. 점령지의 호족들도 언제 어떻게 움직일지 알 수 없었다. 아자이·아사쿠라씨 진영과 노부나가 진영에서 동시에 강화의 필요성이 제기되었다.

노부나가는 강화를 결심하고, 천황과 막부의 쇼군에게 중재에 나서 달라고 요청했다. 천황과 쇼군은 조정의 관백關白 니조 하레요시二條晴良를 보내서 강화 교섭에 나섰다. 11월 21일 노부나가는 롯카쿠씨 일족과 강화를 맺었다. 12월 9일 천황은 엔랴쿠지에 전란을 수습하는 데 협조하라는 서한을 보냈다. 상황이 급박했던 양편 진영은 일단 강화를 맺고, 서로 인질을 교환한 다음 군대를 물렸다. 노부나가는 천황과 쇼군을 움직여서 위기에서 벗어났고, 아자이·아사쿠라 연합군은 노부나가를 물리칠 수 있는 기회를 잃었다.

CHAPTER 10. 강적들

section 1. 종교 세력

노부나가와 강화를 맺은 아자이·아사쿠라 가문은 일단 위기에서 벗어났다. 하지만 아무 소득 없이 물러난 노부나가는 굴욕감을 견디지 못했다. 긴 겨울이 지나고 1571년을 맞이하자 노부나가는 다음 싸움을 준비하기 시작했다.

그런데 5월 6일 아자이 나가마사浅井長政가 오타니성에서 나와 요코야마성橫山城 근처에 진을 치고, 주변의 혼간지 세력들과 힘을 합해 노부나가의 지배지를 침략했다. 요코야마성은 노부나가의 부하 기노시타 히데요시木下秀吉가 지키는 성이었다. 히데요시가 500여 명의 기병를 거느리고 출진해서 5,000여 명에 달하는 아자이군을 무찔렀다.

노부나가는 엔랴쿠지(지금의 시가현 오쓰시) 공격을 염두에 두고 작전계획을 수립했다. 엔랴쿠지를 치려면 그곳에 이르는 교통로를 확보할 필요가 있었다. 노부나가는 먼저 중산도中山道와 북륙도北陸道의 분기점에 해당하는 지역을 다스리는 사와야마성佐和山城(지금의 시가현滋賀県 히코네시彦根市) 성주 이소노 가즈마사磯野員昌를 공격했다. 그러자 사와야마 인근의 호족들이 노부나가에 투항했다. 기후岐阜에서 에치젠越前(지금의 후쿠이현福井県 북부)으로 통하는 교통로를 장악한 노부나가는 아사쿠라 가문이나 혼간지와 내통하고 있다고 판단되는 상인들을 견제했다.

당시 아자이 가문은 오미近江(지금의 시가현滋賀県) 지역의 호족들을 완전하게 장악하지 못하고 있었다. 아자이씨는 혈연적으로 결합된 호족들을 권력의 기반으로 했지만, 아자이씨도 역시 호족의 한 가문에 지나지 않았다. 아자이씨와 이마이今井·이소노씨磯野氏 등 유력한 호족과의 관계는 대등한 동맹관계에 가까웠다. 사와야마성을 비롯한 전략적 요충지에 계획적으로 이소노씨와 같은 호족을 배치한 것이 아니었다. 원래 그 지역을 지배하던 이소노씨에게 방비를 위임했던 것이다. 요컨대 아자이씨의 군사력은 호족 연합체라는 한계성을 지니고 있었다. 노부나가가 아자이 가문을 섬기던 호족들에게 개별적으로 접근할 수 있었던 것도 그들의 독립성이 강했기 때문이다.

사와야마성이 수중에 들어오자, 노부나가는 아자이 가문 공격을 부장에게 맡겨두고 자신은 일단 기후岐阜로 돌아왔다. 그리고 1571년 5월 12일 노부나가가 직접 대군을 이끌고 이세 나가시마長島의 잇코잇키一向一揆 세력을 치기 위해 출진했다. 나가시마 잇코잇키 세력은 결코 만만한 상대가 아니었다. 노부나가의 생각대로 작전이 전개되지 않았다. 잇코잇키 세력은 게릴라 전법으로 오다군을 공포에 떨게 했다. 오다군은 부장이 전사하거나 중상을 입는 참패를 당하고 물러나고 말았다.

1571년 8월 18일 노부나가가 기후를 출발해서 오미 지역으로 향했다. 먼저 기노시타 히데요시가 지키는 요코야마성 일대의 아자이씨 세력을 토벌했다. 28일에는 남쪽으로 진군해서 니와 나가히데丹羽長秀가 지키는 사와야마성에서 휴식을 취했다. 노부나가는 정작 아자이씨의 본거지 오타니성小谷城(지금의 시가현滋賀県 나가하마시長浜市)을 공격하지 않았다. 노부나가는 오타니성과 사와야마성 일대를 공격한 것은 아자이·아사쿠라 가문을 견제하기 위한 것이었다. 노부나가의 공격 목표는 아자이·아사쿠라 가문을 지원하고 있는 엔랴쿠지였다.

한편, 오미 남부의 여러 지역에서는 1571년 봄부터 잇키 세력이 잇달아 봉기했다. 노부나가는 9월 1일 시바타 가쓰이에·니와 나가히데 등 부장들에게 명령해서 오가와小川·시무라志村(모두 지금의 시가현 간자키군神崎郡) 두 성을 공격하게 했다. 두 성의 성주는 일찍부터 롯카쿠 가문에 복종하고 있었는데, 롯카쿠 가문이 멸망한 후에도 아자이 가문 편에 서서 노부나가에 대항하고 있었다. 노부나가군은 먼저 시무라성을 공략하면서 적을 몰살시키는 작전을 전개했다. 그러자 오가와성 성주가 노부나가에게 항복했다.

9월 3일 노부나가는 부장들에게 가네가모리성金森城(지금의 시가현 모리야마시守山市)을 점령하라고 명령했다. 가네가모리는 잇코잇키 세력의 근거지였다. 그곳을 중심으로 혼간지 문도들이 끈질기게 저항하고 있었다. 혼간지의 지도자 겐뇨도 가네가모리 잇코잇키 세력에 큰 기대를 걸고 있었다. 겐뇨가 직접 지휘관을 파견해 잇코잇키 세력을 통솔하게 했다. 노부나가는 가네가모리의 잇코잇키 세력을 무자비하게 토벌했다.

노부나가는 잇코잇키 세력을 토벌한 후 히에이잔比叡山 엔랴쿠지延曆寺를 공격할 계획이었다. 잇코잇키 토벌은 엔랴쿠지로 통하는 길을 열기 위한 작전이었다. 잇코잇키 세력을 토벌한 오다군은 9월 10일 셋쓰攝津를 공략한다고 소문을 내고 출진했다. 그러나 9월 12일 새벽 남쪽으로 진군하던 3만여 명의 오다군이 갑자기 진로를 바꿔 지금의 시가현滋賀縣 오쓰시大津市 사카모토혼초坂本本町에 있는 히에이잔 엔랴쿠지를 기습했다.

사카모토혼초를 포위한 오다군은 곧바로 마을에 불을 질렀다. 사카모토혼초의 모든 건물이 불탔다. 마을 안에 있던 엔랴쿠지의 건물과 마을 가장자리에 있던 히요시다이샤日吉大社도 불탔다. 히에이잔을 상징하던 신여神輿도 순식간에 잿더미로 변했다. 사카모토혼초를 불태운 오다군은 산 속에 있는 엔랴쿠지로 향했다.

오다 노부나가는 이미 부장들에게 엔랴쿠지의 건물을 불태우고 승려들을 모조리 죽이라고 명령했다. 오다군이 개미가 기어오르는 것처럼 까맣게 히에이잔을 덮쳤다. 엔랴쿠지 승려들은 놀랄 틈도 없었다. 오다군 앞에 보이는 모든 승려와 신도들이 무자비하게 도륙되었다. 여성과 아이들도 모두 죽였다. 도망하거나 숨은 자들은 화승총으로 쐈다. 히에이잔 12계곡에 빼곡히 들어찼던 사원 건물이 모두 불탔고, 각종 불탑·불상·불경·도서·보물 등이 모두 잿더미로 변했다. 사카모토초의 상공인, 사원에 있던 승려와 신도 1,600여 명이 살해되었다. 오다군은 15일까지 산속을 헤집고 다니며 건물을 불태우고 숨어있던 승려와 신도들을 찾아내 죽였다.

엔랴쿠지가 아직 불타고 있던 9월 13일 노부나가가 친위대만 거느리고 교토로 돌아와서 묘카쿠지妙覚寺에 여장을 풀었다. 노부나가는 아무 일도 없었다는 듯이 쇼군을 예방했다. 천황도 엔랴쿠지를 불태운 노부나가에게 아무런 항의도 하지 못했다. 노부나가는 엔랴쿠지와 히요시다이샤가 보유하던 영지를 모두 몰수해서 자신의 부장들에게 나누어주었다. 노부나가는 엔랴쿠지와 히요시다이샤를 완전히 말살시켰던 것이다.

노부나가는 왜 엔랴쿠지를 무자비하게 공격했을까? 당시 엔랴쿠지 승려들 중에는 고기를 먹고, 첩을 거느리고, 신도들에게 무례해서 지탄의 대상이 되는 자들이 적지 않았다. 민중들은 엔랴쿠지를 악당의 소굴이라고 비난했다. 불법을 지키기 위해 힘쓰던 승려들은 엔랴쿠지의 앞날을 걱정했다. 노부나가도 타락한 승려들을 탐탁지 않게 여기고 있었다. 더구나 엔랴쿠지는 아자이·아사쿠라 가문을 지원하면서 노부나가를 적대했다. 노부나가는 그런 엔랴쿠지를 용서할 수 없었을 것이다.

그러나 노부나가가 엔랴쿠지를 불태운 사건은 후세까지 비난의 대상이 되었다. 엔랴쿠지는 전통적으로 천황과 조정이 보호하던 사원이었다. 일본에서 가장 크고 권위 있는 사원이었다. 노부나가는 그런 신성한 사원에 대담하게 불을 질렀던 것이다. 민중들은 노부나가를 불법을 파괴한 자, 왕법을 짓밟은 자라고 비난했다.

section 2. 모리 가문

1569년 서부 일본의 실력자 모리 모토나리毛利元就가 오토모大友와 아마고尼子 가문의 협공을 받아 곤경에 처했다. 모리 모토나리는 무로마치 막부에 사신을 보내 강화를 주선해 줄 것을 요청했다. 이때 막부의 실권은 오다 노부나가가 장악하고 있었다. 막부와 모리 가문의 교섭은 즉, 노부나가와 모토나리의 교섭이나 다를 바 없었다. 노부나가는 모토나리의 요청을 받아들였다.

당시 미요시씨 일족은 여전히 시코쿠四国에 근거지를 두고 아자이씨·아사쿠라씨·혼간지 세력과 연락을 취하면서 노부나가에 대항하고 있었다. 노부나가는 교토에서 멀리 떨어진 모리 가문과 우호적인 관계를 맺고, 장차 모리군을 시코쿠로 진출하게 해서 미요시씨를 협공하려는 전략을 세웠다. 노부나가가 곤경에 처한 모리 모토나리의 요청을 받아들인 이유였다.

1570년 무로마치 막부가 모리·오토모 가문에 사신을 보냈고, 천황도 칙사를 보내 강화를 주선했다. 그런데 모리 모토나리가 막부에 강화의 주선을 요청한 것은 아마고 가문을 공략할 때까지 당분간 오토모 가문의 발목을 잡아두기 위해서였다. 오토모 가문도 역시 모리·아마고 가문의 형세를 관망하면서 애매한 태도를 취하고 있었다. 그러던 중에 아마고 가문 세력이 급격히 쇠퇴했다. 모리 모토나리는 굳이 오토모 가문과 강화하지 않아도 되는 상황이 되었다. 하지만 노부나가는 모리·오토모 가문에 강화를 종용했다. 모리 모토나리가 조속히 시코쿠로 진출하게 하기 위해서였다. 그러나 모토나리는 당분간 그럴 뜻이 없었다. 그러자 노부나가는 은밀히 아마고 가문을 지원하면서 모토나리는 견제했다.

1571년 6월 모리 모토나리가 사망했다. 다케다 신겐武田信玄 만큼이나 강적이었던 모토나리의 죽음은 노부나가에게 행운이었다. 그러나 탁월한 전략가였던 모토나리의 죽음은 모리씨 일족에게 큰 충격을 안겨주었다. 모토나리는 세 아들을 두었는데, 그중에서 첫째 아들 다카모토隆元가 기량이 가장 뛰어났다. 하지만 다카모토는 1562년에 모토나리보다 먼저 죽었다. 모토나리가 죽은 후, 집안의 대를 이은 것은 다카모토의 아들 데루모토輝元였다.

모토나리가 사망한 후에도 모리 가문은 여전히 강성했다. 모리 가문은 1571년 6월에 야마나카씨山中氏, 8월에 아마고씨를 멸망시키고 영토를 넓혔다. 야마나씨山名氏도 결국 모리씨에게 항복했다. 모리씨 세력이 강성해지자, 쇼군 아시카가 요시아키는 은밀히 모리 가문에 원병을 요청했다. 그러나 서부 일본 공략에 전념하던 모리 가문은 쇼군 요시아키의 요구를 묵살했다. 오히려 당분간 노부나가와 우호적인 관계를 유지하는 것이 유리하다고 판단했다. 하지만 노부나가는 모리 가문을 경계하기 시작했다.

1573년 10월 비젠備前(지금의 오카야마현岡山県)의 우라가미씨浦上氏와 하리마播磨(지금의 효고현兵庫県)의 벳쇼씨別所氏가 잇달아 노부나가에게 머리를 조아렸다. 같은 하리마의 오데라씨小寺氏도 노부나가에 충성을 맹세했다. 우라가미·벳쇼·오데라씨는 모리 가문의 세력이 강성해지자 노부나가에게 보호를 요청했다. 노부나가는 그들을 이용해서 모리 가문을 견제하려는 계획을 세웠다.

노부나가는 모리씨에게 멸망한 아마고씨·야마나카씨·야마나씨 일족을 회유해서 모리 가문에 대항하게 했다. 1574년 11월 노부나가는 은밀하게 빗추備中(지금의 오카야마현) 마쓰야마성松山城 성주 미무라 모토치카三村元親를 회유했다. 노부나가는 모토치카가 모리씨에게 원한이 있으나 힘이 약해 복수를 하지 못하고 있다는 점을 놓치지 않았다. 모토치카는 노부나가에 내응하기로 했다. 이 소식을 들은 모리 가문이 1575년 5월 마쓰야마성을 공략했다.

1573년 7월 노부나가에게 추방된 후 정세를 관망하던 무로마치 막부의 15대 쇼군 아시카가 요시아키는 모리 가문에 몸을 의탁하기로 결심했다. 1576년 2월 아시카가 요시아키가 서부 일본으로 가서 모리 가문의 보호를 받았다. 그 후 모리 가문은 하리마·비젠 지역 여러 성의 경계를 강화하면서 노부나가의 침략에 대비했다. 노부나가와 모리 가문 사이에 전운이 감돌았다.

section 3. 다케다 신겐

앞에서 살펴본 바와 같이, 오다 노부나가・다케다 신겐武田信玄・도쿠가와 이에야스는 우호적인 관계를 유지하고 있었다. 그런데 다케다 신겐이 교토로 진출하려는 움직임을 보이면서 절묘한 제휴 관계가 무너지게 되었다. 그 계기가 된 것은 이마가와 가문이 지배하던 지역의 분할을 둘러싼 다케다 신겐과 도쿠가와 이에야스의 대립이었다.

1571년 3월 다케다 신겐은 가신으로 하여금 미카와三河(지금의 아이치현 동부) 지역의 호족들을 회유해서 항복시키도록 했다. 그리고 도토우미遠江(지금의 시즈오카현 서반부)의 호족을 회유해서 나가시노성長篠城(지금의 아이치현 신시로시新城市)을 함락시키고, 나아가 노다성野田城(지금의 아이치현 신시로시)을 공격했다. 다케다군은 도쿠가와 이에야스의 고향인 오카자키성岡崎城(지금의 아이치현 신시로시)까지 공격했다. 이에야스는 다케다군의 침략을 저지하려고 했지만 실패했다. 다케다 신겐이 싸움의 주도권을 장악했다.

같은 해 10월 관동 지방의 실력자 호조 우지야스北条氏康가 사망했다. 우지야스는 우에스기 겐신上杉謙信과 동맹을 맺고 다케다 신겐을 견제하려고 했으나 겐신에 의지하는 데 한계가 있다는 것을 알았다. 죽음에 임박한 호조 우지야스는 아들 우지마사氏政에게 다케다 신겐과 우호적인 관계를 유지하라고 당부했다. 우지마사는 다케다 신겐에게 사신을 보내 화목할 것을 청했다. 마침 다케다 신겐도 호조씨와 화목하기를 바라고 있었다. 다케다 신겐은 호조 우지마사의 제안을 받아들였다. 우지마사는 즉시 우에스기씨와의 관계를 단절하고 다케다 신겐에게 동생을 인질로 보냈다.

다케다·호조 가문의 동맹으로 가장 타격을 입은 것은 도쿠가와 이에야스였다. 그동안 이에야스는 우에스기 겐신과 동맹을 맺고 다케다 신겐을 견제했었다. 그런데 우에스기·호조 가문의 동맹이 깨지고, 다케다·호조 가문이 동맹을 맺으면서 도쿠가와 이에야스가 수세에 몰리게 되었다. 그러나 다케다 신겐은 후방을 안정시키고 서쪽으로 진출할 수 있는 여력이 생겼다.

그동안 다케다 신겐은 이세(伊勢)(지금의 미에현)의 해적들을 모집해 수군을 편성했고, 마쓰나가 히사히데松永久秀와 막부의 쇼군 아시카가 요시아키足利義昭와도 연락을 취하고 있었다. 또 혼간지의 지도자 겐뇨의 부인이 신겐의 처제였기 때문에 신겐과 겐뇨는 긴밀한 관계를 유지하고 있었다. 신겐은 오다 노부나가를 제압하고 스스로 일본의 패권을 장악하려는 야심을 품고 있었다. 겐뇨와 쇼군 요시아키도 다케다 신겐이 급성장한 노부나가를 제거해 주기를 기대하고 있었다. 노부나가를 배반하고 미요시씨 일족의 편을 들고 있던 마쓰나가 히사히데도 다케다 신겐이 서쪽으로 진출하기를 학수고대하고 있었다.

1572년 가을 노부나가는 쇼군 요시아키가 명령하는 형식으로 다케다·우에스기 가문에게 강화할 것을 종용했다. 그러자 다케다 신겐은 아사쿠라 요시카게朝倉義景가 중재하는 형식이라면 쇼군의 명령에 따르겠으나 노부나가가 중간에 있는 한 응할 수 없다고 답했다. 이때 신겐은 이미 교토로 진출하는 계획을 세우고 있었다. 노부나가의 권고에 따를 리가 없었다. 노부나가도 그것을 모를 리 없었다. 그럼에도 짐짓 쇼군이 명령하는 형식으로 권고를 한 이유가 있었다. 다케다 신겐이 쇼군의 명령을 따르지 않는다면 쇼군에 대적하는 행위라는 명분을 내세워 다케다 신겐을 공격할 심산이었다. 신겐 또한 노부나가의 속내를 잘 알고 있었다. 그래서 아사쿠라 요시카게가 중재한다면 명령에 따르겠다는 조건을 달았던 것이다. 노부나가와 아사쿠라 요시카게는 원수지간이었다. 노부나가가 요시카게에게 중재를 요청하는 일은 결코 있을 수 없는 일이었다. 다케다 신겐은 노부나가의 모략에 말려들지 않고 모양 좋게 거절했던 것이다.

1572년 노부나가는 운명이 어떻게 전개 될지 모르는 위기를 맞이했다. 정월에는 롯카쿠六角 가문이 잇코잇키一向一揆 세력과 손잡고 노부나가에 대항했다. 노부나가는 봄부터 겨울까지 아사쿠라·아자이 연합군과 힘겨운 전투를 되풀이하고 있었다. 1572년 7월 다케다 신겐이 드디어 교토로 진출하기 위해 출진했다. 신겐은 병력을 3개 군단으로 편성했다. 제1군은 미노美濃(지금의 기후현 남부) 방면으로, 제2군은 미카와三河(지금의 아이치현 동부) 방면으로, 신겐이 직접 지휘하는 제3군은 도토우미遠江 방면으로 각각 진격했다. 다케다군은 저항하는 적을 차례로 제압하면서 순조롭게 진군했다.

일본 제일의 전략가로 알려진 다케다 신겐은 아들 가쓰요리勝賴로 하여금 후타마타성二俣城을 공격하게 했다. 다케다 가쓰요리는 후타마타성을 어렵지 않게 점령하고 나가시노長篠로 진격했다. 하마마쓰浜松(지금의 시즈오카현 하마마쓰시)에 있던 도쿠가와 이에야스를 유인해 내기 위해서였다. 나가시노는 하마마쓰에서 멀지 않은 곳에 있었다. 이에야스는 다케다 신겐의 도발을 모른 척 할 수 없었다. 이에야스는 신겐과 싸우기 위해 출진했고, 양군은 12월 21일 미카타가하라三方ヶ原(지금의 시즈오카현 하마마쓰시)에서 싸웠다. 이 싸움에서 다케다 신겐은 도쿠가와 · 오다 연합군을 무찔렀다. 사기충천한 다케다군은 오다군과 결전을 벼르고 있었다.

1573년 정월 다케다 신겐은 쇼군 요시아키에게 서신을 올렸다. 신겐은 노부나가의 죄상을 일일이 거론하며 노부나가를 자신이 처단하겠다고 서약했다. 신겐이 노부나가에게 선전을 포고한 것이나 다름이 없었다. 1573년 2월 대군을 거느린 다케다 신겐이 도쿠가와 이에야스의 본거지 미카와 지역을 차례로 공략하면서 교토로 향하는 발걸음을 재촉했다. 그런데 그 무렵 신겐이 병으로 쓰러졌다. 진중에서 치료를 받았으나 병세가 호전되지 않았다. 신겐은 나가시노에 군대를 주둔시키고 자신은 은밀히 본거지로 돌아갔다. 신겐이 시나노信濃(지금의 나가노현長野県) 고마바駒場(지금의 나가노현 시모이나군 下伊那郡 아치무라阿智村)에 도착했을 때 병세가 급격하게 악화되어 그곳에서 사망했다. 1573년 4월 12일 신겐의 나이 53세 때였다.

section 4. 우에스기 겐신

다케다 신겐이 군대를 이끌고 교토로 향하면서 도쿠가와 이에야스의 영지를 침략하자, 노부나가는 다케다 신겐과 단교를 선언했다. 그리고 우에스기 겐신上杉謙信에게 서신을 보내 원병을 요청했다. 우에스기 겐신은 노부나가의 아들을 돌보고 싶다는 뜻을 내비쳤다. 에둘러 인질을 요구했던 것이다. 그러자 노부나가는 자신의 아들을 우에스기 겐신의 양자로 들이겠다고 약속했다. 겐신도 노부나가와 손을 잡는 것이 유리하다고 판단했다. 겐신은 노부나가의 제안을 받아들였다. 그 후 우에스기 겐신은 노부나가에게 원군을 보낼 준비를 했다. 그런데 마침 다케다 신겐이 군중에서 병을 얻어 사망했다. 겐신은 출병하지 않았다.

다케다 신겐이 사망한 후, 유업을 계승한 신겐의 아들 다케다 가쓰요리武田勝賴는 자주 미카와·도토우미 지역을 침략해서 도쿠가와 이에야스의 심기를 어지럽혔다. 우에스기 겐신은 이에야스에게 서신을 보내 다케다 가문을 견제하겠다고 약속했다. 1574년 2월 우에스기 겐신이 군사를 내어 후방에서 다케다 가쓰요리를 위협했다. 가쓰요리는 미카와·도토우미 지역에서 군대를 철수하지 않을 수 없었다. 우에스기 겐신은 자신의 군사행동으로 이에야스가 위기에서 벗어났다고 믿었다. 하지만 오다 노부나가는 우에스기 겐신에게 감사의 뜻을 전하지 않았다. 그러자 겐신은 노부나가에게 서신을 보내 성의가 없다고 질책했다.

노부나가가 우에스기 겐신과 동맹을 맺은 것은 다케다 신겐을 견제하기 위한 것이었다. 다케다 신겐이 사망한 이상 겐신에게 머리를 숙일 필요가 없어졌다. 오히려 우에스기 겐신은 노부나가가 경계해야 할 대상이 되었다. 노부나가는 겐신을 견제하기 위해 은밀하게 자신의 여동생을 엣추越中(지금의 도야마현富山県)의 호족 진보 우지하루神保氏張에게 시집보내고, 카가加賀(지금의 이시카와현石川県 남부)의 기쿠치씨菊池氏에게 영지를 주겠다고 약속해서 자기편으로 끌어들였다. 그들은 모두 우에스기 겐신과 국경을 맞대고 있으면서 사실상 겐신의 세력권에 포함되었던 호족들이었다. 노부나가는 그들과 우호적인 관계를 맺어 겐신을 포위하려는 전략을 구사했다. 이 사실을 안 겐신은 1574년 7월 노부나가와 단교를 선언하고 엣추로 쳐들어가 진보 우지하루를 죽이고 잇달아 카가加賀 지역을 침략했다. 이때 엣추·카가 지역의 잇코종 문도들 대부분이 겐신 편에서 싸웠다.

노부나가는 1575년 8월 아케치 미쓰히데明智光秀·하시바 히데요시

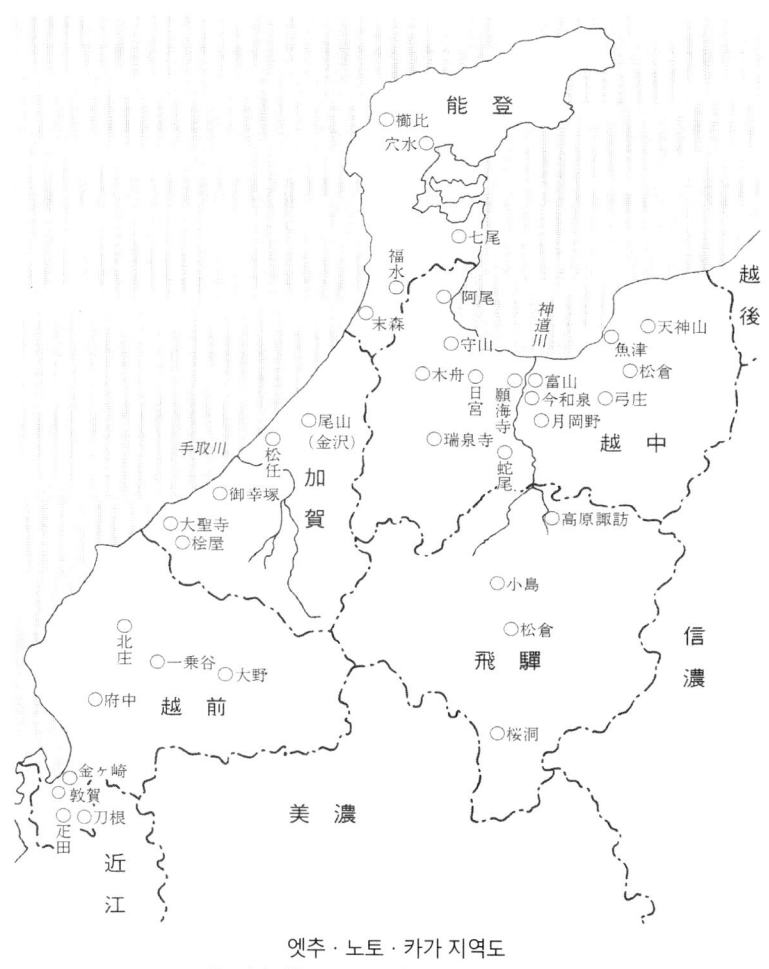

엣추 · 노토 · 카가 지역도
谷口克広, 『信長の天下布武の道』, 吉川弘文館, 2006

羽柴秀吉를 카가 지역, 시바타 가쓰이에柴田勝家를 에치젠 지역, 삿사 나리마사佐々成政를 엣추 지역으로 보냈다. 우에스기 겐신을 견제하기 위해서였다.

노부나가가 자기를 견제한다는 것을 알아차린 우에스기 겐신은 빈번하게 엣추·카가 지역을 공략했다. 1576년 3월 우에스기 겐신은 엣추 지역의 여러 성을 차례로 점령했다. 그야말로 전광석화 같은 작전을 전개했다. 한편, 노부나가는 같은 해 6월 조정에 주청해서 겐신과 동북쪽으로 국경을 맞대고 있는 지역의 다이묘들에게 관위를 수여해서 자기편으로 끌어들였다. 겐신의 세력을 약화시키기 위해서였다.

그런데 같은 해 9월에 엣추·카가 지역의 잇코종一向宗 문도들이 노부나가를 공격해서 옛 영토를 찾으려고 했다. 엣추·카가 지역의 잇코종 문도 지도자들이 연서해서 우에스기 겐신에게 도움을 요청하고 봉기했다. 잇코종 문도들은 오다군을 몰아내고 카가 지역 여러 성들을 탈환했다. 곤경에 처한 노부나가를 더욱 당황스럽게 했던 것은 이미 추방되어 모리毛利 가문에 몸을 의탁하고 있던 쇼군 요시아키였다. 그는 자주 우에스기 겐신에게 서신을 보내 모리 가문과 함께 노부나가를 공격하자고 제안했다. 마쓰나가 히사히데松永久秀도 은밀히 겐신에게 서신을 보내 노부나가를 공격하겠다고 약속했다. 잇코종 문도·모리 가문·마쓰나가 히사히데 등이 협력한다면 노부나가와 맞설 수 있다고 생각한 우에스기 겐신은 노부나가를 치기로 결심했다.

이보다 앞서 1574년 노토能登(지금의 이시카와현) 반도의 호족 하타케

야마 요시타카畠山義隆의 부하가 요시타카를 암살한 후, 요시타카의 형을 주군으로 옹립하려는 계획을 세우고 은밀히 겐신에게 도움을 요청했다. 하지만 하타케야마 요시타카의 다른 부하는 요시타카의 아들을 옹립하려는 계획을 세우고 노부나가에게 구원을 요청했다. 하타케야마 가문에 내분이 일어났는데, 한편은 겐신과 다른 한편은 노부나가와 내통하면서 대립했던 것이다. 우에스기 겐신이 하타케야마 가문의 내분에 간섭해서 노토 반도를 공략하고 나아가 호쿠리쿠北陸 지방으로 세력을 넓혔다. 그러자 노부나가는 부장들로 하여금 대군을 이끌고 노토 반도로 진격하게 했다. 그런데 이때 형세를 관망하고 있던 마쓰나가 히사히데가 교토 인근에서 군사를 일으켰다. 잇코종 문도들도 사방에서 봉기했다.

노부나가는 노토 반도로 진격하던 군대를 회군해 마쓰나가 히사히데를 쳐서 죽였다. 그리고 정치적으로 겐신을 고립시키는 방법을 생각했다. 노부나가는 동북 지방의 실력자 다테 하루무네伊達晴宗에게 서신을 보내 겐신의 배후를 공격해 달라고 요청했다. 하루무네는 노부나가의 청을 받아들였다. 노부나가는 우에스기 가문 내부를 이간하는 술책을 쓰기도 했다. 특히 우에스기군의 맹장 가키자키 가게이에柿崎景家와 겐신을 이간하는 데 성공했다. 노부나가의 이간책에 놀아난 겐신은 결국 가게이에를 죽이고 말았다. 노부나가의 집요한 심리전 탓이었을까? 1578년 3월 9일 노부나가를 견제하기 위한 준비에 여념이 없던 우에스기 겐신이 갑자기 병으로 사망했다.

CHAPTER 11. 전성기

section 1. 무로마치 막부 멸망

교토로 진군하던 다케다 신겐이 진중에서 사망했지만, 신겐의 측근들은 그 사실을 철저하게 숨겼다. 그래서 노부나가의 적들은 다케다군 내부의 상세한 정보를 입수하지 못하고 있었다. 특히 쇼군 요시아키와 마쓰나가 히사히데가 그러했다. 다케다 신겐이 승리에 승리를 거듭하면서 상경하고 있다는 소식에 격앙된 쇼군 요시아키는 1573년 3월 초에 노부나가와 인연을 끊었다. 3월 7일에는 전국에 명령을 내려서 노부나가를 적으로 규정했다.

  3월 25일 노부나가가 군대를 이끌고 상경했다. 자신을 적대하는 쇼군 요시아키를 치기 위해서였다. 3월 29일 노부나가가 오사카逢坂(지금의 오시카부 오사카시 덴노지天王寺 인근)에 다달았을 때, 쇼군 요시아키의 측근인 호소카와 후지타카細川藤孝와 셋쓰 지역을 지배하던 아라키 무라시게荒木村重가 노부나가에 충성을 맹세했다. 그날 오후 노부나가는 교토로 왔다. 4월 3일 노부나가는 부장들에게 교토 교외에 불을 지르도록 했다. 쇼군 요시아키를 심리적으로 압박하기 위해서였다. 노부나가는 쇼군의 궁전 니조성 주변을 포위했다. 요시아키가 노부나가에게 굴복했다.

  노부나가는 4월 8일 교토를 떠났다. 하지만 노부나가는 곧바로 기후로 돌아가지 않고 부장들에게 롯카쿠씨 일족이 농성하는 나마즈에성鯰江城(지금의 시가현 히가시오미시)을 공격하도록 했다. 그리고 롯카쿠씨와 잇코잇키 세력에 동조했던 백제사百濟寺를 불태우도록 했다. 백제사는 잿더미가 되었다. 5월 15일 노부나가는 비파호 연변에 있는 사와야마佐和山로 갔다. 노부나가는 그곳에 체류하면서 병선을 건조했다.

  노부나가에게 무릎을 꿇은 쇼군 요시아키는 울분을 삭이지 못했다. 혼간지의 도움을 받고, 모리 가문으로부터 병량미를 지원받아 7월 3일에 다시 거병했다. 요시아키는 스스로 군대를 이끌고 교토 인근에 있는 마키시마성槇島城(지금의 교토부京都府 우지시宇治市)으로 들어가 항전 태세를 취했다. 이때 다케다 가문은 이미 쇼군 요시아키를 지원할 형편이 못되었고, 이미 권위조차 상실한 쇼군 요시아키는 노부나가의 적수가 되지 못했다.

7월 7일 노부나가는 이미 준비해 둔 병선을 타고 사카모토坂本에 상륙했고, 9일에는 교토로 가서 묘카쿠지妙覚寺에 본진을 두었다. 노부나가는 곧바로 니조성을 점령했다. 7월 16일 노부나가는 7만 명의 대군을 거느리고 쇼군 요시아키가 농성하고 있는 마키시마성으로 진군했다. 18일 오다군이 마키시마성을 함락시켰다. 쇼군 요시아키는 패장의 신분으로 노부나가 앞에 끌려왔다. 노부나가는 요시아키를 추방했다.

7월 21일 교토로 돌아온 노부나가는 갑자기 조정에 연호를 바꿀 것을 요구했다. 조정은 덴쇼天正라는 연호를 선정했다. 노부나가는 개원改元을 해서 무로마치 막부가 멸망했음을 선언하고자 했던 것이다.

section 2. 아자이 · 아사쿠라 가문 토벌

쇼군 아시카가 요시아키足利義昭가 추방되고 무로마치 막부가 멸망하자, 노부나가에 대항하던 연합세력이 맥없이 와해되었다. 1573년 8월

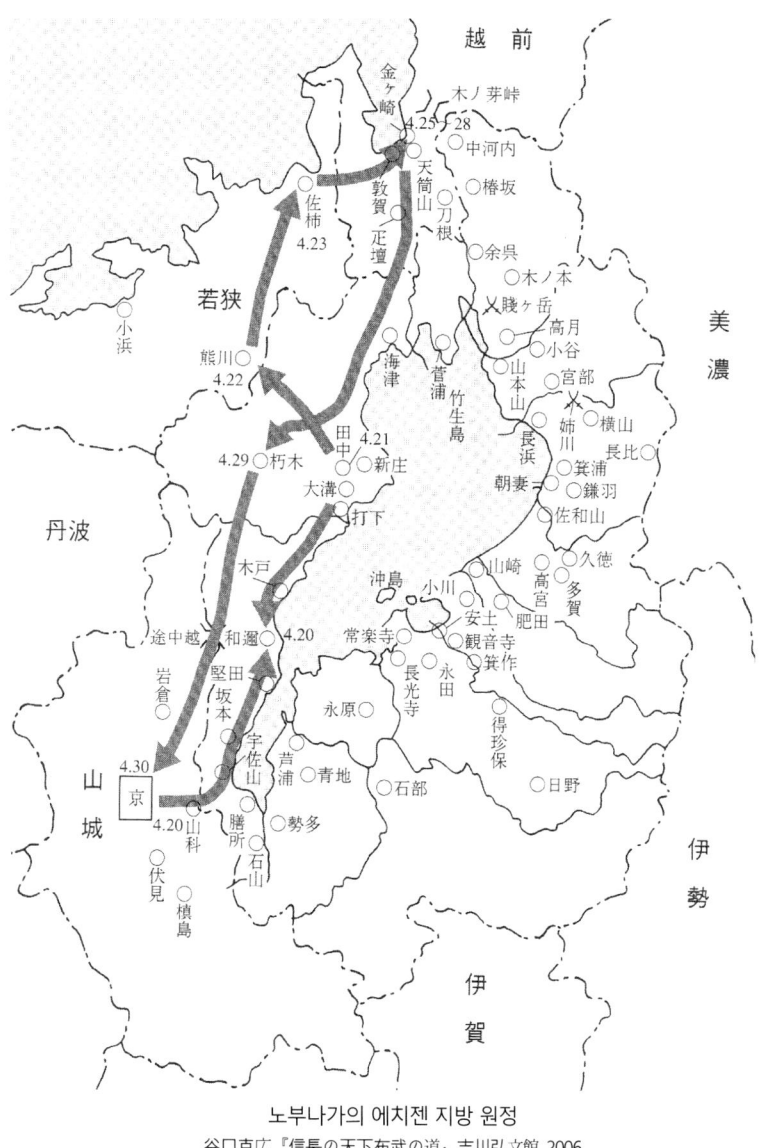

노부나가의 에치젠 지방 원정
谷口克広, 『信長の天下布武の道』, 吉川弘文館, 2006

초 아자이浅井 가문의 가장 믿을 만한 부하였던 야마모토성山本城(지금의 시가현 히가시아자이군東浅井郡) 성주가 노부나가를 섬기고 싶어 한다는 정보가 입수되었다. 노부나가는 아자이 가문에 최후의 칼을 겨눌 때가 되었다는 것을 직감하고, 8월 8일 밤 기후성을 출발해서 10일 오미近江 지역 북쪽에 있는 오타니성에 도착했다.

한편, 노부나가의 출진 소식을 들은 아사쿠라 요시카게朝倉義景도 에치젠越前에서 6,000여 명의 군사를 이끌고 오미 북쪽으로 진군해서 오즈쿠大嶽 요새에 진을 쳤다. 그 무렵 아자이 나가마사浅井長政를 이반하는 가신들이 줄을 이었다. 야마모토성 성주의 이반이 큰 영향을 미쳤다. 8월 12일 노부나가는 폭우를 무릅쓰고 아사쿠라군이 진을 치고 있는 오즈쿠 요새를 공략했다. 오즈쿠 요새를 지키는 아사쿠라군은 겨우 500여 명에 지나지 않았다. 노부나가의 대군이 공격하자 곧 함락되었다. 오다군은 이어서 오즈쿠 요새 인근에 진을 치고 있는 아사쿠라군 진지도 차례로 점령했다.

노부나가는 아사쿠라 요시카게가 에치젠으로 퇴각하는 길목을 막고 있다가 일시에 공격하는 전략을 세웠다. 그래서 오즈쿠 요새의 수비 대장을 죽이지 않고 살려 보냈다. 아사쿠라 요시카게에게 오다군이 진격하고 있다는 사실을 알리기 위해서였다. 노부나가의 예상대로, 8월 13일 밤 아사쿠라 요시카게가 퇴각하기 시작했다. 그러자 오다군이 일제히 아사쿠라군을 추격했다. 오다군은 퇴각하는 아사쿠라군을 공격했다. 순식간에 아사쿠라군의 주력 2,000여 명이 전사했다.

노부나가는 아사쿠라군을 추격하면서 쓰루가성敦賀城을 함락시키고 단숨에 에치젠 지역으로 들어섰다. 오다군은 곧 아사쿠라 가문의 본거지 이치조다니성一条谷城(지금의 후쿠이현 후쿠이시福井市)을 점령했다. 8월 20일 도망하던 아사쿠라 요시카게는 종형제 아사쿠라 가게아키라朝倉景鏡의 강요로 자결했고, 가게아키라는 요시카게의 목을 노부나가에게 바치고 목숨을 구걸했다. 노부나가는 아사쿠라 요시카게의 모친과 아들, 그리고 아사쿠라씨 일족을 찾아내 모두 죽였다. 에치젠 지역의 슈고守護를 5대 째 이어온 아사쿠라 가문이 멸망했다.

아사쿠라 가문이 멸망하자, 노부나가는 아자이 나가마사가 농성하고 있는 오타니성을 공략했다. 이미 가신들이 이반한 아자이 나가마사는 소수의 병력으로 힘겹게 오타니성을 지키고 있었다. 노부나가는 상대방을 분열시키는 공작으로 이전보다 쉽게 적을 무너뜨릴 수 있었다. 그 무렵 다케다 신겐이 이미 죽었고, 노부나가가 쇼군 요시아키를 추방하면서 무로마치 막부가 멸망했다는 소문이 널리 퍼졌다. 오타니성 공격의 선봉은 기노시타에서 하시바羽柴로 성을 바꾼 하시바 히데요시였다. 8월 27일 히데요시가 오타니성의 일부를 점령했다. 그러나 오타니성에서 가장 높은 건물인 혼마루本丸로 피신한 나가마사가 끝까지 저항했다. 나가마사는 죽기 전에 노부나가의 동생으로 자신의 처가 된 오이치お市와 세 딸을 노부나가 진영으로 돌려보냈다. 그리고 가신에게

자신의 아들 만푸쿠마루万福丸를 데리고 몰래 도망하게 했다. 9월 1일 아자이 나가마사가 자결하면서 아자이 가문이 멸망했다. 노부나가는 탈출한 나가마사의 아들 만푸쿠마루를 붙잡아 극형에 처했다.

아사쿠라 가문이 지배하던 에치젠 지역은 잇코종 세력이 강한 곳이었다. 아사쿠라 가문이 멸망했어도 잇코종 문도들이 노부나가와 싸우기 위해 단결했고, 카가加賀 지역의 문도들도 가세해 1574년 2월에 봉기했다. 아사쿠라씨 일족도 반란 세력과 힘을 합해 노부나가에 저항했다. 노부나가는 같은 해 8월 다시 대군을 이끌고 에치젠으로 갔다. 노부나가는 수군에게 비파호 연변으로 공격할 것을 명했다. 노부나가의 수군이 비파호 연변을 공격하자 허를 찔린 잇코종 문도, 즉 잇코잇키一向一揆 세력이 무너졌다. 오다군의 총공격이 시작되었다. 전투 현장은 잇코종 문도의 시체로 발 디딜 틈이 없었다. 노부나가는 모든 사원을 불태우고 잇코종 문도를 색출해서 모조리 죽였다. 이때 죽은 자가 2만 2,550여 명에 달했다.

노부나가는 점령지 에치젠 지역을 다스리기 시작했다. 같은 해 9월에는 여러 장수들의 공을 치하하고 에치젠 지역을 시바타 가쓰이에·가나모리 나가치카金森長近·마에다 도시이에前田利家·삿사 나리마사 등에게 영지로 나누어 주었다. 하시바 히데요시는 오타니성 성주로 임명되었다. 에치젠 지역의 행정은 시바타 가쓰이에가 총괄하도록 했다.

section 3. 나가시노 전투

다케다 신겐이 사망한 후, 그 아들 다케다 가쓰요리武田勝頼가 대를 이었다. 가쓰요리는 자주 오다 노부나가와 도쿠가와 이에야스의 영지를 침략했다. 가쓰요리는 용맹했지만 정치적인 수완이 없었다. 신겐이 사망한 후 이렇다 할 외교적 방책이 없었다. 전략도 큰 틀에서 보지 않고 오로지 전투에서 승리하는 데 급급했다. 가쓰요리는 노련한 노부나가·이에야스의 적수가 되지 못했다.

가쓰요리는 부친 다케다 신겐의 상중에도 개의치 않고 전투에 나섰다. 1573년 11월 1일 대군을 이끌고 도토우미遠江 지역 깊숙이 침략했다. 이 무렵 쇼군 요시아키와 노부나가 사이가 더욱 나빠졌다. 쇼군 요시아키는 가쓰요리에게 군사를 내어 노부나가를 치라고 요청했다. 1574년 2월 가쓰요리는 다시 대군을 동원해 미노美濃 지역을 침략했다. 이때 노부나가도 출진했지만 이미 가쓰요리가 물러간 뒤였기에 직접적인 충돌은 없었다. 이에야스도 가쓰요리를 견제했다. 3월에 이에야스가 군사를 내어 가쓰요리 지배 영역에 있는 여러 성들을 차례로 공격했다. 5월이 되자 가쓰요리는 2만5,000여 명의 대군을 동원해 도토우미 지역을 침략했다. 도쿠가와 이에야스는 다케다군의 위용에 눌려 출진하지 못하고 노부나가에게 원군을 요청했다.

가쓰요리는 자주 노부나가·이에야스 지배 지역을 공격했지만 결정적인 타격을 가하지 못했다. 가쓰요리의 실익이 없는 군사행동은 다케다 가문의 멸망을 재촉하는 요인이 되고 말았다. 다케다 가문의 가신들이 노부나가·이에야스와 정면으로 대적해서는 안 된다고 간언했지만 가쓰요리는 듣지 않았다. 9월에 다시 대군을 이끌고 도쿠가와 이에야스의 영지를 침략했다. 그러자 이에야스도 군사를 내어 다케다 가문이 지배하는 지역의 여러 성들을 공격했다.

다케다 가쓰요리는 은밀히 이에야스의 가신들을 매수했다. 1575년 3월 이에야스의 가신 중에 오가 야시로大賀弥四郎라는 자가 가쓰요리와 내통했다. 오가 야시로가 다케다 가쓰요리에게 말했다. "지금 오카자키성岡崎城에는 이에야스의 장자 마쓰다이라 노부야스松平信康와 여러 장수들의 인질들만 있습니다. 만약 출병한다면 제가 안내해서 성문을 열게 하겠습니다. 그러면 오카자키성을 쉽게 빼앗을 수 있습니다. 노부야스와 여러 장수들을 인질을 잡은 후 하마마쓰성浜松城으로 쳐들어가면 그곳이 무너지는 것도 시간문제입니다." 이 말을 들은 가쓰요리는 오가 야시로와 날짜를 약속하고 오카자키성을 치려고 했다. 그러나 오가 야시로의 음모가 사전에 발각되었다. 이에야스는 오가 야시로를 극형에 처했다. 가쓰요리는 그 사실을 모르고 군대를 이끌고 미카와三河 지역에 접근했을 때 오가 야시로가 처형당했다는 소식을 들었다. 그러자 가쓰요리는 노다野田를 비롯한 여러 지역을 침공했다. 이에야스의 장자 마쓰다이라 노부야스가 오카자키성에서 나와 다케다군과 싸워 이겼다. 가쓰요리는 후퇴하면서 나가시노성長篠城을 공격했다.

11. 전성기 147

가쓰요리가 나가시노성을 공격하자 도쿠가와 이에야스가 출진했다. 다케다군은 나가시노성을 포위하고 요충지에 진을 쳤다. 다케다군은 이미 나가시노성의 일부를 점령하고 밤낮으로 집요하게 공격했다. 성을 지키는 장수 오쿠다이라 노부마사奧平信昌가 분투했다. 하지만 성내의 양식은 이미 밑바닥을 보이고 있었다.

다급해진 오쿠다이라 노부마사는 이에야스에게 가신을 보내 말했다. "다케다군의 사기가 매우 충천해 있습니다. 혼자 와서 구하려고 하면 반드시 성과가 없을 것입니다. 노부나가에게 원군을 청해 양군이 함께 온다면 저는 그동안 적을 막아보겠습니다. 단 지금 성이 고립되었습니다. 적이 성을 몇 겹이나 에워싸고 있습니다. 우리 군사들의 사기는 왕성하지만 군량이 다 떨어져가고 있습니다. 빨리 구하지 않는다면 가망이 없습니다."

1575년 5월 도쿠가와 이에야스가 사신을 노부나가에게 보내 원병을 요청했다. 노부나가는 즉시 아들 오다 노부타다織田信忠로 하여금 선봉대를 이끌고 먼저 출발하게 하고, 자신은 5월 13일에 출진했다. 노부나가의 부장들도 군사를 이끌고 나가시노에 집결했다. 군사 수는 5만이 넘었다.

노부나가는 고쿠라쿠지야마極樂寺山(지금의 아이치현 신시로시新城市)에 진을 쳤다. 도쿠가와 이에야스는 2만의 군사를 이끌고 우측 선봉을 맡

앉고, 다키가와 가즈마스滝川一益 · 하시바 히데요시羽柴秀吉는 좌측 선봉을 맡았다. 나가시노성은 북쪽으로 산을 뒤로 하고 남쪽으로 들판을 바라보고 있었다. 들판은 동쪽과 서쪽에서 흐르는 큰 하천이 휘감고 있는 형국이었다.

다케다 가쓰요리는 낮은 산 위에 진을 치고 나가시노성을 내려다보고 있었다. 이미 성의 외곽이 무너져 있었다. 다케다군이 동원한 광부들이 땅굴을 파고 있었고, 성 담장보다 높은 공격용 망루가 세워져 있었다. 성의 함락이 임박해 있었다. 가쓰요리는 노부나가 · 이에야스가 구원하러 온 것을 보고 직접 출진하려고 했다. 역전의 노장 바바 노부하루馬場信春가 만류하면서 말했다. "적은 군사 수가 많고 우리는 적습니다. 싸움에 반드시 이롭지 않습니다. 그렇다면 군사를 이끌고 돌아가서 그들이 물러가기를 기다리는 것이 상책입니다. 그러다가 다시 상황을 보아 나아가고 물러가기를 반복하면 적이 노곤해질 것입니다. 그러면 주군께서는 2년이 지나지 않아서 반드시 뜻을 이룰 수 있을 것입니다." 그러나 가쓰요리는 바바 노부하루의 간언을 받아들이지 않았다.

다케다 가쓰요리는 7명의 장수에게 2,000명을 거느리고 나가시노성을 공격하게 하고, 자신은 2만여 명을 거느리고 하천을 건너 노부나가의 대군을 바라보며 진을 쳤다. 노부나가는 여러 부대에 방어용 목책을 설치하도록 하고, 화승총으로 무장한 부대, 즉 뎃포대鉄砲隊 3,000여 명을 배치했다. 뎃포대는 삿사 나리마사佐々成政 · 마에다 도시이에前田

나가시노 전투

利家에게 지휘하도록 했다. 그때 노부나가가 말했다. "가쓰요리는 용맹함을 앞세울 뿐 일을 꾸밀 줄 모른다. 가쓰요리의 군사들은 잘 싸운다. 나는 목책을 이용하고 총을 쏘아 그들을 무너뜨릴 것이다. 다케다군이 달려들어도 함부로 총을 쏘지 마라. 그들이 가까이 접근했을 때 일제히 번갈아가며 사격하라. 도쿠가와 이에야스의 뎃포대도 역시 이에 따르도록 하라."

이때 도쿠가와 이에야스의 장수 사카이 타다쓰구酒井忠次가 노부나가에게 건의했다. "가쓰요리의 숙부 다케다 노부자네武田信実가 도비가스야마鳶巢山에 진을 치고 나가시노성을 바라다보고 있습니다. 오늘 밤 샛길로 그 배후로 이동해서 그 진지를 습격해 빼앗고, 성에 있는 우군들과 힘을 합해 다케다군의 후방을 공격하면 반드시 크게 이길 수 있을 것입니다." 노부나가가 그 말을 듣고 명령했다. "이것은 기묘한 계책이다. 너는 즉시 작전을 수행하라." 사카이 타다쓰구는 밤에 험준한 샛길로 적의 배후로 이동했다. 사카이 타다쓰구는 5월 21일 새벽 다케다군의 진지를 기습해 적을 섬멸하고 적장 다케다 노부자네의 목을 베었다. 진지를 점령한 타다쓰구가 봉화를 올렸다. 다케다군이 크게 동요했다.

이때 도쿠가와군의 장수 오쿠보 타다요大久保忠世가 목책 밖으로 나와 다케다군을 유인했다. 다케다군의 우측 선봉 야마가타 마사카게山県昌景가 맨 앞에 나와 싸우자 오쿠보 타다요가 군사를 이끌고 목책 안으로 후퇴했고, 도쿠가와군의 뎃포대가 마사카게에게 탄환을 퍼부었다. 야마가타 마사카게가 총에 맞아 죽었다. 다케다군의 좌측 선봉 바바 노부하루·다케다 노부쓰나武田信綱의 기마대가 노부나가군 진영을 향해 돌진했다. 노부나가군 뎃포대는 목책 뒤에 숨어서 총을 번갈아가며 쏘았다. 다케다 노부쓰나가 총에 맞아 죽었다. 뒤이어 다케다 노부히로武田信広가 이끄는 기마대가 노부나가군 본진을 향해 돌진했으나 역시 대패했다. 다케다군 기마대가 번갈아가며 총공격했으나 오다·도쿠가와군의 방어선을 돌파하지 못하고 총에 맞아 죽거나 다쳤다. 5월 21일 새벽부터 오후 2시경까지 이어진 나가시노 전투에서 다케다군의 역전 노장이 많이 전사했다.

한편, 사카이 타다쓰구가 이끄는 군사와 나가시노성을 수비하던 군사들이 일제히 반격을 가해 성을 포위하고 있던 다케다군 200여 명을 사로잡자 포위망이 붕괴되었다. 이때를 놓치지 않고 노부나가·이에야스 연합군이 총공격했다. 다케다군이 무너졌다. 다케다군은 1만여 명이 넘는 전사자를 남기고 후퇴했다. 노부나가의 장수들은 여세를 몰아 다케다군을 추격하자고 주장했다. 하지만 노부나가는 더 이상의 추격을 하지 말라고 명령했다.

다케다군의 기마대는 무패를 자랑했던 군단이었다. 그런 군단과 정면으로 승부해서는 아무리 잘 훈련된 노부나가의 군단이라고 해도 승리한다는 보장이 없었다. 그래서 노부나가는 기마대가 접근하지 못하도록 방책을 설치하고, 그 안쪽에 뎃포대를 배치해서 돌진하는 다케다군의 기마대를 집중 사격하는 전법을 구사해서 큰 승리를 거두었던 것이다.

section 4. 아즈치성

1576년 정월 오다 노부나가는 교토로 접어드는 길목에 위치하면서 비파호琵琶湖가 한 눈에 내려다보이는 아즈치安土(지금의 시가현滋賀県 오미야하타시近江八幡市)에 자신의 거성을 세울 것을 명령했다. 축성 책임자는 노부나가가 신임하는 부장 니와 나가히데丹羽長秀였다. 축성 공사는 4월에 시작되었다. 공사에는 노부나가가 지배하는 각지의 무사, 교토·나라奈良·사카이堺의 목공·토공·석공·대장장이 등 모든 직인들이 동원되었다. 석재는 교토 인근의 산에서 대량으로 조달되었다. 기와는 중국에서 초빙된 기와 전문가의 감독 하에 나라에서 동원된 직인들이 생산했다. 1576년 7월에 천수각天守閣이 웅장한 모습을 드러냈다. 공사는 1579년 5월에 마무리되었다. 아즈치성은 일본 최고의 실력자 노부나가의 거성에 어울리는 위용을 자랑했다.

그동안 노부나가는 지배 지역이 확대될 때마다 본거지를 옮겼다. 오와리尾張(지금의 아이치현愛知県 서반부) 지역을 통일하고 나고야성那古野城에서 기요스성清洲城으로 본거지를 옮겼다. 노부나가는 곧 미노 지역을 공략하기 위해 고마키성小牧城으로 옮겼다. 미노 지역을 손에 넣은 후에는 사이토씨斎藤氏의 거성인 이나바야마성稲葉山城(지금의 기후현岐阜県 기후시)으로 본거지를 옮기면서 그곳을 기후성岐阜城으로 개칭했다.

노부나가는 기후를 거점으로 이세伊勢·오미近江 지역을 공략한 후 교토로 입성했다. 1573년 7월 노부나가는 무로마치 막부를 멸망시키고, 이어서 아자이浅井·아사쿠라朝倉 가문을 치고 에치젠越前을 평정했다. 1575년 5월에는 나가시노 전투에서 대승했다. 누가 보아도 일본에서 가장 강력한 다이묘는 오다 노부나가였다. 일본의 제패를 눈앞에 둔 노부나가는 일본에서 가장 규모가 크고 화려한 거성을 조영했다. 그것이 아즈치성이었다.

지금 아즈치성의 모습은 찾아볼 수 없으나 설계도가 남아있다. 그것을 보면 천수각이 얼마나 거대하고 웅장했는지 알 수 있다. 『신초코키信長公記』에 따르면, 아즈치성 천수각은 높이 12간 정도의 석실 위에 다시 남북 20간, 동서 17간의 팔각형 천수대를 쌓고 그 위에 다시 5층 건물을 올린 것이었다. 천수각의 외관은 5층이었으나 내부에서 보면 7층 구조로 되어 있었다.

아즈치성은 화려하기 그지없었다. 당시 그곳

아즈치성 성터

을 방문한 선교사들이 유럽의 어떤 건물보다도 한층 기품이 있고 장대한 건축물이라고 극찬했을 정도였다. 천수각은 각 층마다 다른 색으로 채색했다. 어느 층은 검은 옻칠을 했고, 어느 층은 빨간색, 어느 층은 파란색으로 도색했고, 가장 높은 층은 모두 금으로 도금했다. 건물 내부의 벽과 장지문에는 당시 일본 최고의 화가였던 가노 에이토쿠狩野永徳가 그린 그림으로 장식했다.

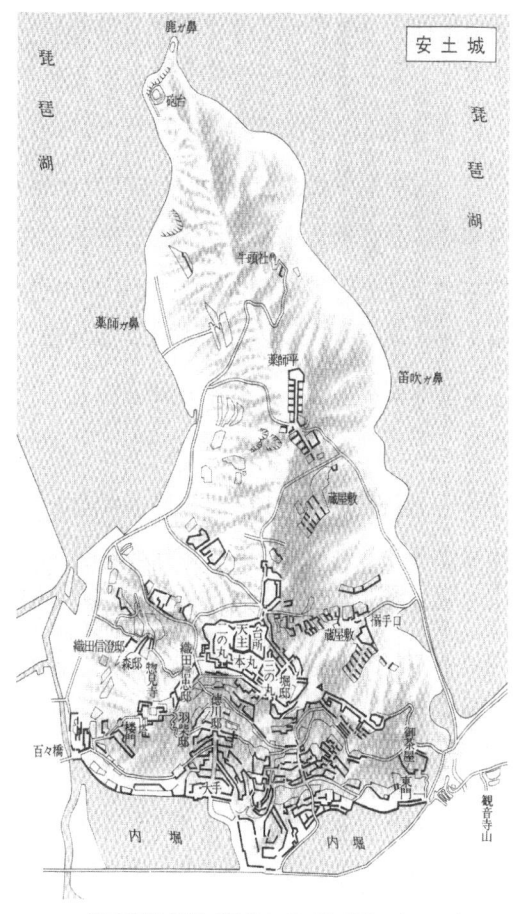

아즈치성 건물 위치도/ 시가현 사적조사 보고서

아즈치성이 완성되자, 노부나가는 성 주변에 조카마치城下町를 건설하고 직속 가신들을 이주시키는 작업에 착수했다. 그러나 집을 지어도

11. 전성기 155

가신들의 처자까지 이주하는 데 시간이 걸렸다.

　1578년 정월 조카마치의 한 가신의 집에서 화재가 발생했다. 노부나가는 사람이 살지 않는 집이니 화재가 발생했다고 생각했다. 실태를 조사해보니 120명의 가신이 처자를 고향에서 조카마치로 이주시키지 않은 것으로 드러났다. 노부나가는 그들의 고향 집을 불태우고 가족들을 아즈치로 이주시키는 강경한 조치를 취했다. 직속 가신들을 아즈치성 조카마치에 상주시키기 위한 목적이었다.

　노부나가는 토착무사와 농민 사이에 형성된 주종관계를 단절시키는 정책을 추진했다. 1576년 에치젠越前(지금의 후쿠이현福井県 북부)에 진주한 부장에게 내린 문서에 가신이 영내의 서민을 인부로 사역할 때는 매번 노부나가의 승인을 받아야 했으며, 가신이 영내의 서민과 새로이 주종관계를 맺는 것을 금지하는 내용이 명기되었다. 이미 영지를 보유한 부장이 새로운 정복지로 진주할 경우 옛 영지 및 농민과의 인연을 완전히 끊으라고 명령하기도 했다. 노부나가는 이미 병농분리兵農分離를 지향하고 있었던 것이다.

　노부나가는 아즈치성 주변에 가신들의 저택을 배치했다. 직속 가신들의 저택뿐만 아니라 오다 노부타다織田信忠를 비롯한 일족, 시바타 가쓰이에·하시바 히데요시를 비롯한 후다이譜代 다이묘들의 저택도 배치했다. 다이묘들의 저택은 각기 돌로 기단을 쌓고 성벽을 두른 규모가

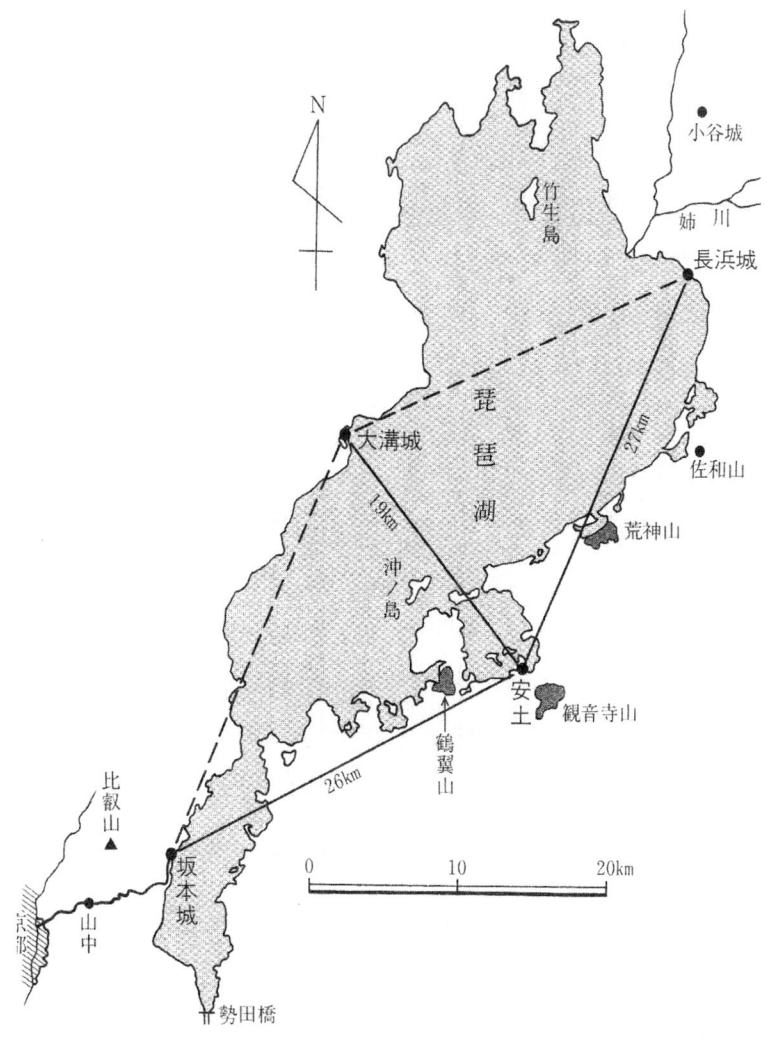

아즈치성의 전략적 위치
足利健亮,『地理から見た信長秀吉家康の戦略』, 創元社, 2000

11. 전성기 157

작은 성곽이었다. 유사시 다이묘들의 저택을 요새로 전환하는 군사적 목적이었다.

조카마치는 처음부터 계획을 세워서 건설했다. 다이묘들과 무사들이 사는 지역과 일반 서민들이 사는 지역이 구분되었다. 서민이 거주하는 지역은 넓고 반듯한 도로를 사이에 두고 형성되었다. 그런데 다양한 업종의 상공인들을 불러들이려면 그들에게 유리한 조건을 제시하지 않으면 안 되었다.

1577년 6월 노부나가는 아즈치 조카마치에 13개조의 법령을 내렸다. 주요 내용을 소개하면 다음과 같다. 아즈치의 조카마치를 라쿠이치樂市, 즉 모든 상공인이 자유롭게 영업을 할 수 있는 지역으로 한다. 상공업에 대한 모든 세금을 면제한다. 가도를 왕래하는 상인은 반드시 아즈치에서 숙박해야 한다. 전쟁 등의 특별한 때를 제외하고 주민에게 부역을 면제한다. 아즈치에 거주하는 상공인의 채권을 보증한다. 다른 지역에서 아즈치로 새로 이주한 자도 이전부터 거주한 자와 차별하지 않는다. 노부나가는 조카마치의 상공인을 보호하는 정책을 시행했던 것이다.

조카마치는 병농분리 과정에서 인위적으로 형성된 도시라고 할 수 있다. 도시에 거주하는 무사는 소비자 집단이었다. 양곡은 무사들이 직접 지배하는 영지에서 조달할 수 있었지만 생활용품과 군수품의 대부분은 시장에서 구입했다. 조카마치의 상공인은 무사들에게 생활용품과 군수품을 원활하게 공급하기 위해서도, 영내의 생산시설을 정비할 때 그들의 재력과 기술을 동원하기 위해서도 반드시 필요한 존재였다.

CHAPTER12. 절정기

section 1. 이시야마혼간지 공략

　1575년에 접어들면서 노부나가는 이시야마혼간지石山本願寺(지금의 오사카성 자리에 있던 잇코종一向宗 혼간지파 본산) 포위작전에 착수했다. 1575년 3월 노부나가는 주로 긴키近畿 지방의 슈고守護나 고쿠시国司 그리고 여러 다이묘를 혼간지 포위작전에 동원했다. 단바丹波·셋쓰摂津·야마토大和를 지배하는 다이묘가 이끄는 부대가 이시야마혼간지 공격의 선봉을 맡았다.

1575년 4월 6일 노부나가가 직접 1만여 명의 군사를 이끌고 출진했고, 각지의 다이묘들이 이끄는 9만여 명의 군사가 동원되었다. 노부나가는 다카야성高屋城(지금의 오사카부 하비키노시羽曳野市 후루이치古市 일대)을 공격하고, 이어서 스미요시住吉, 텐노지天王寺로 진격했다. 16일에는 오리오노遠里小野(지금의 오사카부 스미요시쿠)에 진을 치고 혼간지의 외곽을 공략했다. 노부나가는 점령한 성들을 모두 파괴하도록 명령하고 교토로 돌아왔다.

1576년 4월부터 혼간지 세력이 다시 노부나가에 대항하기 시작했다. 노부나가는 대군을 보내 다시 혼간지를 포위했다. 노부나가는 혼간지 포위작전의 총지휘관으로 사쿠마 노부모리佐久間信盛를 임명하고, 혼간지 주변 10개소에 요새를 구축했다. 혼간지는 완전히 포위되어 있는 형국이었다. 하지만 혼간지가 자리한 이시야마성石山城은 천험의 요새였다. 성의 배후에 바다를 면하고 있었고, 많은 수로와 연결되어 있어서 지키기는 쉽고 공격하기는 어려운 곳이었다. 노부나가는 혼간지에서 오사카 앞바다로 바로 연결되는 바닷길은 봉쇄할 수 없었다.

7월 13일 군량미를 실은 모리毛利 가문의 군선이 오사카 앞바다에 모습을 드러냈다. 모리 가문의 수군은 세토瀨戶 내해의 해적으로 구성된 무라카미村上 수군이었다. 당시 무라카미 수군은 800여 척의 군선을 거느리고 있었다. 무라카미 수군이 오사카 앞바다로 들어오자, 스미요시에 대기하고 있던 노부나가의 수군이 출동해서 싸웠다. 하지만 노부나가의 수군은 무라카미 수군에게 대패했다. 무라카미 수군은 한 척의 피해도 없이 군량을 무사히 혼간지에 보급하고 돌아갔다.

그 후에도 모리 가문 휘하의 무라카미 수군이 오사카 앞바다로 들어와 혼간지에 군량과 군수품을 보급했다. 에치고越後(지금의 니이가타현新潟県)의 우에스기 겐신도 군선을 이용해서 혼간지에 군수품을 공급했다. 노부나가가 아무리 육상에서 혼간지를 포위해도 해상 교통로를 봉쇄하지 않는 한 포위작전은 성공하기 어려웠다.

노부나가는 대군을 보내 잇코잇키一向一揆 토벌 작전을 전개했지만 고전을 면치 못했다. 이시야마혼간지의 지령을 받아 움직이는 잇코잇키 세력은 결코 만만한 상대가 아니었다. 더구나 혼간지는 문도를 피라미드식 조직으로 관리하는 종교단체였다. 본사에서 내린 명령이 말사로 전달되면, 말사의 승려들이 각 마을의 문도 대표에게 전달하고, 대표가 문도 개개인에게 전달했다. 그러면 잇코종 문도들이 명령에 따라 일사불란하게 움직였다. 무엇보다 종교적 신념으로 무장된 조직이었다. 필사적으로 싸웠다. 노부나가는 1574년에 이세伊勢 나가시마長島 잇코잇키를 제압했고, 다음 해에는 에치젠의 잇코잇키를 평정했지만, 혼간지 세력은 여전히 강성했다.

1577년 2월 오다 노부나가에게 행운이 찾아왔다. 기이紀伊 사이가雜賀(지금의 와카야마현和歌山県 와카야마시)의 호족과 네고로지根来寺 세력이 노부나가에 충성을 서약했다. 노부나가는 이 사건을 기화로 사이가 지역을 공략하기로 결심했다.

사이가 지역 민중은 일반적으로 사이가슈雜賀衆라고 불렸다. 사이가슈는 기이의 아마군海部郡과 나쿠사군名草郡 일대의 지역연합체를 의미했다. 그 지역의 민중들은 농업·어업에만 종사한 것이 아니고, 여러 지역과 교역하면서 생활했다. 교역으로 축적한 막대한 자금력으로 화승총을 대량 보유하고 있었다. 사이가슈는 일종의 용병으로 여러 지역의 싸움에 동원되기도 했다. 이 지역에 잇코종一向宗 문도가 많아서 혼간지와 밀접한 관계를 유지했다. 사이가슈는 혼

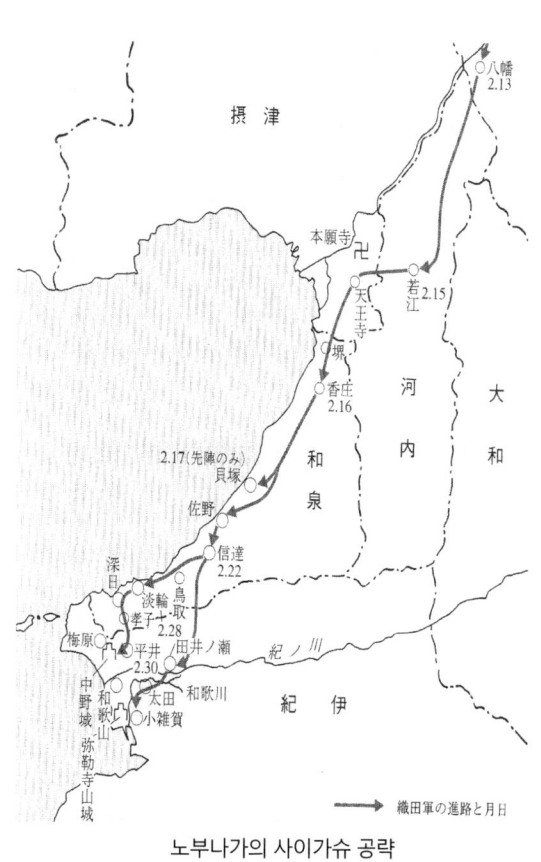

노부나가의 사이가슈 공략
谷口克広, 『信長の天下布武の道』, 吉川弘文館, 2006

간지에 군수품을 보급했을 뿐만 아니라 이시야마성으로 들어가 화승총 사수로 활약하면서 혼간지 군사력의 주력을 이루고 있었다. 물론 모든 사이가슈가 혼간지에 가담했던 것은 아니었다. 그중에서도 특히 스즈키 마고이치鈴木孫一가 이끄는 10개 마을의 민중들이 혼간지에 적극적으로 협력했다.

노부나가는 1577년 2월 9일 출진해서 16일에 혼간지에서 멀지 않은 곳에 진을 쳤다. 노부나가가 이끄는 군사는 10만여 명이었다. 사이가 지역 민중들이 화승총 부대를 앞세우고 방어선을 구축하고 있었다. 노부나가의 부장 호리 히데마사堀秀政가 이끄는 부대가 하천을 건너 사이가군 진지 쪽으로 진격하자 사이가군이 일제히 화승총 사격을 가했다. 호리 부대는 타격을 입고 후퇴하는 수밖에 없었다. 그 후 양군은 긴 대치상태에 들어갔다. 3월 1일 10만에 달하는 오다군이 사이가군의 총대장 스즈키 마고이치의 거성을 포위했다. 사이가군이 항복했다.

노부나가는 본격적인 이시야마혼간지 포위작전을 전개했다. 사쿠마 노부모리를 총대장으로 하는 오사카 방면군이 혼간지를 겹겹으로 에워쌌다. 이즈미和泉 지역의 수군도 동원되었다. 노부나가는 장기전을 각오했다. 실제로 오사카 방면군은 4년간이나 혼간지를 포위했다. 그동안 오다군은 혼간지를 공격하지 않았고, 혼간지 측도 공격에 나서지 않았다. 오다군이 혼간지를 포위하는 동안, 노부나가는 하시바 히데요시로 하여금 혼간지를 지원하는 모리씨 일족을 공격하도록 했다. 그리고 모리 가문의 수군에 맞서기 위해 수군을 조직했다.

노부나가는 다키가와 가즈마스滝川─益와 시마志摩 지역의 해적 출신 구키 요시타카九鬼嘉隆에게 대선을 건조하라고 명령했다. 1578년 6월 6척의 대선 건조 공사가 마무리되었다. 『다몬인닛키多聞院日記』에 따르면, 대선의 크기는 길이 33미터, 폭이 11미터 정도였다. 철판을 두르고 대포와 대형 화승총을 장착한 대선에는 5,000명이 승선할 수 있었다고 전한다. 대선의 크기와 승선 인원이 과장된 면이 있으나, 노부나가가 일본에서 가장 큰 군선을 건조했다는 것은 사실이었다.

6월 26일 구키 요시타카가 지휘하는 노부나가의 수군이 사이가의 수군과 전투를 벌였다. 구키 요시타카는 소형 선박을 타고 접근하는 사이가의 수군을 대포를 쏘아 격퇴했다. 7월 17일 해전에서 승리한 노부나가의 수군이 사카이堺(지금의 오사카부 사카이시)로 입항했다. 9월 30일 노부나가는 직접 사카이로 가서 대선을 둘러보았다.

1578년 11월 6일 모리 가문의 무라카미 수군이 다시 오사카 앞바다에 모습을 드러냈다. 600여 척으로 구성된 수군이었다. 그 소식을 들은 구키 요시타카가 6척의 대선을 이끌고 사카이에서 오사카 앞바다로 향했다. 오사카 앞바다에서 양군의 해전이 벌어졌다. 처음에는 구키의 수군이 밀리는 형국이었다. 하지만 구키는 무라카미 수군이 가까이 접근하는 것을 기다렸다가 일제히 대포를 발사했다. 구키는 적의 지휘

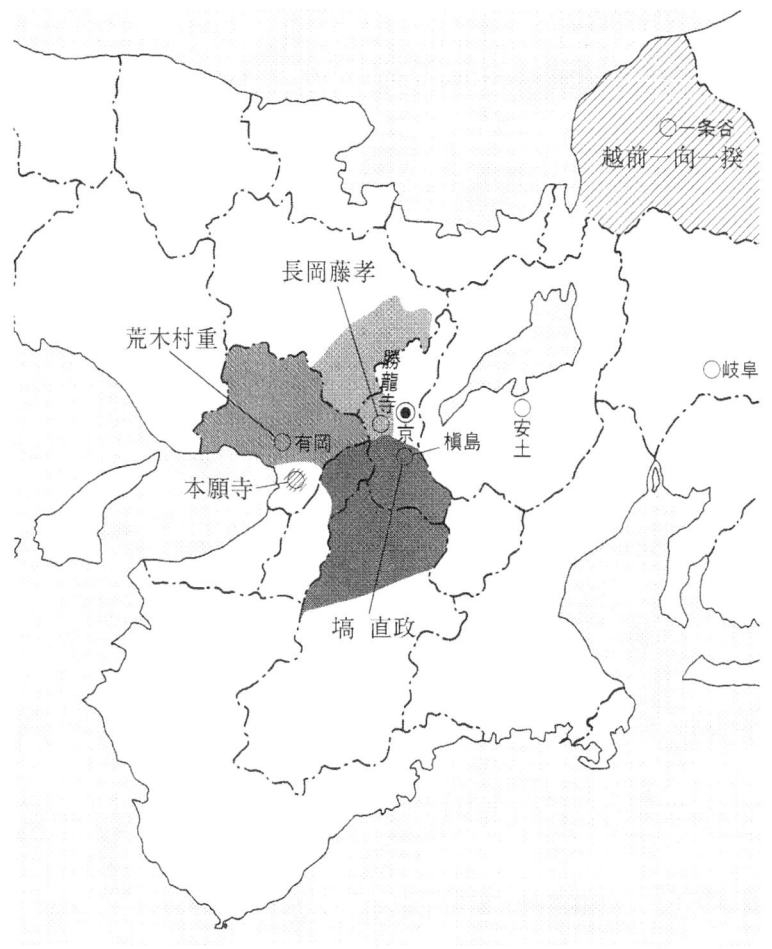

노부나가의 혼간지 포위망 / 谷口克広, 『信長の天下布武の道』, 吉川弘文館, 2006

관이 탄 배를 집중 공격했다. 지휘체계가 무너진 무라카미 수군이 물러났다. 노부나가의 수군이 크게 이겼다.

노부나가가 혼간지를 포위하고 있는 동안, 셋쓰摂津를 지배하던 아라키 무라시게가 노부나가를 배반했다. 하리마播磨의 호족 벳쇼씨別所氏도 노부나가에 등을 돌렸다. 이들은 모두 모리 가문과 손을 잡고 혼간지를 지원했다. 노부나가의 혼간지 포위작전에 차질이 생겼다. 하지만 노부나가는 1579년 11월에 아라키 무라시게, 다음 해 정월에 벳쇼씨 일족을 굴복시켰다. 모두 군사를 동원하지 않고 천황을 중재자로 내세워 적을 제압하는 방식을 택했다.

노부나가는 이시야마혼간지와의 전쟁을 끝낼 때도 천황을 중재자로 내세웠다. 오다군은 오사카 앞바다에서 모리 가문의 수군을 물리치고 육지와 바다에서 혼간지를 포위했다. 포위 작전이 효과를 나타내기 시작하자, 1579년 12월 노부나가가 오기마치 천황正親町天皇에게 혼간지와의 전쟁을 평화적으로 끝낼 수 있도록 중재해 달라고 요청했다. 천황은 혼간지에 사신을 파견했다. 1580년 3월에는 노부나가의 종전 조건이 제시되었다. 그 내용은 다음과 같았다. 첫째, 혼간지 교단이 유지될 수 있도록 하며 말사末寺 지위를 보장한다. 둘째, 그 대신에 혼간지가 자리하고 있는 이시야마, 즉 오사카를 7월 20일까지 노부나가에게 양도한다. 셋째, 노부나가에 순종한다면, 카가加賀 남부에 있는 혼간지의 영지를 반환한다. 1580년 윤3월 드디어 혼간지의 지도자 겐뇨顕如가 천황의 화의 제안을 받아들였다.

하지만 겐뇨의 장남 교뇨教如가 부친의 결정에 반대했다. 교뇨는 노부나가가 약속을 지킨다는 보장이 없다고 생각했다. 혼간지 군사력의 주력으로 활약하고 있던 사이가슈雜賀衆도 교뇨 편에 섰다. 교뇨는 부친 겐뇨의 결정을 무시하고 여러 지역의 문도들에게 격문을 보내서 노부나가와 끝까지 싸워달라고 호소했다. 겐뇨는 교뇨를 끝까지 설득하지 못하고 4월 9일 오사카를 떠나 기이紀伊의 사기노모리鷺森(지금의 와카야마현和歌山県 와카야마시)로 거처를 옮겼다. 노부나가는 혼간지 포위망을 열고 여러 지역에 주둔한 부장들에게 잇코잇키 세력과 정전하라고 명령했다.

교뇨는 7월이 되어도 오사카의 혼간지에 계속 머물고 있었다. 노부나가는 다시 군대를 동원했다. 하지만 혼간지 양도 기한을 8월 10일까지 연기했다. 8월 2일 이윽고 교뇨가 이시야마에서 물러났다. 농성하던 사이가슈도 혼간지에 불을 지르고 물러났다. 8월 15일 노부나가가 폐허가 된 이시야마혼간지 터를 둘러보았다. 이시야마를 손에 넣은 노부나가는 카가 남부에 있는 혼간지의 영지를 반환한다는 약속을 지키지 않았다.

section 2. 모리 가문 공격

1570년경 모리毛利 가문은 이미 주고쿠中国 지방 10여 개 구니国를 영유한 다이묘로 성장했다. 모리 가문은 겉으로 노부나가와 우호적인 관계를 유지했다. 하지만 노부나가 세력이 급격하게 확대되자 위기감을 느낀 모리씨는 혼간지를 지원하는 방식으로 노부나가를 견제하려고 했다. 노부나가는 혼간지 세력을 견제하면서 마쓰나가 히사히데松永久秀·아라키 무라시게荒木村重의 반란을 진압하느라 가능한 한 모리씨를 자극하지 않으려고 했다. 그러나 이시야마혼간지 세력이 굴복하고 교토·오사카 주변의 반란 세력이 진압되자, 1577년 10월 노부나가는 하시바 히데요시羽柴秀吉·아케치 미쓰히데明智光秀·호소카와 후지타카細川藤孝 등에게 각각 대군을 이끌고 세 방향에서 모리씨를 공격하라고 명령했다.

노부나가가 모리 가문을 공격한다는 소문이 돌자, 하리마播磨(지금의 효고현兵庫県) 지역의 아카마쓰씨赤松氏·벳쇼씨別所氏·우라가미씨浦上氏·오데라씨小寺氏 등이 잇따라 노부나가에게 항복했다. 하시바 히데요시는 서쪽으로 진군하면서 모리씨 일족이 지배하는 여러 성을 점령했고, 이어서 다지마但馬(지금의 효고현)의 여러 성도 점령했다. 11월에는 하리마의 고즈키성上月城을 점령한 후, 부하 장수에게 그곳을 지키게 했다.

셋쓰 지방 / 谷口克広, 『織田信長合戦全錄』, 中公新書, 2002

    1578년 2월 미키성三木城(지금의 효고현兵庫県 미키시三木市)을 지키던 벳쇼 나가하루別所長治가 노부나가에 반기를 들었다. 1580년 정월 히데요시가 미키성을 공략했다. 미키성 성주 벳쇼 나가하루가 자결했다. 4월에는 히데요시가 히메지성姬路城(지금의 효고현 히메지시)으로 본거지를 옮기고 그곳을 모리씨 공략 거점으로 삼았다. 히메지성은 14세기 중엽부터 아카마쓰씨赤松氏의 성이었다. 히데요시가 그곳을 지배하면서 서부 일본 굴지의 도시가 되었다. 히데요시는 각지의 상공인을 불러들여 히메지성 조카마치城下町에 거주하게 했다.

    비젠備前(지금의 오카야마현 동부)의 다이묘 우키타 나오이에宇喜田直家는

주고쿠 지방 / 谷口克広, 『織田信長合戦全録』, 中公新書, 2002

원래 모리 가문을 섬겼으나 미키성이 함락되자 노부나가에게 항복했다. 나오이에는 모리씨 일족이 지배하는 미마사카美作(지금의 오카야마현 북부) 지역의 여러 성을 공격하면서 깃카와씨吉川氏・고바야카와씨小早川氏 등과 싸웠다. 나오이에가 모리 가문을 배반하면서 히데요시는 보다 유리한 입장에서 모리씨 일족을 공격할 수 있었다. 이때부터 우키다 가문이 히데요시와 우호적인 관계를 유지했다.

1580년 5월 모리 가문이 군대를 하리마로 보내 히데요시의 배후를 치려고 했다. 그러자 히데요시는 하리마로 통하는 길목인 다지마로 나아가 진을 쳤다. 히데요시가 다지마로 진군하자 그 지역을 다스리던 야마나 우지마사山名氏政가 이나바因幡(지금의 돗토리현鳥取県 동반부) 지역으로 도주했다. 그러자 히데요시는 우지마사의 뒤를 쫓아 이나바로 진격해 돗토리성鳥取城(지금의 돗토리현 돗토리시)을 포위했다. 9월이 되자 돗토리성 성주가 항복했다. 하지만 야마나 가문의 가신들이 돗토리성을 지키며 모리 가문에게 구원을 요청했다. 모리 가문은 즉시 군대를 보냈다. 1581년 정월에 모리군이 돗토리성으로 들어갔다.

히데요시는 돗토리성 포위작전을 전개했다. 히데요시는 성을 포위하기 훨씬 전부터 양편의 군량미를 치밀하게 계산하고 있었다. 이미 수개월 전부터 상인들을 시켜서 그 지역의 미곡을 비싼 값에 매입했다. 그리고 군사들을 시켜서 일부러 그 지역 민중에게 폭력을 행사했다. 한 사람이라도 더 돗토리성으로 들어가도록 하기 위해서였다. 히데요시의 목적은 적의 군량미를 많이 소비시키는 것이었다. 수개월이 지나자 과연 돗토리성의 식량이 바닥났다. 아사자가 속출했다. 10월이 되자 말은 물론 사람의 시체까지 먹는 처참한 광경이 벌어졌다. 이윽고 히데요시가 성을 점령했다. 그 후 모리씨 일족이 산인山陰 지방으로 진출하지 못했다.

section 3. 다케다 가문 멸망

1575년 5월 나가시노 전투에서 패배한 다케다 가문의 전력이 급격히 쇠퇴했다. 그 후에도 다케다 가쓰요리武田勝頼가 가끔 도쿠가와 이에야스의 지배 지역을 침략했다. 하지만 아무런 성과도 올리지 못하고 군사들을 지치게 할 뿐이었다. 누가보아도 다케다 가문이 쇠망의 길을 걷고 있었다.

다케다 신겐武田信玄 생전에는 물샐 틈 없었던 무적의 다케다군 조직에 금이 가기 시작했다. 남몰래 배반을 생각하는 가신들이 늘어났다. 다케다 가문이 멸망할 때가 되었다는 것을 직감한 노부나가는 다케다 씨를 공략할 계획을 세웠다. 두려움을 느낀 다케다 가쓰요리는 이전부터 인질로 잡고 있던 노부나가의 아들 오다 가쓰나가織田勝長를 돌려보내 일시적으로나마 노부나가의 침략을 저지하려고 했다.

오다 가쓰나가는 1564년 오다 노부나가와 다케다 신겐이 우호적인 관계를 맺을 때 인질로 보내졌다. 다케다 가쓰요리는 그 인질을 풀겠다고 한 것이다. 물론 그런 조치로 노부나가가 침략을 포기한다는 보장은 없었다. 그것은 누구보다도 가쓰요리가 잘 알고 있었다. 하지만 당시 가쓰요리는 무슨 수를 써서라도 시간을 벌 필요가 있었다. 가쓰요리는 1581년부터 가이甲斐(지금의 야마나시현山梨県) 니라사키韮崎에 새로운 거성을 건설하고 있었다. 거성이 완성될 때까지 전쟁을 피하고 싶었다.

그동안 다케다 가문은 다른 다이묘들과 달리 거성을 조영하지 않았다. 가이 지역이 산악 지대에 위치해 있었기 때문이다. 그러나 그동안 화승총이 전투 현장에서 위력을 발휘하기 시작했고, 또 새로운 전술이 도입되면서 전투 방식이 급변했다. 가쓰요리는 위급한 상황에 대비할 수 있는 성곽의 필요성을 절감했던 것이다.

그러나 비정한 노부나가는 다케다 가쓰요리가 힘을 차릴 때까지 기다리지 않았다. 노부나가는 다케다 가문을 공격하기 위한 준비에 들어갔다. 군량 8,000석을 마련해 미카와三河의 마키노성牧野城(지금의 아이치현愛知県 도요카와시豊川市 마키노초)에 쌓아두었다. 그리고 오랫동안 다케다 가문을 섬겼던 호족들을 회유하는 데 성공했다. 그들은 노부나가가 다케다 가문을 칠 때 선봉에 서겠다고 약속했다. 다케다 가문을 치기 위한 준비가 거의 마무리되자, 노부나가는 각 방면의 경계를 강화했다.

쓰쓰이 준케이筒井順慶로 하여금 고야산高野山을 경계하도록 했다. 고야산에는 진언종眞言宗의 본산 곤고부지金剛峰寺가 있었다. 곤고부지는 히에이잔比叡山 엔랴쿠지延曆寺와 더불어 일본에서 가장 권위 있는 사원이었다. 당시 고야산은 노부나가에 반기를 들었던 아라키 무라시게의 잔당에게 은신처를 제공하면서 노부나가에 대항하고 있었다.

셋쓰摂津의 이케다 쓰네오키池田恒興로 하여금 교토 인근을 경계하도록 했다. 단고丹後(지금의 교토부 북부)에 호소카와 후지타카細川藤孝를 배치해서 모리 가문의 후방을 경계하도록 하고, 미요시 야스나가三好康長로 하여금 시코쿠四国의 실력자 조소카베 모토치카長宗我部元親를 견제하도록 했다. 또 군대를 보내 우에스기 가문이 지배하는 여러 성을 공격했다. 우에스기 겐신이 다케다 가쓰요리를 구원할 수 없도록 하기 위함이었다. 노부나가는 일본 각 지역을 철저하게 경계하면서 다케다 가문을 치기 위한 대군을 편성했다.

1582년 2월 6일 오다 노부타다織田信忠가 이끄는 대군이 먼저 출발했다. 2개 군단으로 편성된 노부타다군은 각기 다른 길로 다케다 가문의 영내로 진격했다. 그러자 다케다군의 전열이 맥없이 무너졌다. 변방의 성주들이 오히려 노부타다에게 항복하고 스스로 길안내를 자청했다. 오다군은 큰 어려움 없이 진격할 수 있었다. 2월 16일에 첫 전투가 있었으나 이미 전의를 상실한 다케다군이 힘없이 물러났다. 2월 17일에 오다군이 이이다飯田(지금의 나가노현長野県 중부)에 다다르자 민중이 환호하며 맞이했다.

2월 18일 도쿠가와 이에야스가 하마마쓰浜松를 출발해 슨푸駿府(지금의 시즈오카현静岡県 시즈오카시)에 이르자 다케다군의 수비병이 모두 도망했다. 이보다 앞서 이에야스가 밀사를 다케다씨의 일족인 아나야마 노부타다穴山信君에게 보내 항복을 권유했다. 이미 대세가 기울었다고 판단한 노부타다는 이에야스에게 항복했다. 일설에 따르면, 다케다 가쓰요리가 자신의 딸을 노부타다의 아들에게 시집보내기로 약속했는데,

12. 절정기 175

그 약속을 어기고 다른 사람에게 시집보내자 배반하기로 결심했다고 한다. 인망을 얻고 있던 아나야마 노부타다가 배반하자 민중들이 크게 동요했다.

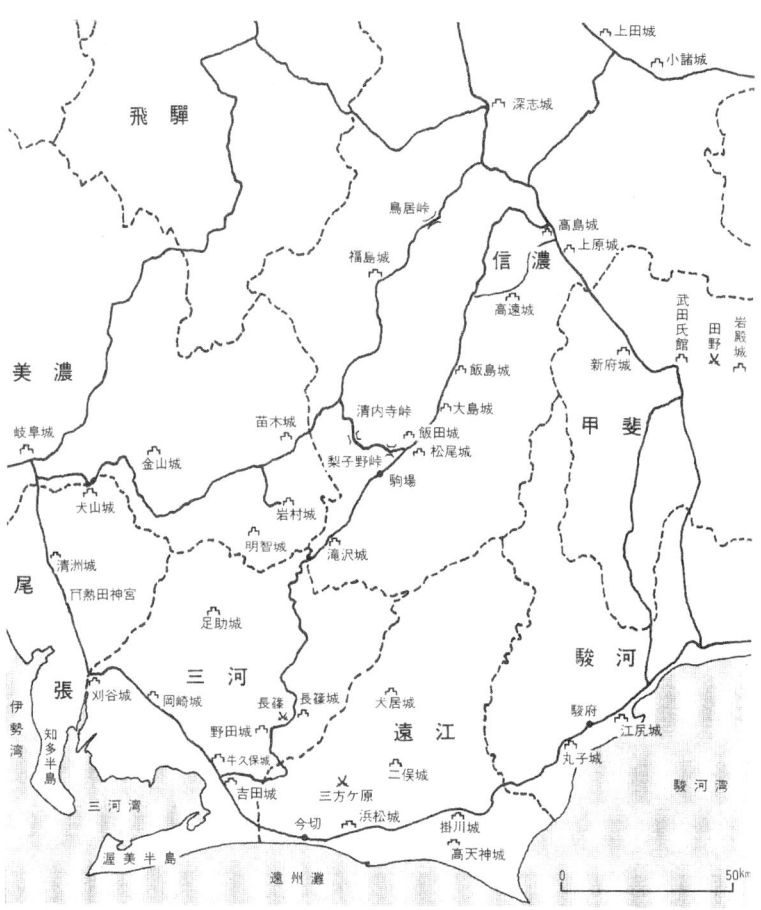

오다군의 다케다씨 공략 / 藤木正行, 『信長の戦国軍事学』, 洋泉社, 1997

한편, 딸을 다케다 가쓰요리에게 시집보낸 호조 우지마사北条氏政는 잠시 형세를 관망했다. 그러나 다케다 가쓰요리가 도저히 재기할 수 없다고 판단한 호조 우지마사는 노부나가 편에 서기로 결심했다. 하지만 대군을 동원하지는 않았다. 2월 28일 겨우 다케다 가문이 지배하는 도쿠라성戸倉城(지금의 도쿄 서부 아키루시에 있던 산성)을 공격해서 적군 500여 명을 죽이는 전과를 올렸을 뿐이었다.

3월 2일 오다 노부타다가 다카토오성高遠城(지금의 나가노현長野県 이나시伊那市)을 공격했다. 다카토오성은 매우 견고한 요새였고 역전의 노장이 지키고 있었다. 가쓰요리도 여기에서 오다군을 저지하려고 했다. 하지만 오다군은 큰 어려움 없이 다카토오성을 점령했다. 사기가 충천한 오다군은 공격의 고삐를 늦추지 않았다. 3월 3일에 다카시마성高島城(지금의 야마나시현山梨県 스와시諏訪市)으로 진격했다. 이 소식을 들은 다케다군의 장수가 성을 버리고 도주했다. 가쓰요리는 고후甲府(지금의 야마나시현山梨県 현청 소재지)를 지킬 수 없다고 판단했다. 그래서 오야마다 노부시게小山田信茂의 진언에 따라 오야마다씨의 산성 이와도노성岩殿城(지금의 야마나시현山梨県 오쓰키시大月市)로 향했다. 그런데 가쓰요리 일행이 덴모쿠잔天目山(지금의 야마나시현 고슈시甲州市 야마토초大和町) 기슭에 이르렀을 때 오야마다 노부시게가 배반해서 가쓰요리를 공격했다. 가쓰요리는 가까스로 덴모쿠잔으로 도망했다. 이때 가쓰요리를 따르는 군사는 겨우 40여 명이었다. 가쓰요리는 인근의 민가에 숨어서 잠시 적과 대치하다가 아들과 함께 자결했다. 다케다씨가 멸망했다.

CHAPTER 13. 최후

section 1. 만년

　다케다씨를 멸망시킨 노부나가는 자신의 거성인 아즈치성으로 돌아가지 않았다. 전투에 공훈을 세운 부장들을 포상한 후, 1582년 4월 10일 동해도東海道를 따라 태평양 연안을 여행하면서 후지산에 들러 휴식하기도 했고, 도쿠가와 이에야스의 접대를 받기도 했다. 이에야스가 지배하는 스루가駿河(지금의 시즈오카현 중부)·도토우미遠江(지금의 시즈오카현 서반부)·미카와三河(지금의 아이치현愛知県 동부) 지역도 사실상 노부나가

노부나가 만년의 지배지 / 『別冊歷史読本』(伝記シリズ), 新人物往来社, 1984

자신의 영토라는 것을 확인하는 것 같은 여유로운 여행이었다. 노부나가는 4월 20일 아즈치성으로 개선했다.

다케다씨가 멸망하자, 노부나가에 대적할만한 적은 관동 지방의 호조北条 가문과 서부 일본의 모리 가문 정도였다. 하지만 호조 가문은 노부나가의 든든한 동맹자 도쿠가와 이에야스가 확실하게 견제하고 있었고, 모리 가문은 믿을만한 가신 하시바 히데요시羽柴秀吉가 공격하고 있는 중이었다. 노부나가의 천하 통일이 목전에 와 있었다. 누가 보아도 일본의 최고 실력자는 노부나가였다.

천황과 귀족은 노부나가 시대가 열렸음을 직감했다. 노부나가의 환심을 살 필요가 있었다. 4월 25일 천황과 귀족은 노부나가를 조정의 최고 관위에 임명해야 한다는 결론을 내렸다. 그러나 노부나가는 조정의 관위 수여에 연연하지 않는 인물이었다. 천황이 어떤 관직에 임명했을 때, 노부나가가 수락하지 않을 수도 있었다. 그래서 전례가 없는 일을 추진했다. 노부나가로 하여금 태정대신太政大臣·관백關白·정이대장군征夷大將軍 중에서 하나를 선택하게 하자는 것이었다. 이른바 삼직추임三職推任에 관한 안이었다.

태정대신은 조정의 최고 관위였다. 고대 말 무가의 동량 다이라노 기요모리平淸盛가 취임한 전례가 있었다. 관백은 천황의 외척이 되어 정치 전반을 관장하는 자리였다. 일본 고대의 귀족 후지와라씨藤原氏가 그 자리를 독점했던 전례가 있었다. 그리고 정이대장군은 막부를 개설할 수 있는 자리였다. 미나모토노 요리토모源賴朝와 아시카가 다카우지足利尊氏가 정이대장군에 취임해서 각각 가마쿠라 막부와 무로마치 막부를 개설한 전례가 있었다. 오다 노부나가가 정이대장군에 취임하기를 원한다면 가마쿠라鎌倉·무로마치室町 막부에 이어 일본에서 세 번째로 막부를 여는 장본인이 될 수도 있었을 것이다.

조정은 두 명의 여관女官을 칙사로 아즈치성에 파견했다. 여관을 칙사로 파견했다는 것은 천황이 직접 삼직추임에 관한 일에 관여했다는 것을 의미했다. 5월 4일 칙사가 아즈치성에 도착했다. 하지만 노부나가는 조정의 제안에 즉시 응답하지 않았다. 칙사를 이틀간이나 만나지 않았다.

노부나가는 삼직추임을 수락할 생각이 없었다. 칙사와 대면하면 수락하지 않겠다는 말을 해야 했고, 그러면 칙사의 체면을 손상하는 일이었다. 그래서 노부나가는 칙사를 대면하는 것을 피했을 것이다. 당황한 칙사가 어찌되었든 만나자고 요청했다. 노부나가는 할 수 없이 5월 6일 칙사를 대면했다. 그때 무슨 말이 오갔는지 알 수 없다. 다음 날 칙사는 교토로 돌아왔고, 그 후 삼직추임에 관한 일은 다시 거론되지 않았다. 노부나가가 삼직추임에 관한 일을 거절했을 가능성이 있다.

5월 7일 노부나가는 3남 노부타카信孝에게 시코쿠四国의 조소카베 모토치카長宗我部元親를 공격할 준비를 하라는 명령을 내렸다. 원래 노부나가는 조소카베씨와 우호적인 관계를 유지했었다. 1575년 3월 모토치카는 노부나가에게 사신을 파견해서 공순의 예를 표했고, 노부나가는 조소카베씨의 시코쿠 통일을 허용했다. 노부나가는 모토치카의 장남에게 자신의 이름 '信' 자를 주어 노부치카信親라고 칭하게 했다. 동맹이 성립되었던 것이다. 이 동맹은 노부나가와 이에야스의 그것처럼 모토치카가 노부나가에게 복속하는 종속적인 동맹이었다. 당시 노부나가는 혼간지, 미요시씨 일족 등 긴키近畿 지방의 적들과 대치하고 있었다. 그래서 적의 후방에 있는 조소카베 가문과 우호적인 관계를 유지할 필요가 있었다. 이른바 원교근공책이었던 것이다. 노부나가와 조소카베씨의 동맹을 주선한 것은 아케치 미쓰히데明智光秀였다.

그러나 노부나가가 긴키 지방을 평정하면서 조소카베 모토치카의 이용가치가 없어졌다. 1581년경부터 양자의 관계가 험악해졌다. 노부나가는 조소카베 모토치카가 아와阿波(지금의 도쿠시마현德島縣)·사누키讚岐(지금의 카가와현香川縣)를 지배하는 것을 인정하지 않았다. 노부나가는 모토치카에게 이요伊予(지금의 에히메현愛媛縣)와 사누키를 내어놓고 본국인 도사土佐와 아와의 일부만 차지하라고 요구했다. 조소카베 모토치카는 노부나가의 요구를 거절했다. 그러자 노부나가는 3남 노부타카에게 시코쿠 정벌을 명령했던 것이다.

1582년 5월 노부나가는 도쿠가와 이에야스를 아즈치성으로 초대해서 잔치를 베풀었다. 이에야스는 1562년 기요스성淸洲城에서 노부나가와 동맹을 맺은 이래, 시종일관 노부나가의 충실한 협력자였다. 노부나가가 미노美濃와 이세伊勢 북부 지역을 평정하고, 이어서 교토로 진출할 수 있던 것도 이에야스가 관동 지방의 호조北条 가문과 가이甲斐의 호랑이 다케다 신겐武田信玄을 견제하는 방패가 되었기 때문이다. 노부나가는 든든한 협력자 이에야스를 정성을 다해 대접하고 싶었을 것이다. 노부나가는 이에야스의 접대 책임자로 아케치 미쓰히데를 임명했다. 미쓰히데는 교토京都·나라奈良·사카이堺에서 진귀한 생선과 식재료를 조달해서 정성을 다해 음식을 준비했다. 5월 15일 도쿠가와 이에야스가 아즈치성에 도착했다.

1582년 5월 19일 노부나가는 자신을 방문한 도쿠가와 이에야스를 위해 연극을 상연하도록 했다. 그때 노부나가는 배우의 연기가 마음에 들지 않는다고 몹시 화를 내고 그 자리에서 배우를 심하게 꾸짖었다. 또 이에야스의 숙소로 정해진 아케치 미쓰히데의 저택을 방문한 노부나가는 생선 썩는 냄새를 맡고 몹시 화를 냈다. 날씨가 무척 더웠던 탓에 이에야스를 대접하기 위해 준비한 생선이 부패하기 시작했던 것이다. 급기야 노부나가는 미쓰히데를 불러서 꾸짖고 때린 후, 이에야스를 접대하는 임무를 다른 사람에게 맡겼다. 당시 아케치 미쓰히데는 5명 밖에 없는 방면군사령관의 한 사람이었다. 그런 지위에 있는 장수를 꾸짖고 매질을 가했다고 한다.

노부나가의 아케치 미쓰히데 폭행설이 사실이라고 단정할 수는 없다. 노부나가가 사망한 후, 아케치 미쓰히데의 모반 원인의 인과관계를 설명하는 과정에서 그럴듯하게 꾸며낸 이야기일 수도 있다. 그러나 노부나가가 아케치 미쓰히데를 다른 사람의 눈에 띄지 않는 밀실에서 폭행했고, 그 사실은 당시 아즈치성에 근무한 적이 있는 여성이 목격했다는 구체적인 이야기도 전해진다. 노부나가의 미쓰히데 폭행설이 전혀 사실이 아니라고 단정할 수 없는 이유이다.

아케치 미쓰히데는 외교 능력이 출중한 인물이었다. 특히 그는 무로마치 막부 15대 쇼군 아시카가 요시아키足利義昭와 노부나가 사이의 일을 매끄럽게 처리하면서 노부나가의 눈에 들었다. 그런데 노부나가가 쇼군 요시아키를 추방한 다음부터 미쓰히데의 역할이 줄어들게 되었다. 그와 대조적으로 모리 가문과의 싸움이 당면 과제가 되면서 군사작전에 능한 하시바 히데요시羽柴秀吉가 급속히 두각을 나타냈다. 그러자 그때까지 히데요시보다 빠르게 출세한 미쓰히데의 지위가 불안해졌다. 냉혹한 현실주의자 오다 노부나가가 이용 가치가 줄어든 미쓰히데를 언제 추방할지 모르는 일이었다.

아니나 다를까, 노부나가가 부장들에게 서부 일본의 모리 가문 공략을 명령할 즈음에 미쓰히데의 영지인 단바丹波(지금의 교토부와 효고현兵庫県 일부)와 오미 지역의 시가군志賀郡을 몰수하고 대신에 오늘 날 시마네현島根県 지역인 이즈모出雲·이시미石見 양국을 정복한다면 미쓰히데에게 주겠다고 통고했다. 그것은 전쟁에서 승리하지 못한다면 그야말로 빈털터리가 된다는 말이나 다름이 없었다. 설령 전쟁에서 이긴다고 해도 정복지를 통치하기는 어려웠고, 통치에 성공한다고 하더라도 교토에서 멀리 떨어진 변방의 영주가 되는 것은 중앙 정치에서 배제된다는 것을 의미했다. 사실상 추방이나 다름이 없는 조치였다. 아케치 미쓰히데가 노부나가에게 반감을 가질만한 충격적인 일이었다.

미쓰히데가 반역을 결심했다면 가장 좋은 기회를 엿보았을 것이다. 1582년 5월경 노부나가의 군대가 사방으로 흩어져 있었다. 오다 노부타카織田信孝는 사카이堺에 머물고 있었고, 시바타 가쓰이에柴田勝家·삿사 나리마사佐々成政 등은 우에스기上杉 가문을 치기 위해 엣추越中(지금의 도야마현富山県)의 우오즈성魚津城(도야마현 우오즈시)을 포위하고 있었다. 하시바 히데요시는 빗추備中(지금의 오카야마현岡山県 서부)에서 모리씨 일족과 대치하고 있었고, 다키가와 가즈마스滝川一益는 에치고越後에 머물고 있었다. 오다 노부즈미織田信澄는 바다를 건너 시코쿠四国를 공략하기 위해 오사카에 머물고 있었다. 교토 주변에는 이름이 알려진 노부나가의 부장이 한 명도 없었다.

section 2. 혼노지의 변

노부나가가 도쿠가와 이에야스를 위해 잔치를 벌이고 있을 때, 빗추 備中(지금의 오카야마현岡山県 서부)의 다카마쓰성高松城에서 모리씨 일족과 대치하고 있던 하시바 히데요시가 서둘러 군대를 증파해 달라는 서신을 보냈다. 노부나가는 위기에 처한 히데요시를 구원하기로 결심했다. 노부나가는 아케치 미쓰히데를 비롯한 여러 장수들에게 각기 자신의 영지로 돌아가 모리 가문 공략에 합류하기 위한 준비를 하라고 명령했다. 아케치 미쓰히데는 1582년 5월 17일 아즈치성을 출발해서 사카모토성坂本城(지금의 시가현滋賀県 오쓰시大津市)을 거쳐 5월 26일 자신의 본거지 단바丹波(지금의 교토부와 효고현의 일부)의 가메야마성亀山城(교토부 가메오카시亀岡市 아라쓰카초荒塚町)에 도착했다.

5월 27일 미쓰히데는 아타고야마愛宕山(교토시 우쿄구右京区의 북서쪽)에 올라 기도를 드리고, 28일에 렌가시連歌師를 초빙해서 시를 지어 신전에 봉납했다. 이때 미쓰히데가 "때는 지금 비가 내리는 5월이 아닌가."라는 시를 지었다. 때를 의미하는 "도키時"라는 일본어는 한자로 "도키土岐"와 발음이 같은데, 아케치 미쓰히데는 도키씨의 혈통을 이은 인물이었다. 그래서 이 시를 미쓰히데가 오다 노부나가에 대신해서 천하를 차지하려는 야심을 감추고 있는 내용으로 해석하기도 한다. 이미 반역을 결심하고 영험하다는 아타고야마에 올라 기도를 드렸을 것이라고 추측하기도 한다. 미쓰히데는 28일 아타고야마에서 내려와 가메야마성으로 돌아갔다. 그리고 심복이며 사위인 아케치 히데미쓰明智秀満를 불러 모반의 뜻을 밝혔다.

한편, 노부나가는 5월 20일까지 도쿠가와 이에야스를 위해 잔치를 베풀고, 다음 날 두 사람은 사카이堺·오사카大坂·나라奈良 일대를 구경하기 위해 상경했다. 노부나가의 장남 노부타다信忠가 부친 노부나가와 이에야스를 경호했다. 노부나가는 이에야스와 헤어진 후 아즈치성으로 돌아와 하시바 히데요시가 모리씨와 대치하고 있는 빗추로 떠날 준비를 했다. 5월 29일 노부나가가 상경해서 혼노지本能寺에 여장을 풀었다. 빗추로 출진하는 부장들은 노부나가가 명령을 내리면 달려오도록 되어 있었다. 그래서 노부나가를 호위하는 측근은 겨우 20~30여 명에 불과했다. 혼노지에 도착한 노부나가는 교토에서 5일간 머문 후 6월 4일에 전선으로 떠날 계획이었다.

6월 1일 천황의 칙사와 귀족들이 혼노지로 노부나가를 예방했다. 40명이 넘는 귀족들이 노부나가에게 차례로 인사를 했다. 노부나가는 귀족들을 위해 다회를 베풀면서 여러 시간 환담했다. 노부나가는 귀족들에게 직접 지난 3월에 다케다 가문을 멸망시킨 이야기, 앞으로 모리씨 일족과 싸울 계획 등에 대해서 매우 상기된 표정으로 말했다.

노부나가는 다회를 열면서 그동안 자신이 수집한 명물 다기를 귀족들에게 보여주었다. 이날 진열된 38종의 다기는 다회를 위해 아즈치성에서 운반된 것이었다. 노부나가가 소유한 다기는 일본에서 단 한 점밖에 없는 진귀한 것으로 값을 매길 수 없는 보물이었다.

6월 1일 밤 묘카쿠지妙覚寺에 숙소를 정한 장남 노부타다가 노부나가를 방문해서 인사를 했다. 그리고 교토의 행정을 책임지고 있는 교토 쇼시다이京都所司代 무라이 사다카쓰村井貞勝가 예방했고, 측근들도 들러 인사를 했다. 귀족을 위한 다회는 공식행사라 불편했지만, 측근들과 함께하는 자리는 아무래도 편안했다. 노부나가는 매우 즐거운 시간을 보냈고, 노부타다도 매우 늦은 시간까지 노부나가 곁에 있다가 묘카쿠지로 돌아갔다. 노부나가는 밤이 깊어서야 잠자리에 들었다.

한편, 그날 밤 아케치 미쓰히데는 가메야마성에서 측근들을 불러 모반 계획을 털어놓았다. 아케치 히데미쓰를 비롯한 측근들은 기꺼이 함께 거사를 치르는데 동의했다. 미쓰히데는 다른 장졸들에게는 노부나가의 명령으로 교토로 향한다고 통고했다. 아케치 미쓰히데는 즉시 군사 1만3,000여 명을 거느리고 가메야마성을 출발해서 가쓰라가와桂川를 건넜다. 교토에 도착했을 때 6월 2일 새벽이 밝아오고 있었다. 미쓰히데는 그제야 부장들에게 혼노지를 공격할 계획이라고 말했다. 먼동이 틀 무렵 미쓰히데의 군대가 혼노지를 에워쌌다.

혼노지 밖에서 들려오는 함성과 총소리에 노부나가가 눈을 떴다. 노부나가가 측근 모리 란마루森蘭丸에게 물었다. "이게 무슨 소리인가? 모반이 일어났는가? 어떤 자가 일으켰느냐?" 모리 란마루가 말했다. "아케치인 것으로 보입니다." 노부나가는 잠옷 바람으로 활을 들었다. 측근들도 무기를 들고 사원 안으로 몰려드는 적을 맞이해 분투했다. 순식간에 측근들이 적의 칼에 목숨을 잃었다. 노부나가는 직접 활을 쏘았고, 활줄이 끊어지자 이번에는 창을 들고 적과 싸웠다. 하지만 때는 이미 늦었다. 노부나가는 침소의 문을 안에서 잠그고 불을 질러 스스로 목숨을 끊었다. 노부나가의 나이 49세였다.

노부나가의 장남 노부타다의 숙소 묘카쿠지는 혼노지에서 1킬로미터 정도 떨어진 곳에 있었다. 미쓰히데는 혼노지 공격에 집중하느라 묘카쿠지 공격이 늦어졌다. 그 사이에 교토쇼시다이 무라이 사다카쓰가 묘카쿠지로 달려가 노부타다에게 미쓰히데가 혼노지를 공격하고 있다고 알렸다. 노부타다는 군사를 이끌고 혼노지로 달려가려고 나섰다. 그러나 혼노지는 이미 1만 명이 넘는 적군에게 포위되어 있었다.

노부타다는 묘카쿠지에서 가까운 곳에 있는 니조성二条城으로 옮겨서 싸우기로 결심했다. 노부타다의 측근이 도망해서 교토를 벗어나는 것이 상책이라고 진언했다. 노부타다가 말했다. "이정도의 모반이라면 이미 도망할 수 없도록 조치를 취했을 것이다. 잡병에게 잡혀 죽느니 여기서 배를 갈라 죽는 길을 택하겠다." 오다 노부타다가 니조성으로 이동했을 때, 묘카쿠지에 있던 친위대 약 500명, 그리고 교토 시내에 분산되었던 노부나가의 친위대 약 500명 도합 1,000여 명의 군사들이 모였다.

 잠시 후 적군이 니조성을 포위했다. 노부타다는 직접 칼을 들고 몰려오는 적을 베었다. 친위대도 분투했다. 오다군이 예상 밖으로 분전하자, 아케치군이 작전을 변경했다. 니조성 주변의 귀족 저택 지붕에 올라가서 활과 화승총을 쏘았다. 겨우 칼과 창을 들고 싸우고 있던 오다군은 속수무책이었다. 1,000여 명의 군사가 순식간에 전멸했다. 가망이 없다고 판단한 오다 노부타다가 자결했다. 오전 9시경이었다.

제2부

테마 ◑ 탐구

노부나가 목상 / 建勳神社 소장 - 교토부

CHAPTER 14. 가족과 친족

　노부나가의 친모는 오와리尾張의 호족 도타 마사히사土田政久의 딸로 도타고젠土田御前이라고 불렸다. 1552년 3월 노부나가의 친부 오다 노부히데織田信秀가 사망한 후, 도타고젠은 스에모리성末森城에서 둘째 아들 노부유키信行와 함께 지냈다. 1556년 8월 상속권을 둘러싸고 싸운 이나오稻生의 전투에서 노부유키가 노부나가에게 패배하자, 도타고젠이 직접 노부나가의 거성으로 가서 노부유키의 목숨을 구걸했다. 노부유키가 다시 모반을 꾀하다 살해된 후에는 고마키성小牧城에서 살았다. 혼노지의 변 후에는 손자 노부카쓰信雄가 모셨다. 노부카쓰가 몰락한 후에는 이세伊勢(지금의 미에현三重県) 지역에서 여생을 마쳤다.

　노부나가의 정실 부인은 미노美濃(지금의 기후현 남부)의 다이묘 사이토 도산斎藤道三의 딸 노히메濃姬였다. 1549년 2월에 15살의 노히메는 16살의 노부나가와 혼인했다. 혼인 후에는 사기야마도노鷺山殿 또는 오노노카타於濃の方라고 불렸다. 그런데 노부나가와 사기야마도노 사이에 자식이 없었다. 그래서 노부나가가 사이토 가문을 멸망시킨 후에는 사기야마도노가 자취를 감췄다고 전한다. 그러나 최근에 혼노지의 변 후에 잠시 피난했다가 78세까지 생존했던 것으로 밝혀졌다.

　노부나가의 측실로 기쓰노吉乃라는 여성이 있었다. 기쓰노는 일찍 시집을 갔으나 20살 때 남편이 전사했다. 그 후 우연히 노부나가의 눈에 띄어 사랑을 나누게 되었다. 노부나가는 기쓰노를 사랑했던 것 같다. 기쓰노의 몸에서 장남 노부타다信忠와 차남 노부카쓰信雄 그리고 딸 고토쿠五德가 태어났다. 3명의 아이들은 기쓰노의 친정에서 양육되다가 훗날 고마키성小牧城으로 들어와 생활했다. 그러나 기쓰노는 병이 들어 39세 때 사망했다.

　노부나가와 사카씨坂氏라는 측실 사이에서 3남 노부타카信孝가 태어났다. 사카씨의 집안은 전혀 알려져 있지 않다. 노부나가와 오나베노카타於鍋の方라는 측실 사이에서 7남 노부타카信高, 8남 노부요시信吉 그리고 후리히메振姬라는 딸이 태어났다. 오나베노카타 또한 전 남편과의 사이에 두 아들을 둔 미망인이었는데, 노부나가의 눈에 띄어 측실이 되었다.

그 밖에 노부나가의 측실로는 4남 히데카쓰秀勝의 생모, 6남 노부히데信秀의 생모, 9남 노부사다信貞의 생모 등이 있었다. 자식을 두지 못한 측실로는 산조니시 사네키三条西実枝의 딸, 이나바 사다미치稲葉貞通의 딸 등이 있었다. 노부나가는 큰 아들 노부타다의 유모도 측실로 삼았다.

장남 오다 노부타다는 일찍부터 친부 노부나가를 따라서 전쟁터를 전전했다. 노부나가가 아즈치성安土城으로 옮긴 후에는 기후성岐阜城의 성주가 되어 후방을 지켰다. 1582년 3월 다케다武田 가문을 공략할 때는 대군을 이끌고 단기간에 다케다씨의 본거지인 고후甲府를 점령했다. 혼노지의 변 때 니조성二条城에서 전사했다.

차남 오다 노부카쓰는 혼노지의 변 후, 오다씨의 본고장 기요스성淸洲城에 근거지를 두고 오와리를 영유했다. 1583년에는 도요토미 히데요시의 술책에 넘어가 기후성에 있는 동생 노부타카를 공격해서 자결하게 했다. 그 후 도쿠가와 이에야스와 연합해서 고마키小牧 · 나가쿠테長久手에서 도요토미 히데요시 대군과 싸웠다. 그러나 또 다시 히데요시의 교묘한 술책에 넘어가 도쿠가와 이에야스를 배반하고 히데요시와 강화했고, 그 후 히데요시의 정치술에 놀아나다가 1590년에 영지

14. 가족과 친족 195

가 몰수되었다. 히데요시는 몰락한 오다 노부카쓰를 그냥 놔두지 않았다. 히데요시는 노부카쓰를 옆에 두고 자신의 시중을 들게 했다.

3남 오다 노부타카는 혼노지의 변이 있은 후, 도요토미 히데요시와 함께 친부의 원수 아케치 미쓰히데明智光秀를 무찌른 후, 기후성에 본거지를 두고 미노 지역을 영유했다. 도요토미 히데요시가 일본을 제패하려는 야망을 품고 시바타 가쓰이에柴田勝家를 공략하자, 노부타카는 가쓰이에와 함께 히데요시에 대항했다. 그러나 1583년 4월 시즈가타케賤ヶ岳의 전투에서 시바타 가쓰이에가 패배한 후, 노부타카는 도요토미 히데요시의 압박을 견디지 못하고 자결했다. 당시 26세였다.

오다 노부나가의 4남 히데카쓰秀勝는 일찍이 도요토미 히데요시의 양자로 들어갔고, 5남 가쓰나가勝長는 혼노지의 변 때 큰 형 노부타다와 함께 전사했다. 나이가 어렸던 7남 노부타카信高는 혼노지의 변 후, 노부나가의 가신 우지이에 유키이에氏家行家가 양육했고, 훗날 도요토미 히데요시를 섬기며 2,000석의 영지를 받아 생활했다. 혼노지의 변 때 갓난애였던 9남 노부사다信貞는 커서 역시 도요토미 히데요시를 섬기며 1,000석의 영지를 받아 생계를 유지했다. 6남 노부히데信秀와 8남 노부요시信吉에 대한 기록은 남아 있지 않다.

오다 노부나가에게 24명의 형제와 자매가 있었다고 전한다. 가계도에는 형이 1명, 남동생이 10명이었고, 누나와 여동생은 4~10명 등장한다. 그리고 이복 형 오다 노부히로織田信広를 제외하고 출생 순서가 분명하지 않다. 오다 노부히데와 정실 도타고젠 사이에서 노부나가와 그의 동생 노부유키信行가 태어났다. 노부나가의 다른 형제자매는 모두 오다 노부히데의 측실 몸에서 태어났다. 노부히데 측실의 존재는 거의 알려져 있지 않다. 참고로 일본에서는 소위 서얼차별이 조선에 비해 그다지 심하지 않았다. 내면적으로 차별이 없지는 않았지만, 표면적으로는 정실과 측실의 자식이 모두 동등하게 취급되었다.

노부나가의 이복 형 오다 노부히로의 모친이 누구인지 전해지지 않는다. 노부히로는 어린 시절에 이마가와今川 가문에 인질로 잡힌 적이 있었다. 그는 노부나가가 집안의 대를 이은 후, 한때 노부나가와 사이가 벌어진 적이 있었다. 하지만 곧 노부나가에 신종했고, 노부나가 또한 이복 형을 예우했다. 1568년 9월 노부나가가 교토로 진출한 후, 노부히로는 조정의 귀족, 무로마치 막부의 15대 쇼군 아시카가 요시아키足利義昭 등과 접촉하면서 주로 외교 문제를 담당했다. 1574년 노부나가가 나가시마長島 잇코잇키一向一揆를 토벌할 때 전사했다.

노부나가의 동생 오다 노부카쓰織田信勝는 노부유키라는 이름으로 더 알려진 인물이었다. 노부유키는 노부나가의 친동생이었다. 노부나가의 모친은 노부유키를 편애했고, 시바타 가쓰이에柴田勝家·하야시 미치카쓰林道勝와 같은 중신들이 노부유키를 지지하고 있었다.『신초코키信長公記』에 따르면, 하야시 미치카쓰가 노부나가를 기요스성으로 유인해서 암살하려고 한 적도 있었다. 스에모리성 성주가 된 노부유키는 다시 노부나가를 암살하려는 계획을 세웠다. 그러나 이 계획은 시바타 가쓰이에의 밀고로 사전에 발각되었다. 노부나가는 동생 노부유키를 기요스성으로 불러 죽였다. 노부유키에게 노부즈미信澄라는 아들이 있었다. 노부나가는 노부즈미를 아꼈고, 노부즈미도 노부나가에게 충성을 바쳤다. 그런데 노부즈미의 정실이 노부나가에게 반기를 든 아케치 미쓰히데의 딸이었다. 혼노지의 변이 있은 직후, 노부즈미는 노부나가의 3남 오다 노부타카에게 살해되었다.

오다 노부카네織田信包는 가계도에 오다 노부히데의 4남으로 기록되었으나 다른 사료에서는 6남으로 소개되어 있다. 노부나가가 이세伊勢 북부 지역을 공략한 후, 노부카네는 그 지역을 다스리면서 큰 세력을 형성했다. 그는 이세의 명문 나가노 후지사다長野藤定의 딸을 정실로 맞아들였다. 그 후 노부카네는 이시야마혼간지 공격 등 여러 전투에서 공을 세웠다. 혼노지의 변 후, 실권을 장악한 도요토미 히데요시의 휘하에 편성되어 가시하라성柏原城 성주가 되었고, 히데요시 정권이 몰락한 후에는 도쿠가와 이에야스를 섬기는 다이묘가 되었다.

오다 노부하루織田信治는 가계도에 오다 노부히데의 5남으로 되어 있으나 다른 기록에는 7남으로 소개되어 있다. 1570년 6월부터 오타니성小谷城·요코야마성橫山城·아자이씨浅井氏 공략 등의 전투에 참전했다. 같은 해 9월에 아사쿠라朝倉·아자이 연합군과 교전하던 중 전사했다. 당시 26세였다.

오다 나가마스織田長益는 만년에 출가해서 우라쿠사이有樂齋라고 칭했다. 우라쿠사이는 일본문화사에 남을만 한 유명한 다인茶人이었다. 1547년에 태어난 나가마스는 노부나가보다 13세 어렸다. 오다 노부히데의 10남 또는 11남으로 알려졌다. 혼노지의 변 때 노부나가의 장남 노부타다와 함께 교토의 니조성二條城에 있었으나 난을 피해 도망해 살아남았다. 훗날 도요토미 히데요시 휘하에 들어가 다인으로 대성했다. 1621년 75세를 일기로 교토에서 사망했다. 그의 두 아들 나가마사長政와 나오나가尙長는 도쿠가와 이에야스를 섬기며 각각 다이묘와 하타모토旗本 가문을 열었다. 오늘날 도쿄의 유라쿠초라는 지명은 오다 나가마사의 저택이 그곳에 있었던 것에서 유래한다.

그밖에 오다 노부나가의 형제들을 간략히 소개하면 다음과 같다. 오다 노부히로와 동복 형제였던 오다 노부토키織田信時는 오다 노부히데의 5남, 오다 노부오키織田信興는 7남, 오다 히데타카織田秀孝는 8남, 오다 히데나리織田秀成는 9남, 오다 나가토시織田長利는 11남, 오다 노부테루織田信照는 1584년 이후 행적이 불명하다.

오다씨 가계도에 따르면, 오다 노부나가의 자매는 12명이었다. 자매 중에 누가 노부나가와 동복 태생인지 또는 몇 년에 출생했는지 알 수 없다. 초상화가 남겨진 것은 아자이 나가마사浅井長政의 정실이 된 오이

치お市, 호소카와 아키모토細川昭元의 정실이 된 오이누お犬 뿐이다. 두 사람은 미모가 수려하다고 알려진 인물이었다.

오다 노부히데의 5녀로 알려진 오이치는 1547년생으로 노부나가보다 13세 어렸다. 1567년 10월 노부나가가 아자이 나가마사와 동맹을 맺으면서 나가마사의 정실로 들여보냈다. 아자이 나가마사와 약 6년 동안 함께 살았다. 두 사람은 금실이 매우 좋았다. 그동안 차차茶々・오하쓰お初・오고お江라는 세 딸과 만푸쿠마루万福丸라는 아들을 두었다. 1573년 8월 오다 노부나가가 아자이씨를 멸망시킨 후, 오이치와 세 딸은 기후성岐阜城에서 생활했다. 혼노지의 변 후, 오이치는 조카 오다 노부타카의 책략으로 시바타 가쓰이에와 재혼했다. 당시 그녀의 나이는 36세였고, 가쓰이에의 나이는 60전후였다. 두 사람은 겨우 6개월 정도 밖에 같이 살지 못했다. 1583년 4월 시바타 가쓰이에가 도요토미 히데요시의 공격으로 패망할 때 오이치도 가쓰이에와 함께 죽었다. 그녀의 나이 37세였다.

오이누お犬는 오다 노부히데의 8녀였다. 노부나가는 오이누를 오노大野 성주 사지 다메오키佐治為興에게 시집보냈다. 사지씨는 도코나메常滑(지금의 아이치현愛知県 서부)를 중심으로 하는 지타 반도知多半島(지금의 아이치현 도요아케시豊明市 남쪽) 서부를 지배하던 가문이었다. 사지씨는 이세伊勢 지역에서 전국으로 연결되는 수운을 장악하면서 그 지역의 수군을 거느리고 있었다. 노부나가는 여동생을 사지 다메오키에게 시집보내서 이세 앞바다는 물론 서부 일본의 수군을 확보하려고 했다. 그런데 다메오키는 1574년 9월 노부나가가 나가시마 잇코잇키一向一揆를 공격할 때 전사했다. 그의 나이 22세였다. 친정으로 돌아온 오이누お犬는 1576년경에 무로마치 막부의 간레이管領 가문 호소카와 하루모토細川晴元의 아들 아키모토昭元와 재혼했다.

그밖에 오다 노부나가의 자매들을 간략히 소개하면 다음과 같다. 진보 우지하루神保氏張에게 시집갔다가 훗날 이나바 잇테쓰稲葉一鉄의 아들과 재혼한 오다 노부히데의 장녀, 사이토 히데타쓰斎藤秀竜에게 시집간 3녀, 도오야마 나오카네遠山直兼에게 시집간 4녀, 오다이小田井의 성주 오다 노부나오織田信直에게 시집간 6녀, 오와리의 오바타小幡 성주 오다 노부시게織田信成에게 시집간 7녀, 오쿠다奥田 성주 이이오 노부무네飯尾信宗에게 시집간 10녀, 쓰다 모토요시津田元嘉에게 시집간 11녀, 오와리 고바야시小林 성주 마키 나가키요牧長清에게 시집간 12녀 등이 있었다.

CHAPTER 15. 인물과 성격

　아이치현愛知県 도요타시豊田市 조코지長興寺에 오다 노부나가 초상화 한 점이 전해지고 있다. 이 초상화는 가노 모토히데狩野元秀가 노부나가 1주기 법회 때 오다 가문과 인연이 있는 조코지에 기증했다고 한다. 노부나가의 초상화는 기후시岐阜市의 스겐인崇源院, 교토의 다이운인大雲院, 시가현滋賀県 아즈치초安土町의 소켄지摠見寺 등에도 소장되어 있다. 모든 초상화가 얼굴의 윤곽·눈·코·수염·머리카락의 모양이 조코지의 그것과 비슷하다.

노부나가 초상 / 長興寺 소장 - 도요타시

초상화 속의 노부나가는 키가 크고 살집이 적은 체격이다. 얼굴이 길고 살색이 흰 미남자다. 약간 까칠한 표정을 하고 있다. 그림에 묘사된 전국시대 무장들은 하나같이 건장한 체격과 강건하고 거친 느낌을 주는 얼굴을 하고 있었다. 하지만 노부나가는 그런 무장과는 전혀 다른 귀공자 모습이었다. 상투도 겨우 모양을 낼 정도로 머리숱이 적었다.

노부나가 초상 / 崇源院 소장 - 기후현

1569년 노부나가를 만난 서양 선교사 루이스 프로이스Louis Frois는 로마교황청에 보낸 보고서에서 30대 중반의 노부나가를 다음과 같이 묘사하고 있다.

> 오와리尾張의 왕 오다 노부나가는 나이가 37세 정도이고, 키가 크고 마른 체격에 수염이 적었다. 목소리는 매우 컸고, 평소에 무예를 즐겼으며 행동이 거칠었다. 정의롭고 자비를 베푸는 것을 즐겼으며 오만하고 명예를 중히 여겼다. 속으로 결정한 바를 내비치지 않고 전술에 능했다. 거의 규율을 지키지 않았고 부하의 진언에 따르는 일

이 드물었다. 여러 사람들은 그를 이상하리만치 경외했다. 술은 마시지 않았고 다른 사람의 말을 믿지 않았다. 일본의 왕후王侯를 경시해 마치 부하 대하듯 했다.

루이스 프로이스는 노부나가의 인간성에 대해 냉정하게 관찰하고 기록했다. 프로이스는 그의 저서 『일본사』에서 노부나가의 성격에 대해 다음과 같이 기록했다. "군사적 훈련에 힘썼고, 명예심이 남달랐고, 정의감에 투철했다. 자신에게 굴욕을 선사한 자는 반드시 응징했다.(중략) 성질이 급해 매우 흥분하기도 했지만 평소에는 그렇지 않았다."

노부나가는 자긍심이 높았고 자신에 대해서 엄격했다. 그런 만큼 가신들에게 냉혹하리만큼 엄격했고, 절대적인 복종을 요구했다. 노부나가는 가신들에게 연극을 보지 말고 매사냥도 하지 말라고 명령할 정도로 일상생활의 세세한 부분까지 간섭했다. 노신 시바타 가쓰이에柴田勝家에게 다음과 같이 훈계했다. "어떤 일이든 나의 명령에 따를 각오를 하는 것이 필요하다. 마음속으로 반대하면서 입으로만 따르는 것은 좋지 않으니 의견이 있으면 말을 해야 한다. 그것이 합당하다면 받아들일 것이다. 어쨌든 나를 존경해 나쁜 마음을 품지 않고, 내가 있는 곳으로는 다리도 뻗지 않는 마음가짐이 필요하다."

노부나가는 어렸을 때부터 누구의 말을 잘 듣지 않았다. 행동은 매우 거칠었다. 오다 노부히데織田信秀의 측근 히라테 마사히데平手政秀가

15. 인물과 성격 205

어린 노부나가의 훈육을 담당했다. 그는 어린 노부나가를 장차 통솔자로 육성하기 위한 교육을 실시했다. 그러나 노부나가는 스승의 말에 따르지 않고 기행을 일삼았다. 가족과 친족들은 물론 가신들도 노부나가를 '얼간이'라고 비웃었다. 히라테 마사히데는 정성을 다해 노부나가를 달래기도 하고 타이르기도 했지만 소용이 없었다. 그러자 마사히데는 본분을 다하지 못한 책임을 지고 1553년 정월에 스스로 목숨을 끊었다. 히라테의 자살에 충격을 받은 노부나가는 그제서야 크게 깨닫고 비로소 행실을 바르게 했다고 한다. 그러나 나이가 들어서도 화가 났을 때는 어렸을 때의 성격과 버릇이 그대로 드러났다.

오다 노부나가는 전통적 관습이나 도덕을 그대로 따르려고 하지 않았다. 그가 친부 오다 노부히데의 장례식에서 보인 거친 행동은 동생 노부유키信行의 그것과 곧잘 대비되었다. 노부나가는 칼자루가 긴 칼과 짧은 칼을 새끼줄 허리띠에 지르고, 저잣거리 왈패와 같은 머리 모양을 하고, 겉옷도 입지 않고 장례식장에 나타나 향을 한 움큼 집어서 위패에 뿌리고 돌아가는 행동을 했다. 그러나 동생 노부유키는 정장을 차려 입고 단정하게 의식을 거행했다. 조문객들은 '얼간이' 노부나가의 기행을 바라보며 오다 가문의 앞날을 걱정했다.

노부나가는 매우 고집이 센 성격이었다. 루이스 프로이스는 『일본사』에서 다음과 같이 말했다. "거의 규율을 지키지 않고 부하의 진언을 따를 때가 드물었다." 고집이 센 노부나가는 부하들에게 자신이 한번 결정하면 반드시 따르게 했다. 노부나가는 자신이 한 번 결정한 일에 이의를 제기하거나 간언을 하는 자를 용서하지 않았다.

노부나가는 자신이 결정한 일에 다른 사람이 의견을 말하거나 간언을 하는 것은 곧 자신을 얕보는 행위이며, 그것은 곧 자신의 명예를 훼손하는 것이라고 생각했던 것 같다. 1580년 8월 오다 가문의 원로 사쿠마 노부모리佐久間信盛와 하야시 미치카쓰林道勝가 추방되었다. 노부나가는 사쿠마 노부모리는 무능하고 하야시 미치카쓰는 야심을 품은 것이 추방의 이유라고 밝혔다. 그러나 노부나가는 사쿠마 노부모리가 적을 너무 잔인하게 죽이지 말라고 간언하고, 하야시 미치카쓰가 군주의 마땅한 도리를 진언하는 것이 싫었다. 그래서 급기야 노신들을 추방하고 말았던 것이다.

1569년 2월 노부나가는 교토에 쇼군 저택 니조성을 건설하라고 명령했다. 그때 공사용 석재로 사원에 있는 석불이나 불탑까지 징발하도록 했다. 또 실내를 장식하기 위해 사원의 병풍과 귀중한 그림을 남김없이 빼앗아오게 했다. 노부나가의 가신들이 교토 인근의 사원에서 석불과 미술품을 강탈했다. 승려들이 석불과 미술품을 돌려달라고 애원했다. 그러나 담당자는 "노부나가는 한번 결정한 것은 변경하지 않는다."고 말하며 승려들을 물리쳤다. 그러자 승려들이 천황과 귀족에게 중재에 나서달라고 청원했다. 금·은이라면 얼마든지 바칠 것이니 빼앗은 석불과 미술품을 돌려달라고 애원했다. 그러나 노부나가는 끝내 거절했다.

노부나가는 매우 성급한 성격이었다. 가신들이 조금만 늦게 대답하거나 행동이 굼뜨면 불호령이 떨어졌다. 1569년 기후성岐阜城으로 노부나가를 예방한 루이스 프로이스는 그때의 분위기를 다음과 같이 기록했다. "노부나가가 손짓으로 물러가라는 시늉만 해도 가신들은 매우 사나운 사자 앞에서 도망가듯이, 엎어지고 넘어지며 순식간에 사라져 버렸다. 그리고 노부나가가 안에서 한 사람만 불러도 밖에서는 100명이 매우 큰소리로 대답을 했다." 노부나가의 명령은 절대적이었고, 그의 명령이나 지시를 받은 자는 즉시 "날아가든지 불꽃이 지는 것보다 빨리 실행하지 않으면 안 되었다."

노부나가의 측근들은 항상 긴장하고 있어야 했다. 1582년 4월 노부나가가 측근 몇 사람을 데리고 아즈치성에서 150리 거리에 있는 치쿠부시마竹生島로 외출했다. 치쿠부시마는 바다와 같이 넓은 비파호琵琶湖를 건너야 가는 곳에 있었다. 노부나가가 성을 비우자, 시중을 드는 여성들이 모처럼만에 자유로운 시간을 만끽했다. 아무리 노부나가라도 왕복 300리 길을 하루 만에 왕래할 수 없을 것이라고 판단한 여성들은 인근에 있는 사원으로 바람을 쐬러 나갔다. 그런데 노부나가가 쾌속선을 타고 그날 해가 지기 전에 돌아왔다. 시중을 드는 여성들이 없는 것을 확인한 노부나가는 불같이 화를 냈다. 부하들에게 사원으로 달려가서 여성들을 묶어 오라고 명령했다. 노부나가는 여성들은 말할 것도 없고, 외출을 허락한 가신들에게도 엄벌을 내렸다.

오다 노부나가는 젊었을 때부터 말을 함부로 했다. 노부나가는 신분 고하를 막론하고 다른 사람을 얕보는 경향이 있었다. 선교사 루이스 프로이스의 "일본의 왕후를 경시해 마치 부하 대하듯 한다."는 말 속에 노부나가의 성미가 응축되어 있다고 할 수 있다. 노부나가의 그런 성향은 다른 사람의 심정이나 체면을 고려하지 않고 함부로 말하는 습관으로 표현되었다. 노부나가는 도요토미 히데요시豊臣秀吉의 이름을 부르지 않고 "어이, 원숭이" 아니면 "어이 대머리 쥐"로 불렀다. 히데요시의 얼굴이 원숭이를 닮았고, 몸이 왜소했기 때문이다. 아케치 미쓰히데明智光秀는 "귤대가리"라고 불렀다. 아마 미쓰히데의 이마가 넓고 머리숱이 적어서 멀리서도 눈에 띄는 대머리였기 때문일 것이다.

마쓰나가 히사히데松永久秀라는 인물이 있었다. 오다 노부나가는 그를 아꼈고, 히사히데 또한 노부나가에게 충성을 다 바쳤다. 그런데 어느날 히사히데가 갑자기 노부나가를 배반했다. 『인토쿠타이헤이키陰徳太平記』에는 아케치 미쓰히데의 참언으로 목숨이 위험해지자 모반을 일으켰다고 전한다. 하지만 『조쿠혼초쓰칸続本朝通鑑』에는 보다 설득력 있는 이야기가 소개되어 있다. 도쿠가와 이에야스가 아즈치성安土城을 방문했을 때의 일이었다. 그때 노부나가가 히사히데를 가리키며 이에야스에게 말했다. "히사히데는 다른 사람이 하기 어려운 일 세 가지를 했다. 막부의 쇼군将軍을 암살한 것이 그 하나요, 미요시씨三好氏를 배반한 것이 그 둘이요, 도다이지東大寺 대불전을 불태운 것이 그 셋이다." 그 소리를 들은 마쓰나가 히사히데는 모욕감에 치를 떨었다. 그래서 모반을 결심했다고 한다.

노부나가는 측근들을 거칠게 대하는 것으로도 유명했다. 측근들은 노부나가에게 언제 어떻게 수모를 당할지 알 수 없었다. 1582년 6월 모반을 일으킨 아케치 미쓰히데는 성품이 온순하고 예절이 바른 지식인이었다. 그런 인물이 왜 노부나가에게 반기를 들었을까?

노부나가는 평소에 몇 번이나 미쓰히데를 심하게 질책한 적이 있었다. 『메이료코한明良洪範』에 다음과 같은 이야기가 전한다. 다케다씨가 멸망할 때 미쓰히데는 스와諏訪(지금의 나가노현長野県 스와시)에 진을 친 적이 있었다. 마침 미쓰히데 진영을 방문한 노부나가는 미쓰히데의 장비가 훌륭한 것을 보고 질투심이 일어났다. 그때 노부나가는 미쓰히데의 머리를 때렸다고 한다. 한 번은 이런 일도 있었다. 미쓰히데는 선천적으로 술을 잘 마시지 못하는 사람이었다. 어느 날 주연석상에서 노부나가가 큰 잔에 술을 담아 미쓰히데에게 건넸다. 미쓰히데가 조심스럽게 사양했다. 그러자 노부나가는 미쓰히데의 머리를 누른 다음 칼을 빼어 들고 물었다. "술을 먹을 테냐 칼을 먹을 테냐." 그러자 미쓰히데는 할 수 없이 술을 먹었다. 또 미쓰히데는 이나바 잇테쓰稲葉一鉄를 섬겼던 무사를 가신으로 삼은 일이 있었다. 이나바 잇테쓰가 그 무사를 자신에게 돌려보내라고 요구했다. 그러나 미쓰히데는 응하지 않았다. 이

소문을 들은 노부나가는 미쓰히데를 마구 때리면서 나무랬다. 미쓰히데는 머리에 상처를 입었다. 아케치 미쓰히데는 노부나가에게 모욕을 당할 때마다 무슨 생각을 했을까? 물론 위의 이야기는 혼노지의 변이 일어난 후에 꾸며낸 것일 수도 있다. 하지만 사람들은 그 이야기를 사실로 믿었고, 기록으로 남겨져 오늘날까지 전해졌다.

노부나가는 잔인한 성격의 소유자였다. 특히 잇코종一向宗 문도들과 싸울 때 노부나가의 잔인함이 그대로 드러났다. 노부나가는 잇코종의 문도, 즉 잇코잇키一向一揆 세력과 10년이 넘게 싸웠다. 그것은 너무나 힘겨운 싸움이었다. 노부나가는 몹시 지쳐있었고 또 마음도 황폐해졌을 것이다. 노부나가는 종교적 신념으로 무장한 잇코잇키 세력과 적당히 타협하면 오히려 위험해 질 수 있다고 판단했을 것이다. 그래서 그는 잇코잇키 세력을 근절하기 위해서 더욱 잔인한 작전을 전개했을 수도 있다. 그러나 노부나가의 작전은 너무나 처참했다.

1574년 9월 노부나가는 기소가와木曾川 하류 델타 지역 나가시마長島를 포위했다. 그곳에 이시야마혼간지의 명령에 따르며 노부나가에게 저항하는 잇코잇키 세력이 많이 거주하고 있었다. 오다군은 나가시마 잇코잇키 세력의 식량이 떨어지기를 기다렸다. 얼마 지나지 않아 식량이 떨어진 잇코잇키 세력이 항복할 뜻을 밝히자, 노부나가는 나가시마에서 나오는 사람은 살려주겠다고 약속했다. 노부나가의 말을 믿고 나가시마에서 잇코잇키 세력이 빠져나왔다. 그런데 노부나가는 그들을 모조리 죽였다. 그런 다음 나가시마 주변에 방책을 설치하고 사방에서 불을 질렀다. 나가시마에 남아있던 2만여 명의 민중이 불타서 죽었다.

에치젠越前 지역의 잇코잇키 세력도 처참하게 도륙되었다. 노부나가는 산 속을 샅샅이 뒤져서 숨어있는 잇코종 문도들을 모두 죽이라고 명령했다. 결국 3~4만 명의 민중이 생포되거나 살해되었다. 당시 정규군 사이의 전투에서도 전사자는 수백 명 정도로 1,000명을 넘는 경우가 드물었다. 잇코잇키 세력은 대부분이 농민과 그 가족들이었다. 그런데도 노부나가는 남녀노소를 가리지 않고 몰살했던 것이다. 아무리 살벌한 전국시대라고 해도 민중을 이렇게 무참하게 학살한 인물은 노부나가 밖에 없었다.

만년의 노부나가는 잔인하기 이를 데 없었다. 셋쓰의 다이묘 아라키 무라시게荒木村重가 노부나가를 배반하고 포위된 성에서 탈출했을 때, 성에 남아 있던 사람들이 노부나가에게 항복했다. 노부나가는 항복한 사람들을 무자비하게 죽였다. 먼저 아라키 무라시게의 가족들을 교토로 보내 조리를 돌리고 처형했다. 이어서 지위가 높은 여성 120명을 십자가에 매달아 창으로 찔러 고통스럽게 죽게 했다. 나머지는 모두 산 채로 불태워 죽였다. 루이스 프로이스는 그 처참한 광경을 다음과 같이 묘사하고 있다. "네 곳에 (짐승을 가두는) 우리를 설치하고 거기에 514명을 몰아넣었다. 그들 중에서 380명이 여자, 134명이 남자였다. 우리 주위에 많은 마른 풀·섶나무·장작을 쌓은 후 불을 질러 그들을 모두 산채로 불태워 죽였다." 사람들은 고통에 몸부림치면서 살려달라고 울부짖었다. 아비규환이 따로 없었다.

1582년 3월 노부나가의 장남 오다 노부타다織田信忠가 다케다 가문을 단숨에 멸망시켰다. 2월 6일 다케다씨 영내로 진격한 오다군은 싸움다운 싸움 한번 하지 않고 다케다씨의 본영이 있는 고후甲府까지 진격했다. 용맹하기로 이름이 났던 다케다군의 부장들이 스스로 항복하거나 싸우지 않고 물러났다. 3월 11일 다케다씨의 총대장 다케다 가쓰요리武田勝頼는 피난하다가 평소 신뢰하는 측근의 배반으로 최후를 맞이했다.

1582년 3월 5일 노부나가가 고후에 도착했다. 노부나가는 다케다씨 일족을 모두 잡아 죽였다. 그리고 대대적인 작전을 전개해서 다케다 가문을 섬기던 무사들을 붙잡아 현장에서 참살하도록 명령했다. 3월 14일에는 다케다 가쓰요리 부자의 수급이 노부나가에게 바쳐졌다. 노부나가는 그 수급을 보고 심한 욕설을 했다. 그 모습은 승리자의 모습이 아니었다. 승리자는 적의 총대장에게 경의를 표하는 것이 관례였다. 그것은 한때 적장에게 충성을 바쳤던 무사들을 내 편으로 끌어들이기 위한 '전후처리'를 위해서도 반드시 필요한 '연출'이었다. 그러나 노부나가는 잔인하게 적을 제압하는 방법을 택했다. 노부나가의 적들은 어쩔 수 없어서 무릎을 꿇었지만 마음속으로는 노부나가를 증오했을 것이다. 기회가 주어진다면 반드시 설욕하려고 다짐했을 것이다.

CHAPTER 16. 재능과 감각

　오다 노부나가는 형제와 친척을 죽이고, 주군 가문을 멸망시키고, 부하를 억압하며 권력을 장악한 인물이었다. 그러나 그렇게 권력을 장악한 것은 비단 노부나가 뿐만이 아니었다. 전국시대 거의 모든 다이묘들이 비슷한 경험을 했다고 해도 과언이 아니다. 다케다 신겐武田信玄은 친부 노부토라信虎를 추방하고 권력을 장악했고, 우에스기 겐신上杉謙信은 친형 하루카게晴景와 치열하게 싸워서 지배권을 손에 넣었다. 모리 모토나리毛利元就는 동생 모토쓰나元綱를 죽이고 모리 가문의 주인이 되었다. 이런 예는 얼마든지 있다. 당시는 하극상의 시대였으며, 실력이 없는 자는 비록 주군이라도 살아남지 못하는 세상이었다.

15세기 중엽까지만 해도 봉건적 신분질서가 엄격했다. 신분이 높은 집안에 태어난 자는 지배권을 장악할 수 있었다. 그러나 혈통을 권위 기반으로 하는 무사사회의 질서는 무로마치 막부室町幕府 쇼군将軍의 권위가 실추되면서 무너지기 시작했다. 1467년에 일어난 오닌의 난応仁の乱을 기점으로 일본 사회는 난세로 접어들었다. 하극상의 시대가 열렸다.

하극상의 시대에는 실력이 없는 자가 권좌에 앉을 수 없었다. 기량이 없는 자가 통솔자가 되면 그 집안은 멸망할 가능성이 높았다. 그래서 당주의 지위 승계를 둘러싸고 피를 말리는 투쟁이 전개되었다. 무사들은 누가 통솔자가 되느냐에 따라서 주군 가문의 사활이 달려있다고 생각했다. 그래서 무사들은 기량을 무시하고 단지 혈통과 서열만으로 다이묘 가문의 당주의 자리에 오르는 것에 반대했다. 기량과 도량이 있는 통솔자를 원했다.

하극상의 시대는 실력이 없는 자에게는 두려운 난세였지만, 실력이 있는 자에게는 스스로의 가능성을 시험할 수 있는 기회였다. 전국시대 다이묘 중에는 슈고守護에서 센고쿠다이묘로 전환하는데 성공한 경우도 있었으나 대부분이 호족이나 슈고의 가신이 주군을 멸망시키고 센고쿠다이묘로 성장한 경우가 많았다. 오다 노부나가는 이러한 하극상

시대를 오로지 실력으로 돌파한 통솔자였다. 끊임없이 새로운 가능성을 추구하며 불꽃처럼 살다 간 인물이었다.

청년 노부나가는 '가부키모노'의 행장을 하고 다녔다. 당시 상식에서 벗어난 복장을 하고 이상한 장신구를 몸에 걸치고 저잣거리를 활보하는 자들을 '가부키모노'라고 했다. 1553년 4월 노부나가가 장인 사이토 도산斎藤道三을 만나러 갈 때도 그는 '가부키모노' 복장을 하고 있었다. 노부나가는 긴 상투를 짚으로 묶고, 소매가 없는 웃옷을 걸치고, 겉옷 대신에 승냥이 가죽과 표범 가죽을 잇대어 지은 옷을 걸쳤다. 그리고 크고 작은 두 자루의 도검은 함께 끈으로 묶어서 옆에 놓고, 허리에는 부싯돌 주머니와 표주박을 몇 개 주렁주렁 달고 있었다. 노부나가의 인물 됨됨이를 살펴보려고 마을의 허름한 농가에 숨어서 가마를 타고 지나는 그의 모습을 지켜본 사이토 도산은 벌어진 입을 다물지 못했다고 한다.

오다 가문의 가신들은 반듯하지 못한 노부나가의 행동을 못마땅하게 여겼다. 그러나 노부나가는 단지 유행을 쫓아서 '가부키모노' 흉내를 낸 것이 아니었다. 노부나가는 기존의 가치·권위·질서에서 벗어나고 싶었던 것이다. 노부나가의 상식에 벗어난 행동은 바로 시대를 앞서가는 그의 창조성에서 기인한 것이었다.

『신초코키信長公記』에는 노부나가의 범상치 않은 행동이 가감 없이

기록되어 있다. 이미
성년식을 올리고 나
고야성那古野城(지금
의 나고야시名古屋市 나
카쿠中区) 성주가 된
뒤에도 행동이 모범
적이지 않았다. "마
을을 활보할 때도 다
른 사람의 눈을 의식
하지 않고 감과 오이

오다 노부나가의 수결手決

를 먹었고, 거리에 선채로 떡을 먹었으며, 다른 사람과 어깨동무를 하고 걷는 것도 개의치 않았다.

그러나 노부나가는 일단 거성으로 돌아오면 딴 사람이 되었다. 총술·궁술·창술과 같은 무술을 익히고 병법을 공부했다. 무술을 배우는 것 말고는 다른 취미가 없었던 노부나가는 각 분야별로 최고의 실력을 갖추기 위해 진지하게 실력을 연마했다. 노부나가는 아침저녁으로 말을 타는 훈련을 했고, 3월부터 9월까지 매일 수영을 했다. 활을 쏘고, 뎃포鉄砲, 즉 화승총을 다루는 훈련에도 열심이었다. 저녁에는 병법 공부를 했다. 『신초코키』에 따르면, 노부나가는 활은 이치카와 다이스케市川大介, 화승총은 하시모토 잇파橋本一巴, 병법은 히라타 산미平田三位에게 배웠다. 그들은 모두 당대 해당분야의 최고 전문가들이었다.

노부나가는 어렸을 때부터 옛것을 그대로 답습하지 않았다. 반드시 의문을 제기하고 더 좋은 방법을 찾는 연구자로서의 근성이 있었다. 노부나가는 어렸을 때 이미 소년이나 징집된 병사들이 죽창으로 연습하는 것을 보고, 창의 길이가 짧은 것이 실제 전투에서 불리하니 긴 창으로 바꾸는 것이 좋겠다는 생각을 했다. 그는 단지 무술을 연마하는 데 열중했던 것이 아니라 실전에 접목시키는 방법을 연구했던 것이다. 훗날 그는 5미터가 넘는 창으로 무장한 장창부대를 창설했다.

노부나가는 원래 과학적이고 합리적인 두뇌의 소유자였다. 장창대를 도입할 때도 부하들을 장창대와 단창대로 편을 갈라 70여 번이나 싸우게 했다. 장창으로 싸울 때와 단창으로 싸울 때의 장점과 단점을 세밀하게 분석했다. 그리고 장창대와 단창대가 실제로 싸울 때 어느 쪽이 우세한지 통계를 냈다. 그 결과에 따라 단창대를 폐지하고 장창대를 편성했다.

일본인들은 장창을 나가에야리長柄鑓라고 한다. 엄격하게 말하자면 창槍과 견鑓은 다르다. 필자는 여기에서 창과 견을 구분하지 않고 편의상 창이라고 표기할 수밖에 없었지만, 창은 봉이 긴 무기로 그 끝에 뾰족한 쇠붙이를 고정시켰다. 주로 적을 찌르는 무기였다. 견 역시 봉이 긴 무기이나 그 끝에 제법 긴 검을 고정시켰다. 14세기 후반에 봉의 길이가 더 길고 예리한 검을 부착한 나가에야리가 개발되었다. 노부나가는 일찍부터 나가에야리에 주목했다. 『신초코키』에 따르면, 1553년 장

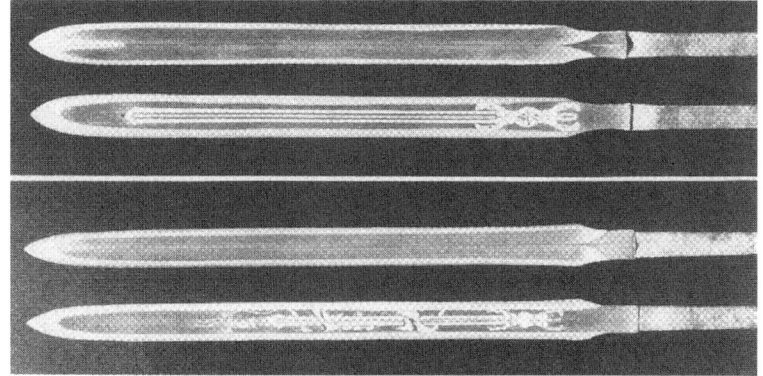
나가에야리

인 사이토 도산을 만나러 가는 노부나가는 길이가 5미터가 넘는 나가에야리를 든 병사들을 거느리고 행군했다. 이 장창대가 노부나가 부대의 주력이었다.

1552년 청년 노부나가에게 반기를 든 사카이 다이젠坂井大膳을 공격할 때도 장창대가 짧은 창을 든 적을 쉽게 물리쳤다. 그러나 단지 길이가 긴 창이 실전에서 무조건 유리한 것은 아닐 것이다. 긴 창으로 무장한 부대가 언제나 이길 것이라고 생각하면 오산이다. 그렇다면 누구라도 길이가 긴 창을 갖고 있으면 될 것이 아닌가? 노부나가가 장창대를 편성했던 것은 새로운 전법을 창안했기 때문이다. 단창은 병사 개개인이 창술을 연마해야 하지만, 장창은 창술을 연마하지 않은 병사라도 밀집대형을 이루어 공격하면 적을 쉽게 제압하고, 공격하는 적의 접근을 원거리에서 막을 수 있었다. 즉 단창과 장창은 곧 개인전법과 집단전법

戦国時代の長柄鑓

| 上杉勢三間長柄 | 武田勢三間長柄 | 後北条勢二間半 | 徳川勢三間長柄 | 織田勢三間半長柄 |
| と二間半長柄 | と二間半長柄 | 長柄と二間持鑓 | と九尺持鑓 | と三間長柄 |

전국시대 다이묘들의 장창대 / 西ヶ谷恭弘, 『織田信長事典』, 東京堂出版, 2000

의 차이였다. 노부나가는 많은 병사를 단기간에 훈련시켜 밀집대형을 이루어 전투에 임하는 집단전법을 개발했던 것이다.

노부나가가 사이토 도산을 만나러 갈 때 호위했던 오다군은 활과 화승총으로 무장하고 있었다. 그때는 화승총이 일본에 처음으로 전래된 지 아직 6년 정도밖에 되지 않았을 때였다. 하지만 노부나가는 화승총의 가능성에 주목하고, 당시 화승총 생산지였던 오미近江(지금의 시가현滋賀県) 구니모토国元에 화승총을 대량으로 주문했다. 청년 노부나가는 이미 일본에서 가장 많은 화승총을 보유하고 있었다.

『니혼잇칸日本一鑑』에 따르면, 화승총은 사카이堺(지금의 오사카부 사카이시), 오미近江의 구니토모国友(지금의 시가현 나가하마시長浜市 구니토모초), 규슈의 히라도平戸(지금의 나가사키현 히라도시) 등에서 생산되었다. 일본에 화승총이 전해지고 몇 년이 지나지 않아서 대량으로 생산되었다. 화승총은 점차로 실전에서 사용되었다. 전투 중에 무사들이 화승총으로 저격당해 사망했다는 기록이 늘어났다. 화승총은 실전에서 점점 위력을 발휘하기 시작했다.

시마즈島津, 오우치大内, 모리毛利, 조소카베長宗我部 등의 다이묘들도 뎃포鉄砲, 즉 화승총을 구입했다. 그러나 처음에는 화승총이 중요한 공격용 무기로 활용되지 못했다. 신무기인 화승총 가격은 매우 비쌌다. 게다가 가격보다도 더 큰 문제점이 있었다. 화승총을 전투에 활용하려면 반드시 해결해야 하는 기술적인 문제가 있었다.

말이나 사람과 같은 커다란 표적물이라도 화승총의 유효사거리는 100미터가 한계였다. 그 이상의 거리에서는 명중률이 현저하게 떨어졌다. 특히 발사 속도가 아무리 빨라도 1분간에 4~5발이 한계였다. 그러니까 탄환 1발이 발사되는 데 소요되는 시간은 12~15초였다. 발사하기까지 수순이 복잡했기 때문이다.

사수는 먼저 가루 화약을 총구에 부어 넣고, 가늘고 긴 봉을 총구에 넣어 마치 방아를 찧듯이 화약을 잘 다졌다. 그런 다음 납으로 만든 탄

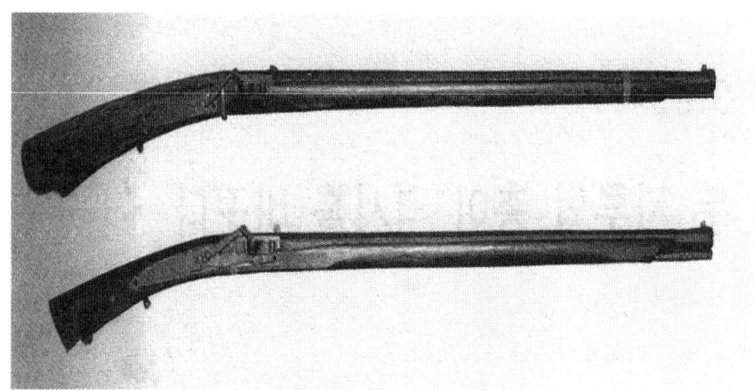

(상) 서양에서 처음 전래된 뎃포 (하) 일본에서 처음 제작한 뎃포
다네가시마種子島 박물관 전시

환을 총구를 통해 넣었다. 사수는 허리에 불이 붙은 새끼줄을 두르고 있었다. 새끼는 매우 더디게 타는 재질로 만들었기 때문에 마치 모기향이 타들어가듯 천천히 탔다. 일단 장전이 되면 사수는 불이 붙어있는 새끼줄 끝 쪽을 방아쇠 고리에 고정시키고 목표물을 조준했다. 방아쇠를 당기면 새끼줄 끝에서 타고 있는 불이 화승총의 개머리판 앞쪽에 있는 구멍에 닿아 화약을 폭발시켰다. 그 순간 큰 폭음과 함께 탄환이 발사되었다.

전쟁터에서 화승총을 공격용 무기로 사용하려면 발사 시간을 단축시키는 것이 급선무였다. 생사를 가르는 전쟁터에서 12~15초라는 시간은 매우 긴 시간이다. 전투장소가 산악지대가 아니고 기마군단이 작전을 수행할 수 있는 평원이라면 말이 200미터는 진격할 수 있는 시간이다. 산악지대라고 해도 전투에 이골이 난 무사라면 말을 몰아 100미터는 달릴 수 있는 시간이다. 한번 총탄이 빗나가면 사수는 다시 장전할 시간도 없이 기마대의 말발굽에 짓밟힐 것이다.

1554년 정월 이마가와군今川軍이 노부나가가 지배하는 오와리尾張를 침입한 적이 있었는데, 그때 노부나가는 뎃포대에 교대로 사격하라는 명령을 내렸다는 기록이 있다. 화승총을 교대로 사격하면서 발사 시간이 단축되었을 것이다. 이때부터 노부나가는 실전에서 화승총을 사용하기 시작했다. 1575년 5월 미카와三河(지금의 아이치현愛知県 동부)의 나가시노長篠에서 전투가 벌어졌다. 오다·도쿠가와 연합군과 다케다武田 군단이 격돌한 이 전투에서 오다군의 뎃포대가 위력을 발휘했다. 뎃포대를 전면에 배치한 오다군의 보병이 전설적인 다케다군의 기마군단을 괴멸시켰다.

노부나가는 이미지가 정치에 미치는 영향이 대단하다는 것을 일찍부터 알고 있었다. '가부키모노' 복장을 하고 기행을 일삼으면서도 세상 사람들의 반응을 섬세하게 살피고 있었다. 실제로 훗날 노부나가는 정보 조작과 이미지 전략에 남다른 능력을 발휘했다.

노부나가는 장인 사이토 도산을 두 번 놀라게 했다. 이미 앞에서 언급했듯이, 사이토 도산은 농가에 숨어서 자신을 만나러 오는 노부나가를 관찰하고, 그의 상식에 벗어난 기괴한 행장에 놀랐다. 그러나 사원에서 도산과 정식으로 대면할 때, 노부나가는 머리를 단정하게 묶고, 고급 정장을 차려입고, 격식에 맞게 작은 칼을 허리에 차고 회견장으로 들어왔다. 그 모습은 조금 전에 보았던 '가부키모노' 노부나가가 아니었다. 인물이 수려하고 기품 있는 귀공자였다. 도산은 노부나가의 위풍당당한 풍모에 압도되어 벌어진 입을 다물지 못했다. 노부나가는 노회한 사이토 도산의 허를 찔렀던 것이다.

사이토 도산은 하극상 시대의 대표적인 인물이었다. 기름을 파는 상인이었던 도산은 명문가 도키씨土岐氏 일족의 내분에 관여하면서 실력을 쌓고 급기야 도키씨를 몰아내고 광대한 미노美濃 지역을 다스리는 다이묘가 되었다. 그야말로 밑바닥에서 출세한 사람이었다. 그런 사람일수록 신분과 격식에 콤플렉스를 갖고 있는 법이다. 그런 심리를 이미 꿰뚫고 있던 노부나가는 허를 찌르는 연출로 사이토 도산을 제압했다. 회견이 끝난 후, 도산은 심복인 이노코 효스케猪子兵助에게 "내 자식들은 언젠가 노부나가의 말고삐를 잡게 될 것이다."라고 예언했다. 비범한 능력을 지니고 있었던 도산 또한 노부나가의 남다른 기량을 꿰뚫어 보았던 것이다.

창조적인 두뇌의 소유자 노부나가는 다른 사람의 생각을 뛰어넘는 실천가이기도 했다. 노부나가는 전국 제패가 눈앞에 다가왔을 때, 교토의 북쪽 비파호琵琶湖가 내려다보이는 곳에 아즈치성安土城을 건설했다. 현재 그 모습은 찾아볼 수 없으나, 아즈치성의 설계도를 보면 천수각天

守閣이 얼마나 거대하고 웅장했는지 알 수 있다. 성곽의 중심부에 우뚝 선 천수각의 외관은 5층이나 내부에서 보면 7층 구조로 되어 있었다.

천수각이라는 고층건물은 다른 다이묘들의 성곽에도 세워졌다. 오다 노부나가가 교토에 건설한 니조성二条城, 아케치 미쓰히데明智光秀의 사카모토성坂本城(지금의 시가현滋賀県 오쓰시大津市), 호소카와 후지타카細川藤孝의 쇼류지성勝竜寺城, 아라키 무라시게荒木村重의 이타미성伊丹城, 와다 고레마사和田維政의 다카쓰키성高槻城 등에도 성곽의 중심부에 천수각이 세워졌다. 하지만 아즈치성 이전의 천수각은 거의 대부분이 2층 아니면 2층 건물 위에 망루를 세운 것이었다. 7층 천수각을 세운 것은 오다 노부나가가 처음이었다.

아즈치성 천수각 내부의 지하층에 우주의 중심을 상징하는 보탑寶塔이, 1층에 노부나가의 화신으로 안치된 돌에 예배하는 본산노마盆山の間이 있었다고 전한다. 선교사 루이스 프로이스Louis Frois의 보고서에는 노부나가 자신의 생일에 아즈치의 소켄지摠見寺에 예배하면 부귀·건강·장수를 얻을 수 있다고 포고해 스스로 신으로 받들어지기를 희망했다는 기록이 있다.

아즈치성 천수각의 상부 2층에 그려진 벽화에는 불교·유교·도교의 성인이 그려져 있었다. 성상들은 노부나가가 그것들을 숭배하기 위한 것이 아니라, 성인들이 노부나가를 우러러 보게 하기 위해 그려진 것이라고 알려져 있다. 노부나가는 자신이 신이 되려고 했다. 노부나가는 당시 누구도 감히 생각할 수 없는 일을 실천에 옮겼던 것이다.

전국시대 다이묘의 성곽은 기본적으로 군사시설이었다. 성곽의 안쪽에 여러 용도의 건축물과 방어시설이 있었다. 성곽의 주변에 땅을 깊게 판 해자垓字를 설치해서 적이 용이하게 접근할 수 없도록 했다. 해자에 물을 가두기도 했다. 해자를 설치할 때 판 흙으로 성벽을 쌓았다. 그런데 해자를 설치하고, 그곳에서 파낸 흙으로 성벽을 쌓다보면 자연히 성곽의 면적이 좁아졌고, 성벽을 쌓다보면 요철凹凸 부분이 생기면서 적을 공격하기 어려운 사각지대가 생기기도 했다. 그래서 오다 노부나가는 아즈치성을 건설할 때 해자를 설치하지 않았다. 그 대신에 성벽을 돌로 높게 쌓았다. 성벽은 나가에야리長柄鑓와 활 그리고 돌을 던져 적을 제압할 수 있는 5~6미터 높이로 수축했다.

참고로 당시에 사용된 화승총으로 성 위에서 성 아래에 있는 적을 사격하기 어려웠다. 화승총은 오늘날의 소총과 달랐다. 지금의 탄환은 엄밀하게 말하면 탄약과 탄알이 합체된 것이다. 그래서 방아쇠 공이로 탄환의 밑 부분을 치면 밀폐된 공간에 저장된 탄약이 폭발하면서 탄알이 튀어나가는 구조이다. 그런데 앞에서 살펴본 바와 같이, 화승총은 사수가 탄약을 먼저 총구로 넣어 다지고, 그 다음에 납으로 된 탄알을 넣고, 불을 탄약에 대면 그 폭발력으로 탄알이 튀어나가는 구조였다. 그러다보니 총구를 밑으로 향하게 하면 탄알이 굴러 떨어졌다. 그래서 성벽에 바짝 접근한 적은 화승총으로 사격할 수 없었다. 나가에야리로 찌르거나, 활로 쏘거나, 아니면 돌을 던져 공격하는 것이 가장 효과적이었다. 노부나가는 그런 점을 감안해서 아즈치성을 축조할 때 사각지대를 없애고, 나가에야리를 활용할 수 있는 전투거리를 계산해서 성곽을 축조했던 것이다. 모두 노부나가의 생각이 반영된 것이었다.

CHAPTER17. 인사와 경영

　오다 노부나가가 머릿속으로 아무리 참신한 생각을 했다고 해도 전문적인 학식과 수법·기술 등이 갖추어지지 않으면 그것을 실행할 수 없었을 것이다. 더구나 노부나가는 다른 사람을 편안하게 대하지 못하는 성격이었다. 너무나 성급한 성격도 원만한 인간관계를 저해하는 요인이었다. 그런 성격은 부하들을 통솔하는데도 문제가 있었고, 다른 다이묘들과 외교관계를 맺을 때도 결정적인 흠으로 작용할 가능성이 있었다. 그런데 노부나가는 능력 있는 인재를 발탁해서 기존의 관습에 구애되지 않고 적소에 배치했다. 남다른 용인술 덕분에 자신의 성격적인 결함을 보완할 수 있었던 것이다.

노부나가 용인술의 기본은 철저한 실력주의였다. 비정한 하극상의 시대를 온몸으로 부딪치면서 돌파한 노부나가는 철저한 실력주의자였다. 아무리 신분이 낮은 자라도 능력이 있고 공을 세우면 발탁해 중용했다. 실력주의야말로 노부나가의 힘의 원천이었다. 노부나가가 이런 원칙에 충실하지 않았다면 니와 나가히데丹羽長秀 · 마에다 도시이에前田利家 · 도요토미 히데요시豊臣秀吉는 평생 평범한 서민으로 생을 마감했을 것이다.

노부나가보다 1살 아래였던 니와 나가히데는 15세경부터 노부나가를 섬겼다. 나가히데는 행정능력이 뛰어났을 뿐만이 아니라 부하를 거느리는 능력도 탁월했던 참모였다. 노부나가가 부하 무사들에게 문서를 발급하고, 논공행상을 할 때도 나가히데가 관여했다. 오케하자마桶狹間 전투 때는 노부나가를 옆에서 호위하며 큰 공을 세우기도 했다.

니와 나가히데는 외교에도 뛰어난 인물이었다. 노부나가가 오와리尾張 이누야마성犬山城(지금의 아이치현 이누야마시)의 오다 노부키요織田信清와 대전할 때 오다 노부키요의 측근은 물론 미노美濃 지역의 사이토씨斎藤氏도 우군으로 끌어들이는 공을 세웠다. 노부나가가 교토로 진출한 후에는 노부나가와 조정의 연락을 담당하면서 교토의 행정을 총괄했다.

나가히데는 건축·토목에도 전문가 이상의 실력을 갖추고 있었다. 그가 감독하며 건설한 성곽은 기록에 남겨진 것만도 고마키성小牧城, 기후성岐阜城, 사와야마성佐和山城, 아즈치성安土城 등이 있었다. 나가히데는 노부나가가 교토로 진출한 후 줄곧 그곳에 남아있었다. 그렇다면 무로마치 막부의 15대 쇼군 아시카가 요시아키足利義昭의 궁전인 니조성二條城, 시가志賀의 우사야마성宇佐山城의 건설에도 관여했을 것으로 여겨진다.

마에다 도시이에도 노부나가에게 발탁되어 오로지 실력으로 다이묘가 된 인물이었다. 도시이에도 니와 나가히데와 거의 같은 시기에 노부나가의 측근인 고쇼小姓가 되었다. 고쇼는 평시에는 노부나가 주변에서 시중을 들고, 전시에는 친위대와 더불어 노부나가를 호위하는 역할을 수행했다. 본진 주위를 에워싸고 적의 접근을 막는 일이 친위대의 임무였다. 하지만 고쇼는 오로지 주군 옆에서 주군의 신변을 보호하는 일에 집중했다. 그런데 노부나가는 경우에 따라서 부대의 선두에서 적진으로 돌진하기도 했다. 그래서 노부나가의 고쇼들은 본의 아니게 전투의 선봉에 서는 경우가 적지 않았다. 성인식을 올린 후 노부나가의 친위대에 편입된 마에다 도시이에는 지장과 맹장의 면모를 겸비한 장수로 성장했다.

오다 노부나가가 발탁한 비천한 신분 출신자 중에서 가장 두각을 나타낸 인물은 도요토미 히데요시였다. 그는 어릴 때부터 홀로 일본 각지를 떠돌아다니던 부랑자였다. 1554년경 그의 나이 18세가 되었을 때 고향인 오와리尾張로 돌아와 오다 노부나가를 섬기게 되었다. 히데요시는 노부나가의 눈에 들기 위해 피나는 노력을 했다. 어느 추운 겨울날 아침 노부나가의 신발을 가슴에 품어 따뜻하게 했다는 일화가 생긴 것도 이 시절이었다. 히데요시는 주어진 직분에 충실했다. 당시 히데요시는 기노시타 도기치로木下藤吉郎라고 불렸다.

도요토미 히데요시는 단지 충직하기만 했던 것이 아니었다. 두뇌가 명석했고 일을 매끄럽게 처리하는 남다른 수완이 있었다. 기요스성淸州城 성벽을 수리하는 책임을 맡았을 때, 히데요시는 100간間의 성벽을 10조로 나누어 각기 분담 책임자를 정했다. 그리고 각 조가 서로 경쟁하면서 수리하도록 했다. 그동안 진척이 없었던 성벽 공사가 하루 만에 완성되었다. 그 후 땔감을 담당하는 책임자에 임명되었을 때, 히데요시는 직접 장작으로 불을 지펴보고, 연간 소요되는 장작의 분량을 계산했다. 그리고 각 마을에서 큰 나무 한 그루씩 상납하게 했다. 그래서 연간 장작 구입비를 3분의 1로 절약했다.

히데요시의 활동이 문헌에 나타나는 것은 1560년대 이후이다. 히데요시는 상대방을 이간하는 데 남다른 능력이 있었다. 또 간첩을 이용해서 적진을 교란하고 유언비어를 퍼뜨리는 공작에 능했다. 1564년 오다 노부나가가 미노美濃 지역의 사이토씨齋藤氏를 공략할 때, 이간책을 써서 사이토 가문의 가신들을 노부나가 편으로 끌어들이는 공작을 벌였던 것도 히데요시였다. 한편, 히데요시는 스노마타성墨俣城 축성공사를 지휘했다. 이 공사는 최전선에서 적과 싸우면서 성을 쌓는 공사였다. 매우 위험하고 곤란한 일이었다. 그러나 히데요시는 그 지역 주민들을 동원해서 단기간 내에 공사를 마무리했다.

히데요시는 1570년경부터 지휘관으로 두각을 나타냈다. 노부나가는 에치젠越前의 아사쿠라씨朝倉氏를 공략하려고 가네가사키金ヶ崎로 진군했다. 그런데 노부나가의 매제인 아자이 나가마사浅井長政가 배반해 아사쿠라씨와 손을 잡았다. 퇴로를 차단당한 노부나가는 독안에 든 쥐 신세가 되었다. 노부나가는 적이 쏜 총탄에 부상을 입고 겨우 목숨을 부지한 채 철군했다. 노부나가가 생애 최대의 위기에 직면했을 때, 가장 곤란한 신가리군殿軍의 역할을 맡은 것이 히데요시였다. 신가리군이란 아군이 안전하게 철수할 때까지 적의 공격을 막아내는 결사대였다. 신가리군은 대개 전멸했다. 그런데 히데요시는 죽음을 각오하고 그 일을 자처했고, 노부나가가 적의 포위망을 벗어날 때까지 임무를 완수하고 구사일생으로 살아 돌아왔다. 그 후 하시바 히데요시羽柴秀吉로 성명을 바꾼 히데요시는 노부나가의 통일 사업에 앞장섰다.

노부나가는 자신에 맞서는 적은 철저하게 제압했지만, 자신에게 항복한 자 중에서 재능이 출중한 자, 이용가치가 있는 자, 또는 강력한 조직력을 보유한 자 등을 적극적으로 등용했다. 비록 적일지라도 재능과 실력이 있는 자는 과감하게 발탁했다. 그만큼 노부나가는 실력이 있고,

이용가치가 있는 인재에 대한 욕심이 많았다.

마쓰나가 히사히데松永久秀라는 자가 있었다. 그는 무로마치 막부 13대 쇼군 아시카가 요시테루足利義輝를 암살한 장본인으로 알려져 있었다. 히사히데는 능력이 있었지만 매우 무자비하게 적을 죽이는 자였다. 노부나가는 그런 히사히데를 자기편으로 끌어들여 이용하려고 했다. 그래서 쇼군을 암살한 죄를 묻지 않고 사면했다. 그 일로 인해 15대 쇼군 아시카가 요시아키足利義昭와 사이가 벌어졌지만, 노부나가는 그런 부담을 감수하고 히사히데를 부하로 삼았다. 히사히데는 노부나가의 은혜에 보답했다.

오다 노부히데織田信秀가 사망한 후, 노부나가는 당주의 승계를 둘러싸고 동생 노부유키信行와 대립했고, 급기야 노부유키를 유인해 살해했다. 그러나 노부나가는 노부유키의 아들 노부즈미信澄를 중용했다. 오미近江의 오미조성大溝城 성주가 된 오다 노부즈미 또한 노부나가에게 충성을 다했다. 노부나가를 가까이에서 받들면서 에치젠越前(지금의 후쿠이현 북부), 하리마播磨(지금의 효고현) 지역을 공략할 때는 유격군을 이끌고 후방을 공격해 노부나가가 승리하는 데 결정적인 역할을 했다. 노부나가는 노부즈미의 능력을 인정했다. 1581년 2월에 교토에서 개최된 열병식에서 노부즈미는 오다씨 일족 중에서 5번째로 행진하는 실력자로 부상했다. 노부나가는 직접 노부즈미를 중신의 딸과 결혼하도록 주선하기도 했다.

노부나가의 실력제일주의 철학은 경우에 따라서 비정하게 비칠 수 있었다. 이러한 실력제일주의는 설령 과거에 많은 공을 세웠어도 당면한 문제에 직면해서 능력을 발휘하지 못하거나 실패하면 비정하게 내친다는 말일 수도 있다. 사쿠마 노부모리佐久間信盛에 대한 처우는 노부나가의 비정함을 여실히 보여준 것이었다.

사쿠마 노부모리는 1580년 8월 이시야마혼간지石山本願寺와의 싸움이 끝난 후 아들과 함께 추방되었다. 이시야마혼간지 공격의 총대장이었던 노부모리가 뛰어난 군공을 세우지 못했고, 여러 조치를 취하면서 노부나가에게 결재를 올리지 않았다는 이유였다. 뿐만이 아니라 노부나가는 자신이 가문을 이었을 때부터 사쿠마 노부모리가 중요한 전투에서 공을 세우지 못했다고 책망했다. "노부나가 치세 30년 동안 봉공하면서 사쿠마 노부모리는 뛰어난 공을 세운 적이 한 번도 없었다."고 매도하면서 추방했던 것이다.

사쿠마 노부모리는 맹장도 명장도 아니었다. 그러나 이시야마혼간지 공략은 노부나가 자신도 곤경에 처했을 만큼 곤란한 작전이었다. 사쿠마 노부모리와 같은 인물이었기 때문에 인내심이 필요한 장기전을 계속할 수 있었을 것이다. 과거를 돌이켜보면 노부모리는 노부나가의 친부 노부히데 시대부터의 가신이었으며, 동생 노부유키信行와 당주 승계를 둘러싸고 대립했을 때 사쿠마 노부모리는 처음부터 노부나가를 지지하면서 노부나가 지배체제를 확립하는 데 큰 공을 세운 인물이었다. 그럼에도 불구하고 30년 전 일까지 들추며 뛰어난 공을 세우지 않았다는 이유로 비정하게 추방하고 말았다.

오다 노부나가는 전투에 임할 때 많은 군사를 동원했다. 군단의 규모는 다른 다이묘들의 그것과 상대가 되지 않을 정도였다. 1568년 9월 노부나가가 교토로 진출하기 위해 대군을 거느리고 오미近江 지역으로 진군했다. 요충지 간온지성觀音寺城은 롯카쿠 요시카타六角義賢와 그의 아들 요시하루義治가 지키고 있었고, 와타야마성和田山城과 미쓰쿠리성箕作城을 비롯한 산성도 엄중한 방어태세를 취하며 노부나가 군단에 맞설 준비를 했다. 9월 11일 노부나가의 5만 군사가 간온지성에서 내려다보이는 평야에 진을 치고 있었다. 그날 밤 간온지성에서 그 광경을 내려다본 롯카쿠 요시카타 부자는 겁에 질려 즉시 간온지성을 버리고 이가伊賀 지역으로 도주했다.

오다 노부나가는 5만 대군이 행군하는 데 필요한 경비를 조달해야 했을 것이다. 물론 당시 군량과 무기를 노부나가가 모두 보급했던 것은 아니었다. 그것은 영지를 보유한 가신들이 마련하는 것이 원칙이었다. 하지만 작전거리가 늘어나고, 적지에서 장기간 숙영하면서 전투를 전개하려면 군량과 말의 먹이를 한없이 가신들에게 부담시킬 수 없는 일이었다. 현지에서 조달하는 수밖에 없었다. 수만 명에 달하는 식비와 생활비는 물론 무기와 무구를 구입하는 비용은 상상을 초월했다. 노부나가는 어떠한 방법으로 방대한 군사비를 마련했을까?

선교사 루이스 프로이스는 그의 저서 『일본사』에서 다음과 같이 기술했다.

> 노부나가가 아시카가 요시아키足利義昭를 받들고 교토로 돌아온다는 소식을 듣자, 혼코쿠지本国寺의 승려들은 미노美濃와 오와리尾張로 가서, 노부나가의 군대가 교토로 들어왔을 때, 아주 저명하고 파괴된 적이 없는 사원이 아무런 피해가 없고 또 숙영지로 사용되지 않도록 하기 위한 특허장特許狀을 손에 넣으려고 했다. 그래서 승려들은 많은 은銀을 지불하고 그 증서를 손에 넣고 매우 만족해서 사원으로 돌아왔다.

교토의 사원이 오다 노부나가에게 많은 액수의 금전을 지불하고 특허장을 손에 넣었는데, 그것을 손에 넣기 위해 노부나가의 군대가 교토로 출발하기 훨씬 전에 미노와 오와리까지 발걸음 했던 것이다. 미노는 노부나가의 본거지 기후성岐阜城이 있었고, 오와리는 노부나가의 가신들의 고향이었다. 승려들이 금전을 아낌없이 소비하며 폭넓은 외교활동을 했다는 것을 알 수 있다.

그런데 승려들은 왜 그렇게 큰 금액을 지불하면서까지 혼코쿠지가 "숙영지로 사용되지 않도록 하기 위한 특허장"을 손에 넣으려고 동분서주했을까? 사원은 대군이 숙영할 수 있는 건물과 넓은 토지를 보유하고 있었다. 그래서 다이묘의 군대가 어느 지역을 점령하면 대부분이 사원에 주둔했다. 그런데 군대가 진을 친 사원은 그야말로 초토화되었다. 그래서 사원 측은 막대한 금전을 지불하고서라도 군대가 진을 치지 않도록 하고, 또 난폭한 행위나 약탈을 금하고, 건물이나 문화재를 파괴하지 않도록 하는 다이묘의 명령서를 손에 넣으려고 했던 것이다.

사원이 피해를 줄이기 위해서 지불하는 금전을 야센矢錢이라고 했다. 다이묘들은 야센을 납부한 사원에 「금제禁制」라는 팻말을 세워주었다. 그 팻말에는 대개 난폭한 행위와 약탈을 하지 말 것, 진을 치거나 숙소로 사용하지 말 것, 방화를 하지 말 것, 군량미를 요구하지 말 것 등의 내용이 적혀 있었다. 요컨대, 전투를 하기 위해 출진한 다이묘들은 사원에게서 거액의 야센을 미리 받고, 그 대신에 자신의 군대가 사원에 피해를 주지 않도록 하는 명령을 내렸던 것이다.

오다 노부나가는 이런 관행을 교묘하게 이용했다. 노부나가는 교토로 나아가 셋쓰摂津(지금의 오사카부大阪府와 효고현兵庫県의 일부)와 이즈미和泉(지금의 오사카부 남부) 지역을 평정한 후, 각지에 야센을 요구했다. 잇코종一向宗의 본산인 이시야마혼간지石山本願寺에 5,000관, 일본 제일의 항구도시 사카이堺(지금의 오사카부 사카이시)에 2만 관을 요구했다. 이시야마혼간지는 즉시 야센을 납부했다. 하지만 사카이는 거부했다. 그 금액이 너무 엄청났기 때문이다. 당시 사카이는 어느 다이묘의 영지에도 속하지 않은 자치도시였다. 도시는 36명의 지도자가 협의해 운영하고 있었다. 노부나가가 상상을 초월하는 야센을 요구하자, 사카이는 도시 주변에 목책을 두르고, 해자를 깊이 파고, 로닌牢人, 즉 어떤 다이묘에게도 소속되어 있지 않은 무사들을 모집해서 노부나가와 전면전을 벌일 태세를 취했다. 그리고 주변 지역의 호족에게 같이 싸우자고 제안했다.

　노부나가는 사카이 상공인들의 행동을 주시하고 있었다. 1699년 봄 미요시씨三好氏 일족이 사카이를 거점으로 교토를 공략하려고 움직이자, 마치 그것을 기다리기라고 했다는 듯이 사카이가 로닌들을 고용해서 미요시 일족을 지원한다고 질책하고 나섰다. 노부나가는 사카이를 집 한 채도 남기지 않고 전부 불태우고, 한 사람도 남기지 않고 몰살시키겠다고 협박했다. 사카이의 상공인들이 크게 동요했다. 처자들을 다른 곳으로 피신시키고 재산을 옮겼다. 겁에 질린 사카이의 지도자들은 앞으로 로닌들을 고용하지 않고 미요시 일족과의 관계를 단절하겠다고 서약하고, 즉시 야센 2만 관을 노부나가에게 납부했다.

　오다 노부나가는 군사행동을 하지 않고, 오로지 심리적으로 상대를 압박하는 방법으로 상상을 초월하는 금전을 갈취했다. 그것은 결국 상대방을 완전히 굴복시키는 노부나가의 군사비로 충당되었다.

CHAPTER 18. 가신과 군단

　　오다 노부나가 가신단의 중핵을 이루는 자들은 대부분이 오와리尾張 (지금의 아이치현愛知県 서반부) 지역 출신자들이었다. 시바타 가쓰이에柴田勝家, 사쿠마 노부모리佐久間信盛, 니와 나가히데丹羽長秀, 하시바 히데요시羽柴秀吉, 마에다 도시이에前田利家, 삿사 나리마사佐々成政 등 역사에 등장하는 부장들은 모두 오와리 출신자들이었다. 그들은 오와리 지역에 토착한 무사들이었고, 토지를 경작하기 위해 예속성이 강한 농민들을 거느리고 있었다. 노부나가는 가신들의 영지 지배권을 승인했다.

1551년 3월 노부나가가 당주의 지위를 승계했을 때, 노부나가가 거느린 가신은 약 800명 정도였고, 거기에 가신이 거느린 종자와 노부나가의 친위대를 포함하면 약 3,000명이었다. 그 후 노부나가는 미노美濃(지금의 기후현 남부)·이세伊勢에서 오미近江·기나이畿内·에치젠越前 지역으로 영토를 확장하면서 정복지를 가신들에게 나누어 주었다. 그리고 투항한 적의 장수를 가신단에 편입시키면서 그들이 예부터 다스리던 영지의 지배권을 승인했다. 정복지가 확대될수록 노부나가의 가신단 규모도 커졌다. 새로 가신단에 편입된 무장들이 이끄는 부대는 대부분이 오와리 출신 사령관 휘하의 요리키与力로 편성되었다.

　초기 노부나가 군단은 다른 센고쿠다이묘戰国大名의 그것과 별다른 차이가 없었다. 노부나가가 오와리 지역을 지배할 당시 군사조직은 오다씨 일족으로 구성된 렌시슈連枝衆, 각 부대의 지휘관들인 부장部將, 부장에 배속된 장교에 해당하는 요리키与力, 노부나가가 직접 지휘하는 우마마와리馬廻·고쇼小姓, 행정을 담당하는 관료, 노부나가를 가까이에서 시중을 드는 측근 등으로 구성되어 있었다.

　렌시슈에는 노부나가의 형제·아들·숙부·조카·사촌 등 근친으로 편성되는 것이 원칙이었지만 먼 친척도 포함되어 있었다. 능력이 있는 친족은 부장으로 독립 부대를 지휘하기도 했다. 예컨대 노부나가의 둘째아들 노부카쓰信雄는 이세伊勢(지금의 미에현三重県) 지역을 지배하면서 부장의 역할을 수행했다. 노부나가 만년에 셋째아들 노부타카信孝도 방면군 사령관으로 임명되었다. 하지만 노부카쓰·노부타카 이외의 친족으로 전공을 세웠다는 기록은 확인되지 않는다.

부장은 부대를 지휘하거나 한 지역의 수비를 담당했다. 그들은 하타모토旗本, 즉 노부나가가 직접 거느리는 상급 무사로, 주군 노부나가를 직접 만날 수 있는 자격이 부여된 자에 비해 신분이 높았다. 말하자면 부장은 부대의 고급 지휘관이었다. 부장이라고 해도 그 내부에 신분 서열이 있었다. 단위가 큰 부대를 지휘하는 자와 소부대를 지휘하는 자가 있었다. 노부나가의 지배지역이 확대되면서 부장이 보유하는 영지도 증가했고, 그들이 이끄는 병력 수도 증가했다. 노부나가가 오와리를 지배할 당시 한 부장이 거느리는 군사 수는 700여 명이었다. 그러나 노부나가 만년에 편성된 방면군 사령관은 1~2만 명의 군사를 거느렸다.

요리키는 부장 휘하에 배속되었다. 그들은 독자적으로 부대를 지휘할 수 있는 자격이 부여되지 않았기 때문에 부장의 지휘 하에 편성되었지만, 어디까지나 노부나가의 가신이었다. 즉 부장과 주종관계를 맺지 않은 존재였다. 요리키 내부에도 신분 서열이 있었고, 부장과의 관계도 매우 다양했다. 부장에게 종속된 존재도 있었지만 대부분이 군사면에서 부장의 지휘를 받았을 뿐이었다. 시바타 가쓰이에의 요리키였던 삿사 나리마사·마에다 도시이에前田利家는 훗날 시바타 가쓰이에의 지휘에서 벗어나 별도의 부대를 거느리는 다이묘로 성장했다.

우마마와리·고쇼는 모두 노부나가의 친위대였다. 에도江戶 시대 하타모토旗本에 해당하는 존재였다. 그들 내부에도 역시 신분 서열이 있었다. 개인 무사에서부터 200여 명의 군사를 지휘하는 자들까지 다양한 역할을 수행했다. 그들은 주로 가신의 자제들로 구성되어 있었다. 우마마와리가 고쇼보다 격이 높다고 알려졌는데, 그것은 아마도 전자가 주로 가신의 장남으로 편성되었고, 후자가 차남으로 편성되었기 때문일 것이다. 그들은 활과 창, 그리고 화승총으로 무장하고 노부나가를 호위했다.

아무리 전쟁의 시대라고 해도 행정을 담당하는 관리가 필요했다. 그들은 가신들의 영지에 관련된 업무, 조세의 징수, 법의 집행, 서민 생활통제, 점령지 관리 등 실로 다양하고 복잡한 사무를 처리했다. 관리들은 일반적으로 부교奉行라고 불렸던 행정 전문가 그룹, 노부나가의 서신을 쓰고 외교 문서를 담당하던 유히쓰右筆, 노부나가 주위에서 시중을 들고 살림을 담당하던 비서 그룹인 도보슈同朋衆 등이 있었다. 경우에 따라서 측근들이 행정을 담당하거나 서신을 쓰고 다른 다이묘에게 심부름을 가기도 했다.

노부나가의 지배지역이 확대되면서 그에 따라 군사조직도 개편되었다. 1573년 노부나가가 쇼군 아시카가 요시아키를 추방한 후, 다케다씨를 견제하기 위해 장남 노부타다信忠 군단을 편성했다. 노부타다 가신단은 노부나가 가신단을 축소한 형태로 편성되었다. 오와리·미노 지역의 가신들이 이 군단에 편성된 것을 보면 노부나가는 이미 노부타다를 후계자로 정하려고 했던 것 같다. 노부타다 군단은 맨 처음 편성된 방면군이었던 셈이다.

1575년 사방의 적과 싸우고 있었던 노부나가는 각 방면에 군단을 배치했다. 방면군의 개념이 도입된 것이다. 방면군은 정복한 지역을 지키기 위해 편성되었기 때문에 당연히 담당해야 하는 지역이 있었다. 하지만 단지 치안을 유지하는 것이 방면군의 역할이 아니었다. 적과 싸우는 것이 주된 임무였다. 경우에 따라서 방면군은 담당 지역을 벗어나서 다른 곳으로 이동해 전투하거나 다른 방면군을 지원하기도 했다. 방면군은 어느 정도 독립성이 보장되어 있었다. 방면군 사령관은 1~2만 이상의 대군을 거느리면서 단독으로 다른 다이묘들과 전쟁을 할 수 있는 전투력을 갖추고 있었다. 방면군보다는 규모가 작은 별동대도 편성되어 중요한 지역에 배치되었다. 방면군은 모두 7개 군단이었고, 별동대는 그 수가 더 많았다.

1576년 노부나가가 이시야마혼간지를 공략하면서 오사카 방면군을 편성하고 사쿠마 노부모리佐久間信盛를 사령관으로 삼았다. 이때 긴키近畿 지방 일대 7개 구니國의 호족이 요리키로 노부모리의 휘하에 편입되었다. 또 카가加賀(지금의 이시카와현石川県 남부) 지역을 공략하면서 호쿠리쿠北陸 지방 방면군을 편성하고 시바타 가쓰이에柴田勝家를 사령관으로 삼았다.

방면군보다 규모가 작은 별동대인 유격군遊擊軍은 순전한 전투 부대였다. 그래서 한 지역에 고정 배치된 것이 아니라 상황에 따라서 방면군을 지원하기 위해 편성되는 경우가 많았다. 물론 오다 노부하루織田信張의 군단과 같이 기이紀伊 지역 전투에서 승리한 다음 그 지역에 고정 배치되었던 별동대도 있었다.

1580년 4월 10년 간 계속되던 이시야마혼간지와의 싸움이 끝났다. 잇코종一向宗 혼간지파의 지도자 겐뇨顯如가 오사카에서 물러났고, 8월에는 끝까지 노부나가에 저항했던 겐뇨의 아들 교뇨教如도 오사카를 떠났다. 그러나 노부나가는 승리를 기뻐하지 않았다. 이시야마혼간지와 싸우면서 너무나 많은 희생을 치렀기 때문이다. 노부나가는 모든 것이 이시야마혼간지와의 싸움을 주도했던 오사카 방면군 사령관 사쿠마 노부모리가 우유부단하고 무능했기 때문이라고 생각했다. 노부나가는 사쿠마 노부모리를 내치기로 결심했다.

노부나가는 사쿠마 노부모리의 아들 노부히데信榮에게 엄하게 꾸짖는 장문의 서한을 보냈다. 그 내용은 노부나가가 그동안 사쿠마 노부모리·노부히데 부자를 특별히 대우했는데, 다른 부장들이 큰 공을 세울 때 이렇다 할 공을 세우지 못했다는 것이었다. 결국 노부나가는 사쿠마 부자의 머리를 강제로 깎은 후 추방했다. 실심한 사쿠마 노부모리는 1581년 7월에 사망했다.

오사카 방면군 사령관 사쿠마 노부모리의 추방을 계기로 오다 군단이 재편성되었다. 먼저 오다 노부나가의 장남 노부타다信忠 군단이 확장되었다. 그동안 사쿠마 군단에 편성되어 있던 오와리尾張・미노美濃 지역의 호족들이 오다 노부타다 군단에 편입되었다. 미즈노 타다시게水野忠重를 비롯한 오와리 지역의 성주 12명이 이끄는 부대, 다카기 사다히사高木貞久를 비롯한 미노 지역의 성주 7명이 이끄는 부대가 새로 노부타다 군단에 편입되었다. 그동안 사쿠마 노부모리가 지휘하던 이세伊勢 북부의 호족 다키가와 가즈마스滝川一益 군단도 오다 노부타다 군단을 지원하게 되었다.

사쿠마 노부모리의 추방은 기나이畿內 군단의 조직에도 큰 변화를 초래했다. 그동안 사쿠마 군단은 야마토大和(지금의 나라현奈良県)・가와치河內(지금의 오사카부大阪府 가와치군)・이즈미和泉(지금의 오사카부 남부)의 호족이 이끄는 부대를 거느리고 있었다. 사쿠마 군단에 소속되었던 기나이의 호족 부대는 해체되거나 오다 노부나가의 군단에 직속되었다. 셋쓰摂津 지역은 이케다 쓰네오키池田恒興가 지배하게 되었다.

1577년 10월 하시바 히데요시羽柴秀吉가 하리마播磨(지금의 효고현)에 파견되어 미키성三木城을 공략하면서 하리마・다지마但馬 지역이 평정되었다. 그 후 히데요시는 이나바因幡(지금의 돗토리현 동반부)의 돗토리성鳥取城을 공략했다. 히데요시의 침공은 이나바에 국한되지 않았다. 하리마와 인접한 비젠備前(지금의 오카야마현岡山県 동부)・미마사카美作(지금의 오카야마현 북부) 지역에서도 히데요시 군단의 작전이 전개되었다. 히데요시가 하리마 지역을 평정한 1580년경에 하시바 히데요시를 사령관으로 하는 주고쿠中国 지방 방면군이 창설되었다.

하시바 히데요시 군단에서 가장 중요한 위치를 점하고 있었던 인물은 하시바 히데나가羽柴秀長였다. 그는 히데요시의 동생이었다. 히데나가는 지성과 덕성을 겸비한 장수로 히데요시의 든든한 조력자였다. 히데나가는 다지마但馬 공략을 전담했다. 1580년경 다지마가 평정된 후에는 이나바가 산인山陰 지방 공략의 거점이 되었다. 히데나가는 주로 산인 지방 공략을 담당했지만, 때에 따라서 산요山陽 지방으로 진출해서 형 히데요시를 지원했다. 히데나가가 먼 곳으로 출진했을 때, 산인 지방의 군단을 지휘했던 인물은 미야베 게이준宮部継潤이었다. 도요오카성豊岡城(지금의 효고현 도요오카시) 성주였던 미야베는 히데나가가 사망한 후에도 하시바 히데요시의 든든한 부장으로 산인 지방을 지키면서 모리씨毛利氏를 견제하는 역할을 담당했다.

하시바 히데요시가 이끄는 주고쿠 지방 방면군의 창설과 거의 같은 시기에 아케치 미쓰히데明智光秀가 지휘하는 기나이畿内 지방 방면군이 창설되었다. 기나이 지방 방면군은 주로 야마시로山城(지금의 교토부京都府 중부와 남부)·야마토大和(지금의 나라현奈良県)·단고丹後(지금의 교토부 북부)·단바丹波(지금의 교토부와 효고현의 일부)·오미近江(지금의 시가현滋賀県) 지역의 성주 및 호족이 이끄는 군대를 주력으로 편성되었다. 호소카와 후지타카細川藤孝와 쓰쓰이 준케이筒井順慶는 각각 단바와 야마토大和(지금의 나라현奈良県)를 영유한 다이묘였지만 기나이 지방 방면군에 편입되어 아케치 미쓰히데의 지휘를 받았다.

1580년경에 각지에 배치되었던 유격군도 재편되었다. 1574년경부터 셋쓰 지역을 지배하던 아라키 무라시게荒木村重가 오다 노부나가에 반기를 들었다. 노부나가는 이케다 쓰네오키에게 셋쓰 지역 지배권을 주고 아라키 일당을 소탕하도록 했다. 이때부터 이케다 쓰네오키가 셋쓰 지역의 유격군을 거느리게 되었다. 이즈미和泉(지금의 오사카부 남부) 지역 호족이 이끄는 부대는 원래 사쿠마 노부모리 군단에 소속되어 있었다. 사쿠마 노부모리가 추방된 후에 하치야 요리타카蜂屋頼隆를 지휘관으로 하는 이즈미 지역 유격군이 편성되었다.

전국시대 다이묘들은 수군을 정규군으로 편성하지 않았다. 해적을 용병으로 활용하는 경우가 대부분이었다. 여러 다이묘 중에서 일찍부터 해적 집단을 수군으로 활용했던 것은 서부 일본의 모리毛利 가문이었다. 모리씨 일족은 요충지를 점거하거나 물자와 병력을 수송하는데 수군을 활용했다. 수군은 어디까지나 육군의 전투를 외곽에서 지원하는 세력이었을 뿐이다. 조선의 수군과 같이 해상에서 적의 군선을 격파하고 제해권을 장악하는 것을 목적으로 하는 정규군이 아니었다.

1570년대 가장 강력한 군사력을 보유하고 있던 오다 노부나가 조차도 수군의 필요성을 인식하지 못하고 있었다. 육전에서 연전연승하던 노부나가는 오사카의 이시야마혼간지石山本願寺 공략 때 모리씨 수군의 활약을 효과적으로 저지하지 못하고 작전에 실패했다. 노부나가는 그 후에야 수군의 필요성을 절감하게 되었다.

　모리씨 수군에게 패배한 노부나가는 역시 해적의 우두머리인 구키 요시타카九鬼嘉隆를 가신으로 등용하고, 그에게 전선 6척과 물자 수송선을 건조하도록 했다. 요시타카가 새로 건조한 함선은 길이가 30미터가 넘는 대선이었다. 거대한 함선은 대포 3문과 대형 화승총으로 무장했다. 전력이 강화된 노부나가의 수군은 1578년 11월 다시 모리씨 수군과 오사카 앞바다에서 싸웠다. 노부나가의 수군은 이시야마혼간지에 병량과 군수품을 전달하려는 모리씨 수군을 격파했다. 그 후 이시야마혼간지는 노부나가의 손에 들어갔다.

CHAPTER19. 전략과 전술

1568년 9월 오다 노부나가가 교토로 진출하기 전에는 주변 다이묘들과 동맹을 맺는 외교 전략을 기본으로 했다. 노부나가의 부친 오다 노부히데織田信秀는 북서쪽으로 국경을 접하고 있던 미노美濃의 사이토斎藤 가문과 동맹을 맺었고, 그것이 훗날 청년 노부나가가 오와리尾張 지역을 통일하고 권력을 강화하는데 큰 도움이 되었다. 1554년 정월 노부나가가 친족을 공격하기 위해 출진할 때, 사이토 도산斎藤道三이 파견한 군대로 하여금 자신의 거성인 나고야성那古野城(지금의 나고야시名古屋市 중구)을 지키게 했다.

사이토 도산이 사망하자 오다·사이토 가문의 동맹이 깨졌다. 그러자 노부나가는 북서쪽으로는 사이토 가문, 동쪽으로는 이마가와今川 가문과 맞서면서 오와리 내부의 적들과도 전투를 계속해야 했다. 청년 노부나가는 매우 어려운 시기에 직면해 있었다. 노부나가는 이마가와 요시모토今川義元와는 한 번도 동맹을 맺은 적이 없었다.

1560년 5월 오케하자마桶狹間 전투에서 이마가와 요시모토를 무찌른 노부나가는 1562년 정월 이마가와 가문의 인질에서 해방되어 미카와三河(지금의 아이치현 동부)로 돌아온 도쿠가와 이에야스德川家康와 동맹을 맺었다. 이에야스와 동맹을 맺은 노부나가는 비로소 미노 지역 공략에 집중할 수 있었다. 천신만고 끝에 미노 지역을 평정한 노부나가는 교토로 진출해서 일본의 패자가 되겠다는 뜻을 세웠다. 그리고 그 목적을 달성하기 위해 미노와 인접한 지역의 다이묘 다케다 신겐武田信玄과 동맹을 맺었다. 그 무렵 다케다·우에스기上杉·호조北条 가문이 서로 대립하고 있었다. 다케다 신겐도 노부나가와 동맹이 필요한 시점이었다. 노부나가는 다케다 신겐의 속내를 꿰뚫고 동맹을 제안했던 것이다.

노부나가는 교토로 진격하는 길목에 있는 오미近江 북부 지역을 지배하는 다이묘 아자이 나가마사浅井長政와 동맹을 맺었다. 노부나가는 오미 남부 지역을 지배하는 롯카쿠六角 가문과도 동맹을 맺기 위해 노력했다. 하지만 롯카쿠씨는 끝내 노부나가의 설득에 응하지 않았고, 결국 노부나가는 롯카쿠씨 일족을 군사력으로 제압하고 교토로 가는 길을 열었다.

교토로 진출하기 직전 노부나가는 소위 원교근공遠交近攻의 외교 전략을 구사했다. 교토에서 서쪽으로 멀리 떨어진 주고쿠中國 지방의 실력자 모리毛利 가문과의 외교 교섭에 힘을 기울였다. 교토로 진출한 후, 노부나가는 기나이畿內와 이세伊勢 지역을 철저하게 진압하는 작전을 전개했다. 그 과정에서 필연적으로 노부나가에 대항하는 다이묘들이 늘어났다. 그런 와중에도 다케다 · 우에스기 · 모리 가문과의 우호관계가 유지되었다.

노부나가가 교토로 진출하고 얼마 지나지 않아서 무로마치 막부의 15대 쇼군 아시카가 요시아키足利義昭와 사이가 벌어졌다. 쇼군 요시아키는 여러 지역의 다이묘에게 서신을 보내 노부나가를 타도해야 한다고 역설했다. 그러자 1572년 드디어 다케다 신겐이 노부나가 타도의 기치를 올렸다. 그때도 노부나가는 우에스기 겐신과의 동맹을 굳건히 유지했다. 그러나 1577년 노부나가는 우에스기 겐신과의 동맹을 깰 때가 되었다고 판단했다. 노부나가는 겐신의 지배지와 이웃한 카가加賀 지역을 공격했다. 그때부터 우에스기 겐신과 노부나가가 적대하게 되었다. 그러자 노부나가는 동북 지방의 여러 다이묘와 우호관계를 맺고 우에스기 겐신을 동쪽에서 견제하도록 했다.

1576년경부터 노부나가는 주고쿠 지방의 모리씨 일족과 대립하게 되었다. 그러자 노부나가는 규슈 지방의 오토모大友·시마즈島津 가문과 우호관계를 유지하면서 서쪽에서 모리씨를 견제하도록 했다. 역시 노부나가는 원교근공의 외교 전략을 써서 모리씨 일족을 배후에서 위협했던 것이다.

오다 노부나가는 자식을 많이 두었다. 형제자매도 많았다. 노부나가는 여동생과 딸을 다른 다이묘에게 시집보내거나 아들을 양자나 인질로 보냈다. 가족과 친족을 정략적으로 이용했던 것이다. 노부나가의 혼인 및 양자 정책은 1560년대 후반에 집중되어 있었다. 특히 미노美濃 도야마씨遠山氏와 3번이나 정략적인 혼인을 했다. 노부나가는 먼저 숙모를 미노 이와무라岩村 성주 도야마 가게토遠山景任에게 시집보냈고, 이어서 여동생을 가게토의 동생이며 나에기苗木의 성주인 도야마 나오카도遠山直廉에게 시집보냈다. 도야마 가케토가 자식을 두지 못하고 사망하자, 노부나가는 4남 가쓰나가勝長를 가케도의 양자로 들여보냈다. 당시 도야마씨는 사이토斎藤 가문을 섬기고 있었으나 영지가 다케다武田 가문이 지배하는 시나노信濃와 가까이에 있었다. 노부나가는 미노의 사이토 가문을 공략하고, 시나노의 다케다 가문과 동맹을 맺기 위한 포석으로 도야마씨와 혼인하는 정책을 추진했던 것이다.

노부나가가 이세伊勢(지금의 미에현三重県)의 북부를 평정한 후, 그곳을 직접 지배하기 위한 방법으로 자신의 아들과 동생을 이세 호족의 양자로 들여보내는 방법을 택했다. 1568년 노부나가의 3남 노부타카信孝,

같은 해 노부나가의 동생 노부카네信包, 1569년 차남 노부카쓰信雄가 각각 이세 호족의 양자가 되는 형식으로 이세 지역의 지배권을 접수했다.

1568년 오다 노부나가가 교토로 진출한 후에는 노부나가의 외교 전략이 크게 변화되었다. 다른 다이묘와 혼인을 이용하는 정략은 거의 찾아볼 수 없다. 그 대신에 여동생과 딸들을 자신의 부장에게 시집을 보냈다. 군단이 급속히 확장되자, 노부나가는 능력이 있는 부장들을 친족으로 삼고, 그들을 핵심 무력으로 하는 방대한 군단 조직을 편성하려고 했던 것 같다.

1568년 9월 노부나가는 교토로 진출해서 아시카가 요시아키足利義昭를 무로마치 막부室町幕府의 15대 쇼군将軍에 취임하게 했다. 그리고 긴키近畿 지방 일대에서 기술자와 역부役夫를 동원해서 단기간에 쇼군의 궁전을 조영했다. 또 노부나가는 천황의 궁전을 수리하고, 귀족들이 호족들에게 빼앗긴 장원을 되찾아주었다. 노부나가는 미노美濃의 사이토 씨를 공략할 때부터 이미 천하를 제패하겠다는 뜻을 세웠는데, 교토로 진출하면서 그 뜻을 펼칠 수 있게 되었던 것이다.

일본의 패자가 되려면, 천황과 막부의 쇼군을 권력의 수단으로 활용할 필요가 있었다. 15세기 중엽부터 무로마치 막부는 사실상 중앙집권 권력으로서 기능하지 못했고, 천황의 권위도 실추되었다. 하지만 천황은 엄연한 일본의 군주였으며, 쇼군의 권위 또한 아주 무시할 수 없었다. 그래서 노부나가는 천황과 귀족 그리고 막부의 쇼군에게 성의를 다하는 태도를 취했던 것이다.

천황과 쇼군도 노부나가의 군사력에 의지할 수밖에 없었다. 1570년 천황은 노부나가의 군대를 사실상 공권력으로 인정했다. 그 후 천황과 귀족은 노부나가가 궁지에 몰릴 때마다 개입해서 노부나가의 편을 들었다. 아사쿠라씨朝倉氏와 아자이씨浅井氏가 일본 최대의 사원 히에이잔比叡山 엔랴쿠지延暦寺(지금의 시가현滋賀県 오쓰시大津市)와 연합해서 노부나가를 공격했을 때, 조정과 막부가 동시에 개입해서 강화를 맺도록 주선했다.

1573년 노부나가가 쇼군 아시카가 요시아키를 추방하면서 무로마치 막부가 멸망했다. 그 후 노부나가는 천황의 권위를 적극적으로 이용하는 전략을 구사했다. 1578년 아라키 무라시게荒木村重가 혼간지本願寺・모리씨毛利氏와 연합해서 노부나가에 맞섰다. 궁지에 몰린 노부나가는 천황에게 혼간지・모리씨와 강화할 수 있도록 주선해 달라고 요청했다. 그런데 천황이 나서기 직전, 노부나가의 수군이 모리씨의 수군을 무찌르고, 이간책으로 아라키 무라시게 세력을 붕괴시켰다. 그러자 노부나가는 다시 천황에게 문제가 해결되었으니 움직이지 말라고 요청했다. 노부나가는 잇코잇키一向一揆의 본거지 혼간지와 10년 동안 싸우면서 고전을 면치 못했다. 1580년 천황이 혼간지 측을 설득해서 노부나가에게 항복하고 오사카에서 물러나도록 했다. 노부나가는 군사력만으로 해결하지 못하는 일에 직면했을 때, 천황의 권위를 이용해 난국을 돌파했던 것이다.

이미 제1부 4장에서 언급했듯이, 노부나가는 일찍부터 800명 정도의 상비군을 편성했다. 당시 다른 다이묘들은 상비군 편성의 필요성을 인식하지 못하고 있을 때였다. 그런데 청년 노부나가는 호족의 차남들을 친위대로 편성해서 노부나가의 거성 주변에 배치했다. 노부나가는 그들을 전문 전투원으로 양성했고, 그들은 노부나가가 위기에 처했을 때 돌파구를 여는 핵심무력으로 활약했다. 1552년의 아카즈카赤塚 전투, 1556년의 이노稲生 전투, 오와리를 통일한 후 1565년의 도호라성堂洞城 공략 등에서 노부나가는 800명 정도의 군대를 직접 이끌고 전투의 전면에 섰다.

그러나 노부나가가 미노와 이세 북부 지역을 평정하고, 교토로 진출할 준비를 하면서 전술이 완전히 달라졌다. 적군을 압도하는 대군을 거느리고 원정에 나섰다. 1560년대 말 노부나가는 이미 최소 3만에서 최대 10만 명의 병력을 동원할 수 있는 다이묘로 성장했다. 물론 노부나가가 동원한 병력 중에는 도쿠가와 이에야스가 이끄는 군대까지 포함되었다. 1570년 6월부터 전개된 오미近江 지역에서 벌어진 전투에서 노부나가가 동원한 병력은 적군을 겁에 질리게 할 정도의 대군이었다. 노부나가는 싸우기 전에 적을 공포에 떨게 해 전의를 꺾는 전술을 구사했던 것이다.

노부나가는 교통로 정비에 힘을 기울였다. 오미 지역은 고대부터 교통의 요지였다. 교토에서 동쪽으로 통하는 동해도東海道와 동산도東山道, 북쪽으로 통하는 북륙도北陸道와 북국가도北国街道를 비롯한 간선도로는 물론 많은 지선도로가 오미 지역에서 갈라졌다. 교토로 진출한 노부나가는 교토에서 동쪽으로 통하는 도로를 정비하거나 신설했다. 그리고 교토에서 자신의 본거지 기후岐阜로 연결되는 동산도 주변에 믿을만한 부장들을 배치했다. 안전하게 교토와 기후를 왕래하기 위해서였다.

노부나가는 1575년부터 자신이 직접 지배하는 지역의 도로 정비에 힘을 기울였다. 동산도를 정비하고, 지금의 오쓰시大津市에 있는 세다바시勢田橋를 건설하고, 오와리·미노 일대의 도로를 대대적으로 정비했다. 육로 뿐만 아니라 수로도 확보했다. 모리야마守山에서 오쓰大津로 연결되는 수로, 비파호琵琶湖의 수운도 장악했다. 육로의 정비와 수로의 확보는 상품의 원활한 유통을 위해서이기도 했지만, 주로 군대를 신속하게 이동시키기 위한 목적이었다.

노부나가가 지휘하는 전투는 특별한 경우가 아니면 속전속결을 원칙으로 했다. 적군을 압도하는 대군을 동원해서 적의 성을 완전히 포위한 후 총공격해서 단숨에 함락시키는 작전이 많았다. 적군을 총공격할 때, 노부나가는 무자비한 살육전을 전개했다. 1570년 에치젠越前의 데즈쓰야마성千筒山城을 공략할 때 대군이 포위해서 당일에 적의 성을 함락하고 1,000명 이상의 적을 살육했다. 그러자 데즈쓰야마성 가까이에 있는 성을 지키던 적군들이 모두 도망했다. 1575년 에치젠의 잇코잇키를 토벌할 때는 노부나가의 선봉대가 적군의 요새를 단숨에 함락하고 무자비한 살육전을 전개했다. 그러자 후방의 요새를 지키던 적군이 모두 도망했다. 노부나가가 공격 목표로 삼은 적의 성이나 요새는 초토화되었고, 그곳을 지키던 적군은 대부분 전멸했다. 노부나가는 총공격으로 적진을 단숨에 유린하고 무자비한 살육전을 벌이는 것이 오히려 아군의 희생을 줄이는 전술이라고 판단했던 것 같다.

CHAPTER20. 정치와 경제

노부나가의 정치 방침은 구체적으로 발표된 적이 없었다. 하지만 1575년 9월 에치젠越前 지역을 평정하고 그곳의 통치를 시바타 가쓰이에柴田勝家에게 위임했을 때, 대략 9개조에 달하는 통치의 대강을 제시했다. 이것은 매우 간단하지만 노부나가의 정치 방침이 명확하게 제시된 자료라고 할 수 있다.

제1조에서 노부나가는 정복지 에치젠 지역 민중에게 과다한 조세를 부과하지 말라고 명령했다. 부득이하게 과분한 조세를 부과하지 않을

수 없을 때는 노부나가에게 보고하라고 했다. 즉, 노부나가는 전례에 따른 조세 이외에 잡세를 부과하는 것을 금지했던 것이다. 민중의 일상생활에 타격을 주지 않기 위해서였다.

제2조에서 노부나가는 정복지 에치젠 지역에서 옛 주군 아사쿠라朝倉 가문을 섬기던 무사들을 무례하게 대우하지 말라고 명령했다. 주군을 잃고 갑자기 실업자로 전락한 정복지 무사들은 언제든지 정복자에게 반기를 들 수 있는 세력이었다. 노부나가는 시바타 가쓰이에게 그 점을 주의하라고 일렀던 것이다.

제3조에서 노부나가는 재판을 할 때는 상식과 도리에 입각해서 판결을 내릴 것이며, 절대로 누구의 편을 들어준다거나 하는 일은 하지 말라고 명령했다. 특히 정복지에서의 재판은 노부나가 군단에 속한 무사들에게 유리한 판결을 내릴 가능성이 있었다. 노부나가는 법을 공정하게 집행하라고 당부했던 것이다.

제4조에서 노부나가는 무사들이 점거하고 있는 천황의 직영지와 교토 귀족의 영지를 원래 주인인 천황과 귀족에게 돌려주는 조치를 취하라고 명령했다. 에치젠 지역에는 천황의 직영지와 귀족이 보유했던 영지가 적지 않았다. 그러나 1467년 오닌応仁의 난 후, 전란이 되풀이 되면서 천황의 직영지와 귀족의 영지는 다이묘나 지역의 호족들이 차지하게 되었다. 노부나가는 그것을 원래 주인이었던 천황이나 귀족에게

돌려주는 조치를 취했던 것이다.

　제5조에서 노부나가는 에치젠 지역에 산재한 관소關所, 즉 검문소를 철폐하라고 명령했다. 당시 관소는 다이묘나 지역의 호족들이 통행세를 징수하기 위해 설치한 경우가 많았다. 관소는 상인의 왕래를 불편하게 했을 뿐만 아니라 자유로운 상품유통을 방해했다. 일찍이 노부나가는 자신의 영지인 오와리尾張는 물론 정복지인 미노美濃와 이세伊勢 북부 지역의 관소를 철폐한 적이 있었다. 노부나가는 새로운 정복지 에치젠 지역의 관소도 철폐하는 방침을 정했던 것이다.

　제6조에서 제9조까지는 정복지 에치젠 지역의 통치를 담당하게 된 시바타 가쓰이에가 명심해야 할 사안을 열거한 것이었다. 특히 제9조에서 노부나가는 무슨 일이든 노부나가 자신의 명령에 절대 복종하라고 요구했다. 심지어 자신이 있는 곳으로 창끝이 향하게 해서는 안 된다는 정신자세를 잠시라도 잊어서는 안 된다고 경고했다. 하지만 시바타 가쓰이에가 생각하기에, 노부나가 자신의 명령이 무리하거나 도리를 위반했다고 생각되는 것이 있으면 기탄없이 아뢰라고 언로를 개방했다. 하지만 자신의 명령이 정당하면 즉시 시행하는데 게으르면 안 된다고 경고했다. 요컨대, 노부나가는 정복지의 정치를 부장에게 위임하면서도 자신의 명령이 지체되거나 왜곡되지 않게 시행되기를 원했던 것이다.

1582년 3월 노부나가는 다케다 가문을 멸망시킨 후, 다케다씨가 지배했던 가이甲斐·시나노信濃 지역을 부장들에게 나누어주었다. 그때 노부나가는 11개 조목의 명령서를 내렸다. 그 내용은 대개 시바타 가쓰이에에게 내린 것과 같았다. 제1조는 관소 철폐, 제2조는 농민에게 전례에 따라 조세를 부과하고, 무리한 부담을 지우지 말 것, 제3조는 충성심이 있는 자를 등용할 것, 제4조는 재판을 공정하게 할 것, 제5조는 다케다 가문을 섬겼던 무사들을 무례하게 대우하지 말 것, 제6조는 정복지를 다스리는 자는 무엇보다 너무 의욕을 앞세우지 말아야 하는데, 의욕이 넘치면 일을 그르칠 수 있다고 경고하는 내용이었다. 제6조 이하의 조목은 사원과 신사 그리고 농촌을 대상으로 하는 통치 방법에 관한 내용이었다.

　노부나가는 학문과 기예를 존중하고, 충효를 장려하는 태도를 보이기도 했다. 1573년 7월 교토의 상공인을 대상으로 법령을 내렸는데, 제1조는 교토 시내의 토지세 면제, 제2조는 교토 상공인들의 각종 부담 면제, 제3조는 과부가 되었거나 홀로 된 사람을 부조하는 내용이었다. 그리고 제4조에서 노부나가는 상공인들에게 천하제일이라는 칭호는 영예로운 것인데, 이런 칭호를 부여하려면 교토의 명인名人들이 서로 협의하라고 명령했다. 제5조에서 노부나가는 유학을 탐구해서 국가를 바로 세우려는 뜻이 있는 자, 또는 충효, 충렬의 정신이 남다른 자는 매우 중요한 바, 그들에게 봉록을 주어 대우하라고 명령했다. 즉 노부나가는 유학으로 정치의 근본으로 삼고, 인재를 국가가 우대하는 정치를 생각하고 있었던 것이다.

　노부나가는 도로를 내고 다리를 놓는 등 사회사업에도 힘썼다. 1574년 노부나가는 도로를 내거나 정비를 전담하는 관리를 두고 정복지의 도로를 단계적으로 정비했다. 도로의 폭은 5.5미터 정도로 정하고, 도로 주변에 소나무나 버드나무를 심었다. 도로 주변에 거주하는 민중에게 가로수에 물을 주고, 도로에 물을 뿌려서 먼지가 일어나지 않게 관리하도록 했다. 하천에는 다리를 놓아 사람들이 왕래하기 편리하도록 했다.

　노부나가는 시대 변화에 민감하게 대응했다. 특히 상공업의 육성에 힘을 쏟았다. 그는 일찍이 지배지역 내의 관소를 폐지하고 도로를 정비했다. 상공인들이 자유롭게 왕래하도록 하기 위해서였다. 노부나가는 황폐해진 교토를 재건하기 위해 상공업 육성 정책을 우선적으로 추진했다. 노부나가는 각지의 상공업자를 교토로 불러들였다. 세금도 면제해 주었다. 그러자 각지로 흩어진 상공업자들이 교토로 돌아왔다. 교토 시가지는 활기를 되찾았다.

　노부나가는 새 시대에는 상공업과 무역이 경작지보다도 중요하다는 것을 이미 알고 있었다. 노부나가는 오래 전부터 사카이堺(지금의 오사카부 사카이시)에 주목하고 있었다. 당시 사카이는 일본 최대의 국제항이었다. 국제무역에 종사하는 호상들 대부분이 사카이에 거주했다. 사카이의 호상들은 동남아시아 무역으로 막대한 자본을 축적했다. 또한 사카이는 고급 기술자들이 집단으로 거주하면서 각종 물품을 생산하는 곳이기도 했다. 특히 화승총을 비롯한 군수품의 생산지였다. 노부나가가 교토로 진출한 중요한 이유 중의 하나가 바로 사카이를 장악하는 것이었다.

노부나가는 강압적인 방법으로 사카이를 손에 넣으려고 했다. 하지만 당시 사카이는 일본 유일의 자치도시였다. 36명의 지도자가 도시를 자치적으로 운영하고 있었다. 사카이의 상공인들이 노부나가에 맞섰다. 노부나가는 사카이 시내에 거주하는 상공인을 모두 죽이고 도시 전체를 불태우겠다고 협박했고, 결국 사카이 상공인들이 노부나가에게 복종했다. 노부나가는 군사력을 앞세우지 않고 사카이를 지배하에 넣었다.

노부나가는 사카이에 관리를 두고 직접 다스렸다. 오쓰大津・구사쓰草津 등과 같은 교통의 요지, 상업의 중심지에도 관리를 두었다. 그러면서 노부나가는 상공업 발전에 장애가 되는 낡은 제도를 과감하게 폐지하고 새로운 제도를 적극적으로 도입했다. 물론 다른 다이묘들도 부국강병 정책을 추진하면서 상공업이 발전할 수 있도록 힘썼다. 하지만 노부나가만큼 적극적이지 않았다. 노부나가는 전통적인 동업조합을 철폐하고 누구나 자유롭게 영업을 할 수 있도록 하는 정책을 추진했다. 이러한 정책은 다른 다이묘들이 선뜻 시행하기 어려운 것이었다.

노부나가의 혁신적인 경제정책은 그가 이세伊勢 북부 지역을 공략하면서 이미 구상했을 가능성이 높다. 노부나가는 일찍부터 상업의 중요성을 알고 있었다. 노부나가는 이미 1563년부터 다른 지역의 상인이 자신의 영지를 자유롭게 왕래하도록 했고, 시장에서 불법으로 세금을 거두는 것을 금지했다. 그 대신에 상인은 반드시 지배지역 내의 시장에 머물도록 하는 정책을 시행했다. 노부나가는 이러한 혁신적인 정책을 추진해서 막대한 재력을 축적할 수 있었다. 근거지를 기후岐阜로 옮긴 노부나가는 1567년 9월 조카마치城下町에 라쿠이치樂市·라쿠자樂座 제도를 시행한다고 포고했다. 그때부터 시장에 오는 모든 상인들은 노부나가의 지배지를 자유롭게 왕래할 수 있게 되었다. 시장에 대대로 거주하던 자들이라도 다른 지역에서 온 상인들의 영업을 방해할 수 없었다.

이세의 북부를 평정한 노부나가는 이세만伊勢湾 북부의 여러 항구를 지배하면서 무역도 장악할 수 있게 되었다. 이세만 무역은 오와리尾張·미카와三河 및 미노美濃 지역의 경제 발전을 배경으로 하면서 교토 주변 지역으로 연결되는 상품유통의 중심지였다. 그런데 이 지역의 상품유통은 특권상인들이 독점하고 있었다. 그들은 사원이나 귀족 가문의 보호를 받으면서 상품을 독점적으로 취급할 수 있는 특권을 보유하고 있었다. 특권상인에 대항해 신흥 상인이 활동하고 있었지만 아직 그들의 힘이 약했다. 노부나가의 혁신적인 정책으로 신흥 상인들의 숙원이 일거에 해결되었다.

노부나가가 이세 남부를 평정하면서 상업의 발달이 더욱 촉진되었다. 1569년 노부나가는 이세 남부를 지배하던 기타바타케씨北畠氏 일족을 제압하고, 그곳을 자신의 아들 오다 노부카쓰織田信雄가 지배하게 했다. 노부나가는 이세 남부의 여러 성을 파괴하고, 신흥 상인들의 왕래를 어렵게 했던 관소도 철폐했다.

당시 교통의 요지에는 어김없이 관소가 설치되어 있었다. 막부·귀족·사원이 설립한 관소도 있었지만, 대부분의 관소는 호족들이 설립한 것이었다. 신흥 상인들의 통행을 방해했던 관소는 호족들이 농민들의 자유로운 이동을 감시하는 초소이기도 했다. 구와나桑名에서 히나가日永에 이르는 16킬로미터에 관소가 60여 개소가 있었다. 관소가 얼마나 범람했는지 알 수 있다.

이세 일대의 관소 철폐는 당시 상당히 혁신적인 정책으로 여겨졌던 것 같다. 『다몬인닛키多聞院日記』에도 노부나가의 관소 철폐로 상인의 왕래가 자유롭게 되었다는 기록이 있다. 노부나가의 관소 철폐는 오미·이세 지역 일대의 상품유통을 독점하고 있던 특권상인들에게 커다란 타격을 안겨주었다. 신흥 상인들이 활약할 수 있는 기반이 마련되었다. 관소의 철폐는 상공업의 발달뿐만 아니라 무기·식량·의류 등 군수품을 대량으로 공급할 수 있는 길을 열었다.

노부나가는 광산의 개발에도 힘을 기울였다. 1568년 다지마但馬의

야마나씨山名氏를 공략한 후, 이쿠노生野(지금의 효고현兵庫県 아사고시朝来市) 은광산을 직할령으로 편입시키고, 부하를 파견해서 관리했다. 야마나씨가 이쿠노 은광산을 관리했을 때는 제련기술이 저급했었다. 그런데 오다 노부나가 시대에 조선에서 회취법灰吹法이라는 제련기술이 도입되었고, 그 후 은의 생산량이 급증했다.

노부나가는 덴쇼오반天正大判이라는 금화를 제조했다고 전한다. 노부나가가 금광산을 경영했다는 기록은 찾을 수 없으나 그가 지배한 미노 지역에 금광산이 있었다. 노부나가가 금화를 제조했다면 미노에서 생산된 금을 원료로 했을 것이다. 덴쇼오반의 표면에는 십량拾兩이라는 글자가 찍혀 있고, 그 밑에는 고토後藤라는 글자와 화압花押, 즉 고토씨의 사인이 새겨져 있다. 고토씨는 에도 시대江戸時代 250년간 금화를 책임지고 제조한 상인 가문이었다. 고토 가문에 전하는 이야기에 의하면, 고토씨의 선조가 오다 노부나가 시대에도 금화를 제조했다고 한다. 그렇다면 덴쇼오반도 고토씨가 제조했을 가능성이 있다.

CHAPTER21. 종교와 문화

section 1. 노부나가와 불교

　노부나가는 불교와 악연이 많았다. 1571년 9월 히에이잔比叡山 엔랴쿠지延曆寺를 불태웠다. 1581년 4월에는 세후쿠지施福寺(지금의 오사카부 이즈미시和泉市)를 공격했다. 세후쿠지가 노부나가의 토지조사 사업에 협력하지 않았다는 이유였다. 4월 21일 노부나가는 부장에게 사원이 있는 마키오산槇尾山을 포위하고 세후쿠지에 속한 모든 건물, 탑, 불경 등을 불태우라고 명령했다.

세후쿠지를 겨누었던 칼날은 고야산高野山의 곤고부지金剛峰寺를 향했다. 노부나가는 호리 히데마사에게 명해 고야산을 포위했다. 천황이 나서서 중재했지만 노부나가는 듣지 않았다. 다음 해 노부나가가 혼노지에서 죽어서 고야산이 잿더미가 되는 것을 면할 수 있었다. 노부나가는 나라奈良에 있는 전통적인 사원도 공격했다. 가장 피해를 많이 입은 것은 정토종의 일파인 잇코종一向宗이었다. 노부나가는 잇코종 문도와 대립하면서 수만 명을 죽였다. 그들은 차마 필설로 형용할 수 없을 만큼 잔인하게 살해당했다. 노부나가는 잇코종 혼간지파의 본산 이시야마혼간지石山本願寺를 빼앗았다.

노부나가는 당시 큰 사원의 승려들이 타락해서 불법을 중히 여기지 않고 악행을 저지르는 행위를 증오했다. 그런데 그런 승려들이 각지의 다이묘나 호족 세력과 연대해 노부나가에 대항했고, 노부나가와 싸우는 다이묘나 호족들을 지원했다. 히에이잔의 엔랴쿠지는 아자이·아사쿠라 가문을 후원했고, 고야산 곤고부지는 노부나가가 보낸 사신을 죽이고, 노부나가를 배반한 아라키 무라시게荒木村重의 잔당들에게 은신처를 제공했다. 또 나라의 고후쿠지興福寺·도다이지東大寺 등의 승병들이 무장하고 노부나가에 대항했다. 그러자 노부나가는 그들을 무자비하게 응징했다. 이러한 노부나가의 행위는 결과적으로 불교를 탄압한 것으로 비쳐졌을 것이다.

하지만 당시 큰 사원 승려들의 행태와 잇코종 문도들의 행동을 살펴

보면 노부나가의 행위를 냉철하게 분석할 수 있을 것이다. 나라의 고후쿠지·도다이지는 고대부터 승병들의 행패가 심했던 사원이었다. 승병들이 무장을 하고 국가권력과 맞서기도 했는데, 그 전통이 전국시대까지 이어졌다. 사원은 넓은 장원을 보유하고, 성곽을 수축하고, 무장을 한 승병들을 거느렸다. 그 세력이 다이묘와 비등했다. 노부나가는 대사원의 승려들이 치안을 어지럽히면서 자신에 맞서는 것을 불쾌하게 여겼다. 특히 잇코종의 문도는 조직적이고도 끈질기게 노부나가에 대항했다. 잇코종 문도 조직인 잇코잇키一向一揆 세력은 노부나가가 가장 두려워한 적이기도 했다. 자신에 대항하는 대사원 승려 조직과 잇코잇키 세력에 대한 두려움이 노부나가로 하여금 보복성 살인을 하도록 했을 것으로 여겨진다.

노부나가의 불교에 대한 태도를 가장 잘 엿볼 수 있는 사건은 아즈치성安土城 조카마치城下町에 있는 정토종 사원 조곤인淨嚴院(시가현 오미하치만시 아즈치초)에서 벌어진 종교논쟁, 즉 아즈치슈론安土宗論이었다. 이것은 1579년 5월 27일 노부나가가 입회한 가운데 법화종法華宗과 정토종淨土宗의 승려가 법 거래, 즉 종교적인 문답을 한 사건이었다.

당시 법화종은 다른 종파의 견해를 무시하고 자신의 종파가 우월하다고 주장하고 있었다. 어느 날 관동 지방 출신의 정토종 승려 레이요靈譽가 아즈치에서 정토종 사상을 전파하고 있을 때, 법화종의 승려가 레이요에게 법 거래를 제안했다. 레이요는 법화종의 고승을 상대하고 싶다고 말했다. 그러자 교토와 사카이에서 쇼치紹智를 비롯한 여러 명의 법화종 승려들이 아즈치로 왔다. 수많은 승려와 신도들이 아즈치로 몰려들었다. 큰 소란이 일어날 것을 염려한 노부나가는 측근을 보내 법 거래를 중지하도록 요구했다. 정토종 측은 노부나가의 요구를 받아들였으나 법화종 승려는 거부했다. 노부나가는 자신이 지켜보는 앞에서 두 종파의 승려들이 논쟁하도록 했다.

노부나가는 난젠지南禪寺의 고승에게 심판관을 맡아달라고 부탁했다. 드디어 종교논쟁이 시작되었다. 정토종의 승려로 아즈치 사이코지西光寺의 주지인 세이요聖譽가 여러 차례 불법에 대한 질문을 했으나 법화종 승려들이 머뭇거리며 명쾌하게 대답하지 못했다. 그러자 좌중에서 웃음이 터졌고, 노부나가의 부하가 법화종 승려들의 가사를 벗겼다. 심판관은 노부나가에게 법 거래에서 정토종이 이겼다고 보고했다. 노부나가는 법화종 승려들을 힐난했고, 종교논쟁에 나섰던 법화종 승려들을 체포해 사형시켰다. 그리고 열석한 법화종 승려들에게 다음과 같이 훈시했다. "요즈음 천하가 소란스러워 무사는 군무에 힘쓰느라 하루도 쉴 날이 없다. 그런데 너희들은 사원을 사치스럽게 꾸미고, 배불리 먹고, 따뜻하게 입고 살면서 공부에 힘쓰지 않는다.『묘법연화경妙法蓮華經』의 묘자도 제대로 알지 못한다. 그 죄가 이보다 더 클 수가 없다. 이후 다른 종파를 비난하지 말라." 노부나가는 논쟁에서 이긴 세이요에게 은화 50매와 감사장을 수여하고, 다시 조곤인에 은화 30매, 심판관을 맡았던 난젠지 고승과 레이요에게 각각 은화 10매를 하사했다.

이러한 사실을 볼 때, 노부나가는 불교 자체를 배척했던 것이 아니었다. 불법을 지키고, 학문에 힘쓰고, 직분에 충실한 승려들을 공경하고 우대했다. 그러나 불법을 지키지 않고, 수행에 힘쓰지 않고, 호의호식하는 승려들을 미워했다. 특히 노부나가는 무장을 하고 정치에 관여하면서 위세를 떨쳤던 대사원의 승려, 역시 무장을 하고 조직적으로 봉건권력에 맞섰던 잇코종 문도, 다른 종파의 교리를 공격하며 사회분란을 조장한 법화종의 승려 등의 행태를 미워했던 것이다.

section 2. 노부나가와 크리스트교

1549년 예수회 소속인 프란시스코 사비에르Francisco Xavier가 규슈의 가고시마鹿兒島에 입항하면서부터 크리스트교가 일본에 전파되기 시작했다. 사비에르는 가고시마의 영주 시마즈 다카히사島津貴久의 허가를 얻어서 전교를 시작했지만, 곧 불교계의 강력한 반발로 전교가 중지되었다. 그러자 사비에르는 교토로 가서 전교의 가능성을 모색했다. 그러나 당시 교토의 정세가 매우 불안했다. 그는 다시 야마구치山口(지금의 야마구치현 야마구치시)로 향했다. 야마구치의 영주인 오우치 요시타카大內義隆는 사비에르에게 매우 호의적이었다. 사비에르는 그곳에 일본 최초의 교회를 세우고 전교를 시작했다. 또 사비에르는 붕고豊後의 후나이府內(오이타현大分県 오이타시)에서도 오토모 요시시게大友義鎭의 보호를 받으며 전교를 했다.

사비에르는 1551년 10월에 일본을 떠났지만, 전교 사업은 다른 선교사들에 의해 계승되었다. 선교사들의 노력으로 붕고의 다이묘 오토모 소린大友宗麟, 히젠肥前의 다이묘인 아리마 하루노부 有馬晴信·오무라 스미타다大

프란시스코 사비에르 초상

村純忠 등이 신도가 되었다. 그 밖에 구로다 조스이黑田如水·고니시 유키나가小西行長·다카야마 우콘高山右近·호소카와 타다오키細川忠興 등도 크리스트교에 귀의한 다이묘들이었다. 그들을 크리스천다이묘라고 한다.

1560년 선교사들은 무로마치 막부의 13대 쇼군 아시카가 요시테루 足利義輝에게 접근해 전교를 허가받았다. 루이스 프로이스Louis Frois를 비롯한 선교사들은 교토를 중심으로 전교 사업을 전개했다. 하지만 전교 사업은 1565년에 쇼군 요시테루가 암살되면서 위기를 맞이했다. 불교 세력이 크리스트교를 공격했다. 선교사들은 교토를 떠나 사카이 堺로 가서 몸을 숨기고 있었다. 1569년에 노부나가가 실권을 장악하자, 선교사들은 노부나가에게 접근했다. 노부나가는 선교사들의 상경을 허락했다. 선교사들은 자주 노부나가를 방문했고, 그때마다 환대를 받았다.

당시 노부나가는 승려들의 전횡을 증오해서 불교의 혁신을 생각하고 있었다. 프로이스와 처음 대면한 노부나가는 "승려들의 못된 생활과 나쁜 습관에 대해 길게 설명"했고, 그 후도 부패하고 타락한 승려들의 생활을 심하게 비판했다. 승려를 증오했던 노부나가였기 때문에 크리스트교에 호의적인 태도를 보였을 수 있다.

노부나가가 크리스트교 전교를 허용하자, 승려들은 물론 전통적으로 불교를 수호하던 조정도 반발했다. 조정은 15대 쇼군에 취임한 아시카가 요시아키足利義昭에게 프로이스를 추방하라고 명령했다. 노부나가의 고문으로 활약하고 있던 승려 아사야마 니치조朝山日乘도 크리스트교 전교를 극력 반대했다. 아사야마는 조정과 노부나가의 연락을 담당하면서 쌍방에서 중용되었던 승려였다. 그는 노부나가의 면전에서 프로이스와 격론을 벌이면서 선교사에게 칼을 겨누기도 했다. 뿐만 아니라 그는 선교사들이 교토에 있었기 때문에 무로마치 막부의 13대 쇼군 요시테루가 암살되었다고 강변하기도 했다. 아사야마는 쇼군 요시아키에게도 거듭 선교사의 추방을 요구했다.

하지만 노부나가는 천황과 아사야마 니치조의 뜻을 어기면서 크리스트교의 전교를 허용했다. 쇼군 요시아키도 노부나가의 눈치를 살피지 않을 수 없었다. 쇼군 요시아키는 "나와 노부나가가 허가장을 발급한 이상 선교사를 추방할 수 없다."는 뜻을 분명히 했다. 하지만 교토 시내에는 한때 선교사를 추방하고 크리스트교 신자의 재산을 몰수한다는 소문이 퍼졌다. 그러자 노부나가는 교토 민중에게 다음과 같이 선언했다. "선교사는 자유롭게 교토에 거주해도 좋다는 쇼군과 나의 허가장을 갖고 있다." 그 후 크리스트교가 공인되었다. 선교사들은 교토에 교회를 설립했다. 일본인은 교회를 남만사南蛮寺라고 불렀다.

크리스트교가 가장 번성한 지역은 규슈였다. 크리스트교 전교는 무역과 밀접하게 관련되어 있었다. 당시 유럽의 구교 국가였던 포르투갈은 다른 세계에 크리스트교를 전파하는 것을 사명으로 여겼다. 그래서 무역선이 정박지를 결정할 때 선교사의 의향에 따르도록 했다. 다이묘가 전교를 허용하지 않는 지역에는 포르투갈의 무역선이 접근하지 않았던 것은 그 때문이었다. 선원들도 육지에 상륙하면 교회에 가서 예배를 드리고 싶어 했다. 선교사들은 무역의 이익을 원하고 있던 다이묘들에게 접근해서 지배 지역 내에서 전교활동을 허용해 줄 것을 요구했다. 다이묘들은 그들의 요구에 응해 크리스트교를 보호하고 무역의 이익을 얻었다.

규슈의 서남단에 있는 히라도平戸에 처음으로 포르투갈의 무역선이 입항한 것은 1550년이었고, 프란시스코 사비에르가 가고시마에서 히라도로 거처를 옮긴 것도 그 무렵이었다. 히라도의 영주인 마쓰라 다카

노부松浦隆信는 포르투갈 무역과 크리스트교 전교의 깊은 관련성에 주목했다. 1555년에는 인도의 교구장에게 자신도 크리스트교 신도가 되고 싶다는 뜻을 전했다. 그때부터 10여 년간 포르투갈의 무역선이 매년 히라도에 입항했다. 그러나 일본인과 포르투갈인 사이에 싸움이 일어났고, 승려들의 반대로 마쓰라 다카노부가 크리스트교의 전교를 금지하고 말았다. 그러자 교회 측은 오무라 스미타다의 영지에 있는 요코세우라橫瀨浦(지금의 나가사키현長崎県 사이카이시西海市 사이카이초)로 기항지를 변경하라는 명령을 내렸다. 포르투갈 무역선이 입항하게 된 요코세우라는 히라도에 대신해 번영했다. 오무라 스미타다大村純忠는 때때로 요코세우라를 방문하기도 했다. 스미타다는 크리스트교에 관심을 보이기 시작했고, 1562년에는 다이묘로서는 처음으로 세례를 받았다. 그 후 크리스트교 전교에 반대하는 소동이 일어나 요코세우라 항구의 치안이 불안해지자, 포르투갈은 같은 오무라령 후쿠다福田(지금의 나가사키현 사세보시佐世保市 후쿠다마치福田町)로 기항지를 옮겼다. 얼마 후 나가사키長崎가 개항하게 되자 포르투갈 선은 나가사키로 내항했고, 그 후 나가사키는 크리스트교의 근거지가 되었다.

노부나가는 선교사를 우대했다. 1571년 상경한 선교사 일행이 기후로 노부나가를 방문했을 때, 노부나가는 그들에게 크리스트교의 교의를 물었다. 선교사들은 노부나가의 질문에 성실하게 대답했다. 그러자 노부나가는 크게 기뻐하고 크리스트교 보호를 약속했다. 노부나가는 향연을 베풀었을 뿐만이 아니라 선교사들이 돌아갈 때 두둑한 여비도 마련해 주었다.

　노부나가가 선교사들을 환대했다는 소문이 퍼지자, 교토 일원의 다이묘와 호족들이 다투어 선교사들을 우대했다. 일본의 최고 실력자 노부나가 크리스트교에 대해 호의적이라는 것을 확인한 선교사들은 규슈로 돌아가서 공격적인 전교활동을 전개했다. 아마쿠사天草(지금의 구마모토현熊本県 아마쿠사시)에만 12개의 교회가 세워졌을 정도였다. 오무라 스미타다의 가신들도 세례를 받았다. 그러자 불교를 신봉하던 민중 중에 크리스트교로 개종하는 자들이 늘어났다. 선교사들은 크게 고무되어 교황청에 선교사의 증파를 요청했다.

　1580년 노부나가는 아즈치성 인근에 선교사들의 거주지를 마련해 주었다. 노부나가가 측근들의 반대를 무릅쓰고 크리스트교를 적극 후원한 것은 단지 호기심 차원이 아니었을 것이다. 아마도 훗날 해외 사정을 잘 알고 있는 선교사들이 갖고 있는 정보를 이용하려고 했을 가능성이 있다.

section 3. 다도 취미

　16세기 중엽부터 문화·경제의 중심 지역이었던 사카이堺·교토·나라奈良의 부유한 상인들 사이에서 다도가 유행했다. 다이묘나 승려들도 다도를 즐기게 되었다. 막부의 쇼군은 물론 다이묘들도 귀빈이 방문했을 때 반드시 차를 대접했다. 차를 전문적으로 달이는 측근이 항상 대기하고 있었다. 노부나가도 다도를 애호했다. 노부나가의 다도 취미는 단지 좋은 차를 평하고, 다도구를 감상하는데 그치지 않고 다도를 여러 방면에 응용했다. 특히 정치적으로 이용했다.

　노부나가는 일찍이 히라테 마사히데平手政秀에게서 다도를 배웠다. 마사히데는 소년 노부나가의 교육을 담당했던 오다 가문의 가로家老였다. 그는 와카和歌에도 조예가 깊었던 교양인이었다. 마사히데가 사망한 후에는 승려 다쿠겐沢彦이 노부나가를 훈육하면서 보좌했다. 다쿠겐은 노부나가가 성인식을 거행할 때 이름을 지어주고, 장차 일본의 패권을 장악할 상서로운 이름이라고 축원한 인물이었다. 승려 다쿠겐도 노부나가에게 다도를 가르쳤을 것으로 여겨진다.

　교토의 귀족은 물론 사카이의 호상들도 노부나가가 다도에 조예가 깊다는 것을 알고 있었다. 노부나가가 교토로 진출하자, 그에게 접근하기 위해서 다도구를 바치는 사람들이 많았다. 마쓰나가 히사히데松永久秀는 중국 당나라 때 제작된 쓰쿠모가미九十九髪라는 명물 다기를 노부나가에게 바쳤다. 사카이의 호상 이마이 소큐今井宗久도 명물로 알려진 차 항아리와 유명한 다인 다케노 조오武野紹鴎가 사용하던 다도구를 진상했다.

명물 다도구를 손에 넣은 노부나가는 기쁨을 감추지 못했다. 1569년 정월 노부나가는 다도에 조예가 깊고, 다도구의 미적 가치를 평가할 수 있는 심미안을 갖춘 측근 마쓰이 유칸松井友閑에게 가라모노唐物, 즉 중국에서 수입된 다기를 중심으로 이름난 다도구를 수집하라고 명령했다. 마쓰이 유칸이 수집 목록을 작성해서 값을 산정하면 노부나가의 충직한 부장 니와 나가히데丹羽長秀가 대금을 지불하고, 손에 넣은 다도구를 노부나가에게 전달했다. 노부나가는 명물 다도구를 수집하기 위해 막대한 재물을 아낌없이 썼다.

마쓰이 유칸과 니와 나가히데는 우선 교토의 호상과 사원이 소유하고 있는 명물 다기를 수집했다. 1570년에는 사카이의 호상이 소유하고 있는 명물 다기를 손에 넣었다. 이때 사카이의 호상 쓰다 소큐津田宗及가 노부나가의 명물 다기 수집에 앞장섰을 것으로 여겨진다. 노부나가의 명물 다도구 수집 '작전'으로 전국에서 소문난 명물 대부분이 노부나가의 소유가 되었다.

노부나가는 명물 다도구를 유명한 다인들에게 보여주기 위해 때때로 다회를 열었다. 1574년에는 교토의 쇼코쿠지相国寺에서 성대한 다회를 열었다. 1575년 10월에는 묘코지妙光寺의 서원에 그동안 수집한 명물 다도구를 진열해 놓고 사카이의 다인 17명을 초청해 다회를 열었다. 이때 다도의 명인 센노 리큐千利休에게 차를 달이게 했다. 리큐는 노부나가에게 중용되었고, 도요토미 히데요시 시대에 이름을 드날리게 되었다.

노부나가는 손에 넣은 천하의 명기와 명품을 가신들에게 분배하기도 했다. 아즈치성安土城이 완공되자, 그 건축 책임을 맡았던 니와 나가히데와 하시바 히데요시에게 명물 족자를 하사했다. 주군이 가신에게 이런 명물을 하사한다는 것은 무상의 영광으로 받아들여졌다. 1577년 히데요시가 다지마但馬·하리마播磨를 공략하고 아즈치성에서 노부나가를 알현했을 때, 노부나가는 전공을 치하하며 명물로 알려진 찻물을 끓이는 솥을 하사했다. 『신초코키』에는 노부나가가 공로를 세운 자에게 차도구를 하사했다고 하는 기사가 적지 않게 보이는데, 명물을 하사받은 가신들은 금·은이나 영지를 하사받은 것보다 더욱 영광스럽게 여겼다. 노부나가는 다케다武田 가문을 멸망시키는 데 큰 공을 세운 다키가와 가즈마스滝川一益에게 관동 지방의 넓은 영지를 수여했다. 그런데 가즈마스는 명물 다기를 하사받지 못한 것을 매우 유감스럽게 생각했다. 다도구의 하사는 훈장이나 신임장과 같은 역할을 했음을 알 수 있다. 또 노부나가는 여러 장수 중에서 특히 공적이 있는 자를 거성으로 불러 다회를 열었는데, 그 자리에 초대 받은 자들은 무상의 영예로 여겼다. 히데요시가 방면군 사령관이 되어 처음으로 주군 노부나가가 개최한 다회에 초대되었다. 그때 히데요시는 너무 감격해 한없는 눈물을 흘렸다.

다도는 노부나가가 호상들과 교류하는데도 더없이 좋은 수단이었다. 노부나가는 때때로 사카이까지 가서 이마이씨 일족인 소쿤宗薫·소큐宗久 등 유명한 다인들과 교류했다. 『야마노우에소지키山上宗二記』에 따르면, 소큐는 60여 종의 명물을 소유했다. 당시에는 명물을 1~2점만 소유해도 유명한 다인으로 불렸다. 그만큼 이마이씨 일족은 유명한 다인이었다. 그들은 해외무역에 종사하며 막대한 재산을 모은 호상이었다. 생활이 호화로운 것은 말할 것도 없고 고상한 풍류도 즐기고 있었다. 이들 다인들은 귀족이나 유력한 다이묘들과 교류하고 있었기 때문에 아무리 노부나가라고 해도 무시할 수 없는 존재였다. 실제로 노부나가에게 중용된 다인 센노 리큐는 귀족·다이묘 사이를 왕래하면서 중요한 교섭의 실마리를 마련하는 일을 했다.

다도를 즐기려면 다양한 취미를 갖지 않으면 안 되었다. 다회가 열리는 다실에는 꽃이 장식된다. 그 당시에 유행한 꽃꽂이 형식은 꽃나무를 큰 항아리에 보기 좋게 꽂아 놓는 릿카立花였다. 다인들은 꽃꽂이를 감상하는 안목이 있어야 했다. 또 다실에는 도자기나 그림이 장식되었다. 다인들은 차를 마시며 골동품이나 그림을 감상했다. 실제로 다인이 골동품이나 귀중한 그림을 손에 넣었을 때, 그것을 감상하기 위해 다회를 여는 경우가 많았다. 또 차를 음미하면서 향내음을 맡는 모임도 있었다. 요컨대, 다도 취미에서 명물 수집 취미로 들어가고, 나아가 골동품이나 고미술품을 감상하는 취미 또는 꽃꽂이나 향도 취미로 발전하는 것이 일반적이었다. 노부나가도 예외가 아니었다.

『신초코키』에 다음과 같은 이야기도 전한다. 1574년 2월 노부나가는 나라奈良 도다이지東大寺 쇼소인正倉院에 있는 향목香木을 갖고 싶다고 조정에 주청했다. 이 향목은 다도에 심취했던 무로마치 막부 8대 쇼군 아시카가 요시마사足利義政가 일부 잘라서 받은 전례가 있었다. 하지만 그것은 막부의 쇼군이라고 해도 함부로 손을 댈 수 없는 보물이었다. 그럼에도 천황은 노부나가의 주청을 거절하지 못했다. 칙사를 나라에 파견해 쇼소인의 향목을 꺼내도록 명령했다. 노부나가가 직접 나라까지 가서 그 향목을 받아 한 치 여덟 푼을 잘라 갖고 나머지는 즉시 쇼소인에 반납했다. 교토로 돌아온 노부나가는 그중의 일부를 조정에 헌납하고 나머지는 부장들에게 조금씩 나누어주었다.

section 4. 스모 장려

서민의 대표적인 오락으로 스모相撲를 들지 않을 수 없다. 고대에는 천황의 궁전에서 스모대회가 열렸다. 가마쿠라 시대鎌倉時代의 역사를 기록한 『아즈마카가미吾妻鏡』에는 막부를 설립한 미나모토노 요리토모

源賴朝도 스모를 좋아해 쓰루오카하치만鶴岡八幡 신사에서 의례를 집행할 때 스모 대회를 열었다는 기록이 보인다.

13세기 중엽 가마쿠라 막부의 5대 싯켄執権 호조 도키요리北条時頼도 상무정신을 드높이는 수단으로 스모를 장려했다. 하지만 무사들은 스모에 관심이 없었다. 심지어 스모를 하라는 명령을 따르지 않고 사퇴하거나 모습을 감추는 자들도 있었다. 도키요리는 이런 풍조를 유감으로 생각했다. 그래서 스모를 기피하는 자는 관직에 임명하지 않겠다고 선언하기도 했지만 큰 효과를 보지 못했다.

무로마치 시대室町時代가 되면서 상무의 기풍이 더욱 쇠퇴했다. 긴 태평시대가 지속되면서 사치풍조가 만연했다. 특히 15세기 중엽 막부의 8대 쇼군을 지낸 아시카가 요시마사는 정치를 돌보지 않고 유예遊藝에 심취했다. 그러자 무사들 사이에 고상한 취미를 쫓는 것이 유행했다. 무사들은 더욱 스모에 관심이 없었다. 막부가 무사가 지녀야 할 예능의 하나로서 스모를 장려하기도 했지만, 무사들이 관심을 갖지 않는 분위기 속에서 스모가 진흥될 리 만무했다.

전국시대에 이르러 스모가 다시 각광을 받게 되었다. 특히 오다 노부나가가 스모를 좋아했다. 노부나가는 스모를 잘하는 장사들을 불러서 재주를 겨루게 했다. 승리자에게 상을 내리고 가신단에 편입시키는 특혜를 주기도 했다. 노부나가야말로 스모를 부흥시킨 장본인이라고 할 수 있었다. 특히 노부나가는 스모를 단지 유희로 즐겼던 것이 아니라 무예를 연마하고 용기를 기르는 수단으로 활용하고자 했다는 점이 주목된다.

1570년 3월 노부나가는 오미近江(지금의 시가현滋賀県) 지역에서 스모를 잘하는 장사들을 조라쿠지常楽寺로 불러 대회를 열었다. 노부나가는 스모 대회에서 우승한 자를 직접 불러 큰 칼과 작은 칼을 하사하고 즉석에서 가신으로 채용했다. 가신 중에서 스모를 잘하는 후카오 마타지로深尾又次郎라고 하는 자에게 상으로 의복을 하사하기도 했다.

1578년 2월 노부나가는 오미 지역에서 스모를 잘하는 자 300여 명을 다시 아즈치성安土城으로 불러 대회를 열었다. 그중에서 다시 스모를 잘하는 자 23명을 선발해 스모 경기를 시키고 각각 부채를 상으로 내렸다. 같은 해 8월에는 교토와 그 주변 지역의 장사 1,500여 명을 아즈치성으로 불러 아침 7시경부터 저녁 5시경까지 경기를 하게 했다. 이때도 10여 명을 가신으로 임명해 스모를 연마하도록 했다.

당시에도 스모를 전문으로 하는 자들이 있었으나 대회에 참가한 자들의 대부분은 가신의 부하들 중에서 힘이 센 자들이 출전했다. 스모 방식도 오늘날의 그것과 많이 달랐다. 도효土俵라는 객석보다 높이 설치한 씨름판이 없었고 경계선도 없었다. 넓은 마당에서 상대가 쓰러질 때까지 경기를 했다. 그러니까 경기 방식도 오늘날과 달랐다. 경계선이 없었기 때문에 밀어내기 기술이 없었다. 마치 한국의 씨름과 같이 상대방을 잡아서 쓰러뜨리는 기술이 주종을 이루었다.

1578년 10월 5일 노부나가는 다시 스모 선수들을 교토京都의 니조성二条城으로 불러 대회를 열었다. 이때 귀족들도 초청해 관람하도록 했다. 1579년 8월에 오미 지역의 스모 선수를 아즈치성으로 불러 경기를 하도록 했다. 이때 반 쇼린伴正林이라는 19세 청년이 우승하자 노부나가는 그를 가신으로 임명했다. 1580년 5월에도 오미 지역의 장사를 아즈치성으로 불러 경기를 하도록 하고 우승자에게 금·은 또는 영지를 하사했다.

노부나가 덕분에 스모를 전문으로 하는 장사들이 육성되었다. 에도시대江戸時代 다이묘들 중에서도 스모를 보호하고 육성하는 자들이 있었다. 여러 다이묘들이 스모를 잘하는 장사를 가신으로 등용하고 봉록을 주어 무사 신분으로 대우했다. 민중도 스모를 즐기게 되었다. 스모가 민중 사이에 인기 있는 오락으로 자리를 잡자, 여러 사원에서 이런 분위기를 이용했다. 신사나 사원의 건립이나 수리에 필요한 비용을 충당하기 위해서 스모 대회를 열었다. 흥행을 목적으로 하는 스모 대회를 간진스모勸進相撲라고 했다.

스모대회장에서는 싸움이 잦았고 부상자도 발생했다. 대회장의 질서를 유지하고 흥행주를 통제할 수 있는 조직이 필요하게 되었다. 그래서 17세기 말에는 스모 선수 출신들로 구성된 단체가 조직되었고, 스모 선수 양성소인 스모베야相撲部屋가 설립되었다.

CHAPTER22. 혼노지 변의 원인

아케치 미쓰히데明智光秀는 왜 주군인 오다 노부나가를 죽였을까? 미쓰히데가 거병을 결심하게 된 이유는 무엇일까? 엄청난 일을 미쓰히데 혼자 감행했을까? 다른 공모자는 없었을까? 천황과 귀족이 뒤에서 미쓰히데를 조종했을 가능성은 없었을까? 혼노지本能寺 변 직후부터 수많은 추측이 난무했다.

1582년 6월 2일 새벽 아케치 미쓰히데가 오다 노부나가를 기습한 다음부터 6월 13일 교토 인근의 야마자키山崎 전투에서 하시바 히데요

시羽柴秀吉에게 패배해서 도망하던 중 농민들에게 살해될 때까지 12일
간의 행적을 추적해보면, 미쓰히데가 다른 세력과 공모했다거나 치밀
한 계획을 세우고 거병한 것 같지는 않다. 미쓰히데를 편드는 세력이
전혀 없었다. 설령 미쓰히데를 뒤에서 후원하는 세력이 있었다고 해도
그들이 움직일 틈이 없었을 가능성이 있다. 하시바 히데요시가 전광석
화 같이 빠른 작전을 전개했기 때문이다.

16세기 말부터 오늘날에 이르기까지 300년이 넘게 여러 관점에서
아케치 미쓰히데의 모반 원인에 대한 의견이 개진되었다. 그동안 제기
된 50여 가지의 설을 크게 미쓰히데 단독으로 거병했다는 설, 주범이
따로 있었다는 설, 천황과 귀족이 배후에 있었다는 설 등으로 분류할
수 있다.

단독범행설은 다시 미쓰히데가 노부나가를 제거하고 자신이 일본의
패자가 되려고 했다는 야망설, 우발적 거병설, 노부나가가 평소에 미쓰
히데에게 굴욕감을 안겨주었고 그것이 거병의 이유가 되었다는 원한
설, 하시바 히데요시와 경쟁에서 밀리자 초조한 마음으로 거병을 결심
했다는 설, 원한설과 우발적 거병설의 혼합설 등으로 세분할 수 있다.
그중에서 인구에 가장 많이 회자된 것이 원한설이었다.

원한설의 근원이 된 것은 가와스미 사부로에몬川角三郎右衛門이 썼다
고 알려진 『가와스미타이코키川角太閤記』의 혼노지 변 기록이다. 그 내

용은 대략 다음과 같다. 1582년 5월 15일 도쿠가와 이에야스德川家康가 아즈치성安土城에 있는 노부나가를 예방했다. 노부나가는 이에야스를 위해 잔치를 베풀 준비를 했고, 그 책임자로 아케치 미쓰히데를 임명했다. 노부나가는 잔치 준비를 점검하기 위해 아케치 미쓰히데의 숙소에 들렀다. 그때 생선 썩은 냄새가 노부나가의 코를 찔렀다. 그러자 노부나가는 이런 재료로 이에야스를 대접할 수 없다고 크게 화를 냈다. 노부나가는 즉시 미쓰히데를 잔치 준비 책임자에서 해임하고 그 자리에 호리 히데마사堀秀政를 임명했다.

『가와스미타이코키』에 기록된 이야기는 마치 진실인 것처럼 널리 퍼졌다. 물론 이에야스가 아즈치성으로 노부나가를 예방한 것, 잔치 준비 책임자로 미쓰히데가 임명된 것은 사실이었다. 노부나가의 가신 오타 규이치太田牛一가 쓴 『신초코키信長公記』에도 기록되어 있다. 하지만 신초코키에는 아케치 미쓰히데가 잔치를 준비하면서 교토京都와 사카이堺에서 진귀한 재료를 조달했고, 잔치가 15일부터 17일까지 3일간 열렸다고 기록되어 있다. 16세기 후반에 일어난 일을 기록한 『도다이키当代記』에도 도쿠가와 이에야스가 아즈치성을 방문해서 융숭한 대접을 받았다고 기록했다. 참고로 『신초코키』와 『도다이키』는 매우 신빙성이 높은 사료로 연구자들도 활용하는 문서인데, 이 사료 어디에도 노부나가가 미쓰히데에게 크게 화를 냈고, 그래서 미쓰히데가 원한을 품었다는 대목이 없다. 오히려 화기애애한 분위기 속에서 잔치가 벌어졌던 것 같다. 그렇다면 잔치 준비 과정에서 미쓰히데가 수모를 당했다는 이야기는 혼노지 변 이후에 꾸며낸 이야기일 가능성이 높다고 할 수 있을 것이다.

그러나 앞에서도 언급했듯이, 노부나가의 미쓰히데 폭행설이 아주 근거가 없는 낭설이라고 단정할 수는 없다. 노부나가가 밀실에서 미쓰히데를 폭행했고, 우연히 그 현장을 직접 본 여성이 있었다는 이야기도 전해지고 있다. 노부나가의 성격이나 그동안의 행태로 보았을 때, 누구라도 노부나가라면 아케치 미쓰히데를 폭행하고도 남을 위인이라고 믿고 싶었을 것이다. 그래서 오늘날까지 원한설이 끈질기게 제기되고 있다고 할 수 있다.

또 다른 원한설의 소재가 되었던 것은 적의 인질로 잡혀있던 아케치 미쓰히데의 모친이 죽임을 당했는데, 그 원인이 노부나가의 배신 때문이었고, 그래서 미쓰히데가 원한을 품게 되었다는 이야기이다. 이 이야기는 1702년에 도야마 노부하루遠山信春가 쓴 『오다군키織田軍記』에 기록되어 있다. 이 책에 따르면, 1579년 5월 아케치 미쓰히데가 단바丹波의 동부 지역을 공략했다. 그때 하타노 히데하루波多野秀治 일족이 야카미성八上城에서 저항했다. 아케치 미쓰히데는 하타노 형제가 노부나가에 항복하면 단바 지역의 지배권을 보장하겠다고 약속했다. 미쓰히데가 모친을 인질로 야카미성으로 들여보내자 하타노 일족이 항복했고, 하타노 히데하루와 그 일족이 아즈치성으로 압송되었다. 그런데 노부나가는 하타노씨 일족을 죽였다. 그 소식을 들은 야카미성의 하타노씨 가신들이 미쓰히데의 모친을 사형에 처했다. 노부나가는 일선 사령관인 아케치 미쓰히데가 하타노 일족에게 한 약속을 무시했고, 그 결과 미쓰히데의 모친이 죽게 된 것이다. 그러자 미쓰히데는 자신의 입장을 전혀 고려하지 않은 노부나가를 원망하게 되었다고 기술하고 있다. 단바 지방에 전해지는 이야기를 사건이 일어난 지 130여 년이 지난 후에 기록한 이야기이나 전혀 사실과 무관한 낭설이라고 단정할 수 없을 것 같다.

앞에서 이미 언급했지만, 아케치 미쓰히데는 이나바 잇테쓰稻葉一鉄의 가신이었던 사이토 도시미쓰斎藤利三라는 무사를 부하로 거느린 적이 있었다. 훗날 이나바 잇테쓰가 오다 노부나가에게 복속한 후, 노부나가에게 지난 날 자신의 가신이었던 사이토 도시미쓰를 아케치 미쓰히데가 거느리는 것은 온당하지 않으니 자신에게 돌아올 수 있게 해달라고 청원했다. 노부나가는 잇테쓰의 청을 받아들였다. 노부나가는 아케치 미쓰히데에게 사이토를 옛 주인에게 돌려주라고 명령했다. 그러나 미쓰히데는 이런저런 이유를 들어 노부나가의 명령에 따르지 않았다. 그러자 화가 난 노부나가는 미쓰히데의 얼굴을 때려 상처를 입히고, 상투를 잡아 내동댕이쳤다고 한다. 이 사건은 『조쿠무샤모노가타리続武者物語』와 『이나바가후稲葉家譜』에 상세하게 기록되어 있다. 특히 노부나가가 미쓰히데를 때리는 장면이 매우 구체적으로 묘사되어 있다. 그 내용은 다음과 같다. "질책하며 직접 손으로 미쓰히데의 머리를 두세 번 때렸다. 미쓰히데는 머리털이 적어서 가발을 쓰고 있었는데,

노부나가에게 맞으며 그것이 바닥에 떨어졌다. 미쓰히데는 그것을 깊이 원망했다. 반역의 원인은 바로 여기에서 기인했다." 물론 이것도 훗날 꾸며낸 이야기일 수 있다. 하지만 전혀 사실이 아니라고 단정할 근거 또한 없다.

이런 이야기도 전한다. 일본에서도 일찍부터 경신일庚申日에 밤을 새우는 풍속이 정착되었다. 1582년 5월 다케다씨가 멸망하는 것을 확인하고 돌아온 노부나가는 경신일을 맞이해서 측근들과 20여 명의 부장들을 거느리고 성대한 잔치를 베풀었다. 밤이 깊어지자 배우들이 춤을 추었다. 그때 아케치 미쓰히데가 슬며시 자리에서 일어났다. 그러자 노부나가가 외쳤다. "야! 귤대가리, 왜 자리에서 일어나는 거야? 그 대가로 모가지를 내놓을 테냐?" 노부나가는 말이 끝나자마자 창을 들어 미쓰히데의 목을 겨눴다. 미쓰히데는 이런저런 변명을 했지만 노부나가는 끝내 용서하지 않았다. 미쓰히데는 말로 표현할 수 없는 수치심을 느꼈고, 그때 모반을 결심했다고 전한다. 이 이야기는 『조쿠샤모노가타리』를 비롯한 여러 책에 기록되어 있다.

노부나가의 차가운 성격이 모반의 실마리가 되었다는 가장 전형적인 이야기가 홋케지法華寺 사건이었다. 1582년 3월 다케다씨 공략이 일단락되었을 때, 오다 노부나가가 다케다 가문의 본거지로 향했다. 노부나가는 신슈信州의 스와諏訪에 있는 홋케지에 머물렀다. 그때 아케치 미쓰히데가 노부나가에게 다케다씨 공략이 순조롭게 진행되고 있는 것을 경하했다. 그리고 다음과 같이 말을 이었다. "이번의 승리는 우리들이 애썼던 보람이 있습니다. 이제 스오 지역 사람들이 모두 주군의 병사가 되었습니다." 그러자 노부나가가 미쓰히데에게 "너는 어디에서 힘들여 무공을 세웠느냐?"고 말하며 미쓰히데의 머리를 잡고 난간에 부딪쳤다. 미쓰히데는 여러 사람 앞에서 참기 어려운 굴욕을 당했고, 이 사건이 미쓰히데가 모반하게 된 계기가 되었다고 전한다.

아케치 미쓰히데가 다른 사람과 공모해서 노부나가에게 반기를 들었다는 설도 끊임없이 제기되었다. 다카사카 마사노부高坂昌信가 저술한 『고요군칸甲陽軍監』에 다음과 같은 기록이 있다. 1582년 2월경에 아케치 미쓰히데와 다케다 가쓰요리武田勝賴가 함께 오다 노부나가를 치기로 약속했다. 그러나 노부나가의 장남 오다 노부타다織田信忠의 군대가 너무 빨리 다케다씨 영지를 점령했고, 쫓기던 다케다 가쓰요리가 자결하면서 계획이 실행되지 않았다. 이 이야기 또한 훗날 창작된 것으로 여겨진다.

아케치 미쓰히데가 조정의 귀족 고노에 사키히사近衛前久와 공모해서 모반을 했다는 이야기는 혼노지 변 직후에 제기되었다. 그래서 많은 사람들이 이 설을 믿었다. 실제로 아케치 미쓰히데가 야마자키 전투에서 패사한 후, 1582년 6월 20일 노부나가의 3남 오다 노부타카織田信孝가 고노에 사키히사 체포령을 내렸다. 당시 이미 사키히사가 혼노지 변의 공모자라는 소문이 널리 퍼졌다는 것을 알 수 있다. 얼마 후 하시바 히데요시羽柴秀吉도 고노에 사키히사의 소지품을 철저히 검사하도록 명령했다. 그러나 끝내 고노에 사키히사와 아케치 미쓰히데가 공모했다는 증거를 찾아내지 못했다.

천황과 조정의 귀족들이 배후에서 아케치 미쓰히데를 부추겼고, 그 결과 미쓰히데가 노부나가를 배반하게 되었다는 설 또한 끊임없이 제기되었다. 당시 노부나가는 오기마치 천황正親町天皇과 사이가 좋지 않았다. 노부나가의 권세가 이미 하늘을 찌르고 있었다. 1581년 9월 노부나가는 오기마치 천황이 양위해야 한다고 압박했다. 연호를 개정하라고 요구하기도 했다. 노부나가의 안하무인적인 태도에 천황과 귀족들이 한껏 위축되어 있었다.

천황과 조정은 노부나가의 기색을 살피지 않을 수 없었을 것이다. 그렇다면 소위 삼직추임三職推任은 천황과 귀족 측이 스스로 제안한 것일 수도 있을 것이다. 하지만 이 사건은 노부나가의 압력에 의한 것이었을 가능성도 있었다. 그렇다면 노부나가는 침묵하면서 조정의 분위기를 살폈을 것이다. 천황과 귀족이 노부나가의 속내를 모를 리 없었다. 가능하다면 노부나가를 제거하고 싶었을 것이다. 노부나가와 조정 간의 팽팽한 긴장감이 아케치 미쓰히데의 모반에 어떤 식이든 영향을 미쳤을 것이라는 추측을 자아냈고, 이것이 조정 배후설로 굳어졌을 것이다.

정리하자면, 아케치 미쓰히데의 모반 원인설 중에서 인구에 가장 많이 회자된 것이 원한설이었다. 그밖에도 빠르게 출세하는 하시바 히데요시에 대한 초조감 때문이었다는 설, 오랫동안 섬긴 부하를 용서 없이 처단하는 노부나가의 태도를 보고 장래에 대한 불안감을 느꼈기 때문이라는 설, 천황 위에 군림하려는 노부나가의 야망을 저지하기 위해서였다는 설, 미쓰히데 자신이 천하를 쟁취하기 위해서였을 뿐이라는 설 등이 제기되었다. 하지만 이제까지 제기된 어떤 설도 설득력이 결여되어 있다.

등장인물 사전

가나모리 나가치카(1524~1608) : 오다 노부나가와 도요토미 히데요시를 연이어 섬겼다. 1600년 세키가하라 전투 때에는 도쿠가와 이에야스 편에서 싸웠다. 다인으로도 명성이 높았다.

가노 에이토쿠(1543~1590) : 당대 최고의 장벽화障壁畵 화가. 노부나가의 명령으로 아즈치성 내부의 벽과 장지문에 그림을 그렸다. 훗날 도요토미 히데요시를 섬겼다.

간베 도모모리(?~1600) : 이세 지방 간베성 성주. 노부나가의 3남 노부타카를 양자로 들이는 형식으로 노부나가에게 항복했다.

구키 요시타카(1542~1600) : 원래 시마志摩 지역의 해적 출신. 노부나가의 명으로 대포를 장착한 대형 군함 6척을 건조했고, 1578년 11월 군함을 이끌고 오사카 앞바다에서 모리毛利 가문의 수군과 싸워 이겼다. 혼노지의 변 후에는 도요토미 히데요시를 섬겼고, 임진왜란 때 조선 침략에 기여했다.

나카가와 기요히데(1542~1583) : 한때 종형제 아라키 무라시게를 따랐으나, 무라시게가 노부나가를 배반한 후, 무라시게와 결별하고 노부나가를 섬겼다. 노부나가가 사망한 후에는 도요토미 히데요시를 섬겼으나 시즈가타케 전투에서 전사했다.

니와 나가히데(1535~1585) : 소년 때부터 노부나가를 섬겼다. 외교, 행정, 건축 등 모든 면에서 능력을 발휘하며 노부나가 권력 형성에 크게 기여했다. 노부나가가 사망한 후, 도요토미 히데요시를 섬기는 굴욕을 감수했다.

다케다 가쓰요리(1546~1582) : 다케다 신겐의 4남. 신겐이 병사한 후 당주의 지위를 승계했다. 용장으로 이름을 날렸으나 지략이 부족했다. 1575년 나가시노 전투에서 오다·도쿠가와 연합군에게 대패하면서 몰락의 길을 걸었다.

다케다 노부자네(1544~1575) : 다케다 신겐의 동생. 1575년 나가시노 전투에서 전사

다케다 노부쓰나(?~1582) : 다케다 신겐의 동생. 1582년 오다 노부타다가 다케다 가문을 공략할 때 살해되었다.

다케다 신겐(1521~1573) : 가이甲斐의 슈고守護 다케다 노부토라武田信虎의 아들. 1541년 부친을 추방하고 권력을 장악했다. 용장과 지장의 풍

모를 겸비한 다이묘로 알려진 인물.

다키가와 가즈마스(1525~1586) : 오미近江 지방 출신으로 일찍이 노부나가를 섬겼다. 1574년 나가시마長島 공략 후 이세 북부의 5개 군을 지배하면서 노부나가 군단 내에서 가장 강력한 유격군 군단을 이끌었다. 시즈가타케 전투 때 시바타 가쓰이에 편에 섰으나 곧 도요토미 히데요시에게 항복했다.

도쿠가와 이에야스(1542~1616) : 마쓰다이라 히로타다松平広忠의 아들로 어린 나이에 오다·이마가와 가문의 인질로 잡혀 생활했다. 오케하자마 전투 후, 이마가와씨의 인질에서 해방되어 고향으로 돌아왔고, 그 후 오다 노부나가와 동맹을 맺은 후 20여 년간 노부나가의 충실한 동반자였다. 혼노지의 변 후, 한때 도요토미 히데요시에 맞섰으나 곧 히데요시에 복종하면서 실력을 쌓았다. 1598년 히데요시가 사망한 후 독자적인 권력을 형성해 1603년에 에도 막부江戸幕府를 세웠다.

롯카쿠 요시카타(1521~1598) : 간온지성에 근거지를 두고 오미 지방 남반부를 지배한 다이묘. 처음에는 미요시 일족, 아자이 나가마사 등과 연합해서 노부나가에게 맞섰으나 1570년에 노부나가에게 항복했다.

마에다 도시이에(1538~1599) : 일찍이 노부나가의 측근이 되어 전장에서 활약했다. 전공을 세워 1581년에는 노토能登 지방을 다스리는 다이묘가 되었다. 노부나가가 사망한 후에는 히데요시를 섬겼다. 히데요시가 도시이에를 우대해서 카가 지방 100만 석을 영유하는 다이묘의 기틀을 마련했다.

마쓰나가 히사히데(1510~1577) : 미요시 나가요시를 섬겼다. 1555년 나가요시가 사망한 후, 미요시 일족과 함께 무로마치 막부의 13대 쇼군 아시카가 요시테루를 암살했다고 알려졌다. 1567년에는 쓰쓰이 준케이와 싸워 나라奈良 도다이지東大寺의 대불전을 불태웠다고 알려졌다. 1568년에 노부나가에 항복했으나 1577년에 노부나가를 배반했다.

마쓰다이라 노부야스(1559~1579) : 도쿠가와 이에야스의 장남. 오다 노부나가의 사위. 노부나가는 노부야스가 다케다 가쓰요리와 내통했다고 의심했고, 급기야 이에야스에게 스스로 장남을 죽이라고 명령했다. 이에야스는 노부나가에 저항하지 못하고 자신의 처와 장남을 죽여야 했다.

무라이 사다카쓰(?~1582) : 오다 노부나가의 가신으로 교토쇼시다이京都所司代에 임명되어 민정을 담당했다. 혼노지의 변 때 오다 노부타다와 함께 니조성에서 전사했다.

모리 란마루(1565~1582) : 본명은 모리 나리토시森成利. 모리 요시나리

森可成의 3남. 일찍이 노부나가를 섬겼다. 노부나가의 총애를 입어 항상 노부나가의 옆에서 시중을 들었다. 혼노지의 변 때 전사했다.

모리 신스케(?~1582) : 오다 노부나가의 가신. 오케하자마 전투에서 적장 이마가와 요시모토의 목을 벤 것으로 유명하다.

미무라 모토치카(?~1575) : 빗추備中 마쓰야마松山 성주. 한때 모리씨와 손을 잡았으나 1573년부터 모리씨와 적대함. 1575년 6월 모리씨 일족이 마쓰야마성을 공격하자 이기지 못하고 자결함

미요시 나가요시(1523~1564) : 무로마치 막부의 간레管領 가문인 호소카와씨細川氏의 집사로 있으면서 실권을 행사했으나 만년에 마쓰나가 히사히데에게 실권을 빼앗겼다.

미요시 야스나가(생몰 미상) : 미요시 나가야스三好長安의 아들. 미요시 나가요시의 숙부. 1576년 4월 노부나가군에 편성되어 이시야마혼간지 공격에 동원되었다. 1582년 2월에는 노부나가의 시코쿠 정벌 준비에 앞장섰다. 훗날 도요토미 히데요시를 섬겼다.

미요시 요시쓰구(1549~1573) : 미요시 가문 최후의 당주. 미요시씨 일족과 마쓰나가 히사히데가 대립하자 히사히데의 편에 서서 행동을 함께 했다. 15대 쇼군 아시카가 요시아키와 노부나가가 대립하자, 쇼군

요시아키의 편에 섰다. 쇼군 요시아키가 추방된 후 노부나가군과 싸우다 몰려서 자결했다.

미즈노 노부모토(?~1576) : 미카와三河 가리야성 성주. 도쿠가와 이에야스의 인척으로 오다 노부나가를 섬겼고, 오케하자마 전투 후에 노부나가와 이에야스의 동맹을 주선했다. 1575년 12월 다케다씨와 내통했다는 죄목으로 노부나가에 의해 죽임을 당했다.

미즈노 타다시게(1541~1600) : 원래 오다 노부나가와 도요토미 히데요시를 번갈아 섬겼으나 훗날 도쿠가와 이에야스의 가신이 되었다.

바바 노부하루(생몰 미상) : 다케다 신겐의 가신. 다케다 가문의 사천왕四天王의 한사람으로 불렸던 맹장. 1575년 나가시노 전투에서 전사

벳쇼 나가하루(?~1580) : 1578년 하시바 히데요시가 모리씨를 공격할 때, 모리씨의 편에 서서 오다군에 저항했다. 2년여 동안 농성했지만 하시바 히데요시의 포위 공격을 견디지 못하고 식량이 바닥나자 항복했다. 1580년 정월 17일 자결했다.

사이토 다쓰오키(1548~1573) : 사이토 요시타쓰의 아들. 어린 나이에 당주의 지위를 승계했다. 1567년 노부나가가 이나바야마성을 공격하자 이세 나가시마로 도망했다.

사이토 도산(?~1556) : 하극상 시대의 상징적인 인물. 오다 노부나가의 장인. 원래 기름 장수였으나 차례로 주군 가문을 멸망시키고 광대한 미노 지방을 다스리는 다이묘로 성장했다. 하지만 후계자 선정을 둘러싸고 장남 요시타쓰와 싸우다 전사했다.

사이토 요시타쓰(1527~1561) : 사이토 도산의 장남. 인심을 잃은 사이토 도산이 권좌에서 물러난 후 당주의 지위를 계승했다. 그의 친부는 사이토 도산이 아니고 슈고 도키 요리노리土岐頼芸라고 알려졌다. 1556년 4월 나가라가와 전투에서 부친 사이토 도산을 물리쳤다.

삿사 나리마사(?~1588) : 노부나가의 친위대 우마마와리馬廻 출신. 노부나가를 따라 전쟁터를 전전하며 공을 세워 1580년 엣추越中 지역을 다스리는 다이묘가 되었다. 노부나가가 사망한 후, 도요토미 히데요시를 섬겨서 히젠肥前 지역의 다이묘가 되었으나 반란 세력을 다스리는 데 실패해서 영지가 몰수되었다.

사카이 타다쓰구(1527~1596) : 도쿠가와 이에야스의 가신. 역전의 용장이면서 정치적 수완도 있었던 인물로 이에야스를 빈틈없이 보좌했다. 도쿠가와 가문 사천왕四天王의 한 명

사쿠마 노부모리(?~1581) : 노부나가의 중신으로 노부나가가 이시야마혼간지를 공격할 때 방면군 사령관으로 활약했다. 그러나 이시야마

혼간지가 항복한 후, 노부나가에 의해 추방되었다.

시바타 가쓰이에(?~1583) : 노부나가의 중신. 처음에 노부나가의 동생 노부유키를 섬겼으나 곧 노부나가를 섬겼다. 노부나가의 부장 중에서 가장 높은 지위를 점했다. 노부나가 사망 후, 1583년 시즈가타케 전투에서 도요토미 히데요시에게 패해 자결했다.

스즈키 마고이치(생몰 미상) : 본명은 스즈키 시게히데鈴木重秀. 기이 지방 사이가슈雜賀衆의 두목으로 사이가 마고이치라고 불리기도 했다. 화승총 부대를 이끌고 이시야마혼간지로 들어가서 노부나가 군단과 싸웠다.

쓰쓰이 준케이(1549~1584) : 원래 쓰쓰이씨는 야마토大和 지방의 고쿠진國人을 통솔하며 커다란 세력을 형성했던 가문이었다. 한때 노부나가와 맞섰으나 곧 노부나가에 복종했고, 1580년에는 야마토 지역 전역을 지배하게 되었다.

아라키 무라시게(1536~1586) : 원래 셋쓰 지역의 호족이었는데, 오다 노부나가와 쇼군 아시카가 요시아키가 대립할 때 노부나가의 편에 서서 공을 세웠다. 그 후 노부나가의 신임을 얻어 셋쓰 지방을 다스렸다. 하지만 1578년에 노부나가를 배반했다.

아사쿠라 요시카게(1533~1573) : 에치젠越前 지방의 다이묘로 오다 노부나가와 대립했다. 1570년 노부나가의 에치젠 원정은 막아냈으나, 1573년 8월 노부나가의 공격으로 궁지에 몰려서 종형제에게 죽임을 당했다.

아사야마 니치조(?~1577) : 이즈모出雲 지역 출신. 교토로 진출해 고나라 천황後奈良天皇의 신임을 얻었다. 노부나가가 상경한 후에는 노부나가에 접근해서 주로 외교면에서 능력을 발휘했다.

아시카가 요시아키(1537~1597) : 일찍이 출가했으나 1565년 형이며 무로마치 막부의 13대 쇼군이었던 아시카가 요시테루가 암살되자 환속했다. 1568년 노부나가의 도움으로 15대 쇼군이 되었지만 얼마 지나지 않아서 노부나가와 대립했다. 1573년 노부나가에 의해 교토에서 추방되었다. 그 후 모리 가문에 몸을 의탁해서 노부나가와 맞섰다.

아자이 나가마사(1545~1573) : 오미近江 지방을 다스리던 다이묘. 오다 노부나가의 동생 오이치お市와 혼인하면서 노부나가와 동맹을 맺었다. 하지만 1570년 노부나가가 아사쿠라씨朝倉 가문을 공격하자 노부나가를 배반했고, 1573년 노부나가의 공격에 맞서다가 자결했다.

아케치 미쓰히데(?~1582) : 미노美濃 지역 출신으로 아시카가 요시아키足利義昭를 섬기다가 오다 노부나가의 가신이 되었다. 조정을 상대로 하는 외교와 교토의 행정을 담당하는 등 폭넓게 활약했다. 혼노지에서 주군 노부나가를 공격해 죽게 했지만, 야마자키 전투에서 하시바 히데요시에게 패하고 도망가다 농민에게 살해되었다.

야마가타 마사카게(?~1575) : 다케다 가문의 사천왕四天王으로 불렸던 용장. 1575년 나가시노 전투에서 전사

오기마치 천황(1517~1593) : 고나라 천황 後奈良天皇의 아들. 1586년 손자인 고요제 천황後陽成天皇에게 양위하기까지 30년간 천황으로 있었다.

오다 가쓰나가(?~1582) : 오다 노부나가의 아들. 다케다 신겐의 인질로 보내졌다. 혼노지의 변 때 교토에서 전사했다.

오다 노부미쓰(?~1554) : 노부나가의 숙부. 모리야마성 성주로 노부나가에게 협조적이었다. 1554년 가신에게 암살되었다.

오다 노부유키(?~1588) : 오다 노부나가의 친동생으로 본명은 노부카쓰信勝. 어머니의 지원에 힘입어 형 노부나가에 맞섰으나 끝내 노부나가에 의해 죽임을 당했다.

오다 노부즈미(?~1582) : 오다 노부유키의 장남. 아케치 미쓰히데의 사

위. 혼노지의 변이 있은 후, 오다 노부타카에 의해 살해되었다.

오다 노부타다(1557~1582) : 노부나가의 장남. 부친 노부나가를 도와 전쟁터를 전전했으며, 1582년 3월에는 노부나가의 도움 없이 다케다 가문을 멸망시켰다. 노부나가는 일찍이 노부타다를 후계자로 지명했으나 혼노지의 변 때 교토에서 아케치군의 공격을 받고 자결했다.

오다 노부타카(1558~1583) : 노부나가의 3남. 어머니의 신분은 낮았으나 문무를 겸비한 용장으로 알려졌다. 혼노지의 변 후, 도요토미 히데요시의 야심을 간파하고 그에게 맞섰으나 끝내 궁지에 몰려 자결했다.

오다 노부하루(1545~1570) : 노부나가의 동생. 아자이 나가마사 아사쿠라 요시카게 대군과 싸웠다. 1570년 오미近江 사카모토坂本에서 전사했다. 향년 26세

오다 노부히로(?~1574) : 노부나가의 이복 형. 한때 노부나가에 맞섰지만, 곧 노부나가에 복종했다. 1574년 나가시마 잇코잇키를 공격할 때 전사했다.

오야마다 노부시게(1539~1582) : 1582년 3월 초 오야마다 노부시게는 주군 다케다 가쓰요리를 사로잡아 오다군에게 바치려고 했다. 가쓰요리는 가까스로 도망했으나 결국 자결하고 말았다. 3월 24일 오다 노부

나가는 오야마다 노부시게를 붙잡아 죽였다. 주군을 배반했다는 죄목이었다.

오쿠보 타다요(1532~1594) : 도쿠가와 이에야스의 가신. 미카타가하라 전투, 나가시노 전투 등에서 전공을 세웠고, 1575년에는 다케다군을 무찔렀다. 이에야스가 관동 지방으로 들어가면서 오다와라小田原 성주가 되었다.

우에스기 겐신(1530~1578) : 에치고越後 지방의 다이묘. 원래 나가오 가게토라長尾景虎였으나 관동 간레이管領 우에스기上杉 가문의 당주 지위를 승계하면서 우에스기씨를 칭했다. 가끔씩 간토関東 · 시나노信濃 지방으로 출진해서 호조 · 다케다 이마가와 가문과 싸웠다.

이나바 잇테쓰(1515~1588) : 본명은 이나바 요시미치稲葉良通. 원래 미노美濃의 사이토 도산을 섬겼으나 오다 노부나가에 항복했다. 그 후 노부나가의 군단에 편성되어 전쟁터를 전전했다. 혼노지의 변 후에는 도요토미 히데요시를 섬겼다.

이마가와 우지자네(1538~1614) : 이마가와 요시모토의 아들. 1560년 요시모토가 전사한 후 당주가 되었으나 도쿠가와 이에야스와 다케다 신겐의 공격으로 멸망했다. 만년에 출가해서 교토에 거주하다가 도쿠가와 이에야스에게 몸을 의탁했다.

이마이 소큐(1520~1593) : 다인. 쇼군 아시카가 요시아키, 오다 노부나가, 도요토미 히데요시 등을 섬겼다. 센노 리큐千利休, 쓰다 소큐津田宗久 등과 함께 3대 다인으로 일컬어짐

이마가와 요시모토(1519~1560) : 스루가駿河 · 도토우미遠江 · 미카와三河를 지배하던 다이묘. 1560년 5월 대군을 이끌고 노부나가의 영내로 진군했다가 오케하자마 전투에서 노부나가에게 패해 전사했다.

이케다 가쓰마사(생몰 미상) : 셋쓰 지방의 호족 출신으로 이케다성 성주가 되었다. 1568년 상경한 노부나가에게 항복했다.

이케다 쓰네오키(1536~1584) : 처음에 노부나가의 가신이었으나 훗날 도요토미 히데요시를 섬겼다. 1584년 고마키 · 나가쿠테 전투에서 전사했다.

조소카베 모토치카(1538~1599) : 시코쿠四国 도사土佐 지방의 다이묘로 시코쿠를 평정했다. 한때 오다 노부나가와 대립했다. 1585년 도요토미 히데요시가 시코쿠를 공략하자 항복했고, 그 후 도사 지방만 지배하게 되었다.

진보 우지하루(1528~1592) : 본래 우에스기 겐신을 섬겼으나 노부나가의 부장 삿사 나리마사의 속장이 되었고, 훗날 도쿠가와 이에야스를 섬

졌다.

하시바 히데요시(1537~1598) : 그의 이름은 기노시타 도키치로木下藤吉郎, 하시바 도키치로羽柴藤吉郎, 하시바 히데요시, 도요토미 히데요시로 바뀌었다. 비천한 신분 출신이었으나 능력을 발휘해서 노부나가 권력 형성에 기여했고, 그 공으로 방면군 사령관까지 출세했다. 노부나가가 사망한 후에는 노부나가의 후계자의 지위를 쟁취했다.

하치스카 고로쿠(1526~1588) : 본명은 하치스카 마사카쓰蜂須賀正勝. 사이토 도산과 오다 노부히데를 번갈아 섬겼으나 1560년경부터 도요토미 히데요시를 섬겼다. 히데요시는 그를 깊이 신뢰했다.

하치야 요리타카(1534~1589) : 노부나가의 가신. 오미近江의 히다성肥田城・에치젠越前의 쓰루가성敦賀城 성주. 노부나가 사망 후 도요토미 히데요시를 섬겼다.

호소카와 타다오키(1563~1645) : 호소카와 후지타카의 아들로 노부나가에 중용되었다. 혼노지의 변 때 아케치 미쓰히데가 도움을 요청했으나 따르지 않고 도요토미 히데요시의 편을 들었다. 히데요시 사망 후에는 도쿠가와 이에야스에게 복종했다.

호소카와 후지타카(1534~1610) : 1573년부터 성姓을 나가오카長岡로 바꿨다. 막부의 15대 쇼군 아시카가 요시아키足利義昭의 측근이었으나 훗날 노부나가를 섬겼다. 노부나가가 사망한 후에는 도요토미 히데요시를 섬겼고, 히데요시가 사망한 후에는 도쿠가와 이에야스를 섬겼다.

히라테 마사히데(1492~1553) : 오다 노부히데의 측근으로 어린 노부나가의 교육을 담당했다. 그러나 노부나가는 마사히데의 가르침을 따르지 않았다. 마사히데는 그 책임을 지고 1553년에 돌연히 자결했다.

참고문헌

구태훈, 『일본고중세사』, 재팬리서치21, 2016

구태훈, 『일본근세사』, 재팬리서치21, 2016

会田雄次 외, 『織田信長』, 思索社, 1991

足利健亮, 『地理から見た信長秀吉家康の戦略』, 創元社, 2000

今井林太郎, 『織田信長』, 朝日文庫, 1991

今川徳三 외, 『織田信長』, 教育書籍, 1992

今谷 明, 『信長と天皇』, 講談社学術文庫, 2002

岡田正人, 『織田信長総合事典』, 雄山閣出版, 1999

奥野高広, 『足利義昭』(人物叢書), 吉川弘文館, 1990

桐野作人, 『織田信長』, 新人物往来社, 2011

鈴木良一, 『織田信長』, 岩波新書, 1967

高柳光寿, 『明智光秀』(人物叢書), 吉川弘文館, 1958

田中義成, 『織田信長』, 講談社学術文庫, 1980

谷口克広, 『信長の親衛隊』, 中公新書, 1998

谷口克広, 『織田信長合戦全録』, 中公新書, 2002

谷口克広, 『信長軍の司令官』, 中公新書, 2005

谷口克広, 『信長の天下布武の道』, 吉川弘文館, 2006

西ヶ谷恭弘,『織田信長事典』, 東京堂出版, 2000

藤木正行,『信長の戦国軍事学』, 洋泉社, 1997

연표

1534 노부나가 출생

1536 이마가와 요시모토 당주의 지위를 승계함. 도요토미 히데요시 출생

1541 다케다 신겐. 부친을 유폐하고 실권을 장악함. 호조 우지쓰나 사망

1542 사이토 도산. 주군인 도키 요리나리 추방. 도쿠가와 이에야스 출생

1543 오다 노부히데. 천황 궁전 수리비 상납

　　　포르투갈 선박 다네가시마 표착. 화승총 전래

1546 노부나가 성인식(13세)

1547 노부나가 첫 출진(14세)

1548 우에스기 겐신. 당주의 지위를 승계함.

　　　사이토 도산의 딸과 혼인(오다 · 사이토 동맹)

1549 사비에르 가고시마에서 크리스트교 전교 시작

1551 오다 노부히데 사망. 노부나가가 당주의 지위를 승계함

1552 롯카쿠 요시카타 당주의 지위 승계

1553 히라테 마사히데 자살. 노부나가. 사이토 도산과 회견

1555 나고야성에서 기요스성으로 본거지를 옮김

1556 사이토 도산 사망

1557 모리 모토나리. 오우치씨를 멸망시킴

　　　동생 오다 노부유키를 살해함

1558 기노시타 도키치로 노부나가를 섬기기 시작함

1559 상경해서 막부의 13대 쇼군 아시카가 요시테루 알현함

1560 오케하자마 전투. 사이토씨와 전투

1561 사이토 요시타쓰 사망

1562 노부나가 · 이에야스와 동맹

1563 고마키성으로 본거지를 옮김. 미카와의 잇코잇키 일어남

1564 아자이 나가마사와 동맹. 이누야마성 공략. 오와리 지역 통일

1565 막부의 13대 쇼군 아시카가 요시테루 암살. 다케다 신겐과 동맹

1566 아시카가 요시아키 환속해서 노부나가에게 상경을 요청함. 미노에
　　 스노마타성 수축. 마쓰다이라 이에야스가 도쿠가와씨를 칭함

1567 이세 북부 공략. 사이토씨 멸망. 기후성으로 본거지를 옮김
　　 오기마치 천황. 노부나가에 황실령 회복 칙령. 천하포무 인장 사용

1568 이세 북부 평정. 오미 지역을 평정하고 상경
　　 아시카가 요시아키 15대 쇼군 취임. 기나이 평정. 관소 철폐

1569 쇼군 궁전 조영. 루이스 프로이스 크리스트교 전교 허가
　　 천황 궁전 수리. 이쿠노 은산 접수. 이세 남부 평정. 관소 철폐
　　 노부나가와 쇼군 요시아키 불화

1570 노부나가 · 이에야스 입경. 개원元龜. 쇼군 요시아키 실권을 잃음
　　 아자이 · 아사쿠라 · 롯카쿠씨 거병
　　 잇코잇키 일어남. 아네가와 전투. 이시야마혼간지 거병
　　 오다 노부오키 전사

1571 나가시마 잇코잇키 공격. 모리 모토나리 사망. 엔랴쿠지 방화
　　 호조 우지야스 사망

1572 오미 공략. 쇼군 요시아키에 이견서 제출. 미카타가하라 전투

1573 쇼군 요시아키 거병. 다케다 신겐 사망. 무로마치 막부 멸망

　　　개원[天正]. 아사쿠라·아자이씨 멸망. 마쓰나가 히사히데 항복

1574 에치젠 잇코잇키 발호. 이시야마혼간지 거병

　　　나가시마 잇코잇키 평정. 교통로 정비

1575 나가시노 전투. 에치젠 잇코잇키 평정. 이시야마혼간지 항복

　　　장남 오다 노부타다에게 당주의 지위를 물려줌

1576 아즈치성 조영 착수. 아즈치성으로 본거지 옮김

1577 기이의 사이가 잇키 토벌. 마쓰나가 히사히데 배반

　　　모리씨 공격 시작함

1578 하리마의 벳쇼 나가하루 배반. 우에스기 겐신 사망

　　　아라키 무라시게 배반. 모리씨의 무라카미 수군 제압

1579 아즈치성 천수각 완공. 아즈치 종교논쟁安土宗論. 카가 침공

　　　단바·단고 평정

1580 이시야마혼간지 항복. 사쿠마 노부모리 추방. 야마토 지역 토지조사[檢地].

　　　영국 상선 히라도에 내항. 카가의 잇코잇키 평정

1581 교토에서 열병식 거행. 이즈미 지역 토지조사[檢地]. 오기마치 천황

　　　의 양위 요구. 고야산 포위. 이가 지역 평정. 아즈치성 준공

1582 시코쿠 침략 준비. 다케다씨 멸망. 삼직추임 사건. 빗추의 다카마쓰성

　　　포위. 부장들에게 주고쿠 지방 출병을 명령함. 혼노지의 변

색인

ㄱ

가네가사키성 109, 110
가노 에이토쿠 155, 295
가리야성 64, 300
가메야마성 186, 188
간온지성 84, 86, 235, 297
겐뇨 114, 116, 118, 124, 131, 167, 168, 244
고마키성 71, 72, 153, 193, 194, 230, 313
고요군칸 292
고카시와바라 천황 16
고쿠진 46, 302
곤고부지 174, 268
교토쇼시다이 188, 189, 298
구쓰카케성 39
구키 요시타카 165, 248, 295
기요스성 37, 39, 40, 41, 43, 44, 45, 46, 49, 54, 71, 153, 183, 195, 197, 198, 231, 312
기후성 74, 143, 153, 195, 196, 200, 208, 230, 236, 313

ㄴ

나가에야리 218, 219, 226, 227
나루미성 38
남만사 274
니와 나가히데 72, 113, 123, 124, 153, 229, 230, 239, 278, 279, 296

ㄷ

다카마쓰성 186
다케다 가쓰요리 133, 134, 135, 146, 147, 149, 173, 174, 175, 177, 213, 292, 296, 305
다케다 신겐 67, 68, 72, 114, 128, 130, 131, 132, 133, 134, 135, 139, 144, 146, 173, 183, 214, 250, 251, 296, 300, 304, 306, 312, 313, 314
덴모쿠잔 177
뎃포대 149, 150, 151, 152, 223

색인 315

도쿠가와 이에야스 10, 19, 25, 32,
　　51, 84, 112, 130, 131, 133,
　　134, 146, 147, 148, 150,
　　151, 175, 178, 180, 182,
　　183, 186, 187, 195, 198,
　　199, 209, 250, 255, 288,
　　295, 297, 298, 300, 301,
　　306, 307, 308, 309, 312
도타고젠 19, 193
돗토리성 172, 245

ㄹ

롯카쿠 요시카타 78, 82, 83, 84,
　　235, 297, 312
루이스 프로이스 88, 96, 204, 205,
　　206, 208, 209, 212, 225,
　　236, 272, 313

ㅁ

마쓰나가 히사히데 79, 89, 90, 115,
　　131, 137, 138, 139, 169,
　　209, 210, 233, 298, 299,
　　314
마쓰다이라 기요야스 29, 32
마에다 도시이에 145, 149, 229,
　　230, 239, 241, 297
만푸쿠마루 145, 200

모리 란마루 188, 189, 298
모리 모토나리 127, 128, 214, 312,
　　313
모리 신스케 62, 299
모리야마성 38, 39, 304
모리 요시나리 117, 298
미쓰쿠리성 84, 86, 235
미요시 요시쓰구 79, 89, 90, 299
미즈노 노부모토 48, 49, 50, 64,
　　65, 300
미카와모노가타리 52
미카타가하라 133, 306, 313

ㅂ

바바 노부하루 149, 151, 300
백제사 140
병농분리 158
비파호 109, 110, 111, 117, 140,
　　145, 153, 208, 224, 256

ㅅ

사이가슈 163, 164, 168, 302
사이토 다쓰오키 70, 71, 75, 300
사이토 도산 18, 29, 33, 37, 49, 50,
　　69, 70, 194, 216, 219, 220,
　　223, 224, 249, 250, 301,
　　308, 312

사카이 다이젠 39, 40, 219
사카이 타다쓰구 65, 151, 152, 301
사쿠마 노부모리 111, 161, 164, 207, 234, 239, 243, 244, 245, 247, 299, 314
삼직추임 180, 181, 293, 314
삿사 나리마사 136, 145, 149, 185, 239, 241, 301
세이다이쇼군 91
센고쿠다이묘 17, 18, 19, 28, 31, 32, 67, 240
센노 리큐 279, 280, 307
슈고 16, 17, 18, 26, 27, 30, 37, 39, 40, 44, 80, 115, 144, 160, 215, 296
슈고다이 17, 26, 27, 37, 39, 40, 44
스노마타성 74, 232, 313
스모 281, 282, 283, 284, 285
스에모리성 38, 44, 193, 198
스즈키 마고이치 164, 302
시바타 가쓰이에 40, 42, 43, 44, 111, 117, 124, 136, 145, 156, 185, 196, 197, 198, 200, 205, 239, 241, 243, 258, 259, 260, 261, 297, 302
신초코키 51, 52, 54, 57, 91, 154, 197, 216, 217, 218, 279, 281, 288
쓰루가성 144
쓰쓰이 준케이 174, 247, 298, 302

ㅇ

아네가와 전투 112, 114, 313
아라키 무라시게 140, 167, 169, 174, 212, 225, 247, 254, 268, 295, 302, 314
아사쿠라 요시카게 80, 81, 83, 106, 109, 119, 132, 143, 144, 303, 305
아시카가 요시아키 15, 26, 79, 80, 81, 82, 83, 85, 87, 88, 90, 91, 106, 115, 128, 129, 131, 141, 184, 197, 230, 233, 236, 242, 251, 253, 254, 273, 299, 302, 303, 307, 309, 313
아시카가 요시테루 76, 79, 90, 91, 233, 272, 298, 303, 313
아시카가 요시히데 81, 91
아쓰타 신사 29, 56
아자이 나가마사 68, 81, 105, 106, 107, 108, 109, 110, 112, 121, 143, 144, 145, 199, 200, 232, 250, 297, 303, 305, 313

아즈치성 111, 153, 154, 155, 156, 157, 178, 180, 181, 182, 183, 184, 186, 187, 195, 208, 209, 224, 225, 226, 227, 230, 269, 276, 279, 283, 284, 288, 289, 295, 314

아케치 미쓰히데 110, 117, 135, 169, 182, 183, 184, 185, 186, 188, 196, 198, 209, 210, 211, 225, 246, 247, 286, 287, 288, 289, 290, 291, 292, 293, 303, 304, 308

야마시나 도키쓰구 30, 86

야센 237, 238

에이슌 31

엔랴쿠지 100, 114, 117, 119, 120, 122, 123, 124, 125, 126, 174, 254, 267, 268, 313

오기마치 천황 75, 85, 97, 100, 167, 293, 304, 313, 314

오다 가쓰나가 173, 304

오다 나가마스 199

오다 노부마 22

오다 노부카네 78, 198

오다 노부카쓰 42, 105, 195, 196, 197, 265

오다 노부키요 34, 45, 71, 72, 229,

오다 노부타다 148, 156, 175, 177, 190, 195, 213, 245, 292, 296, 298, 305, 314

오다 노부히데 19, 22, 27, 28, 29, 31, 32, 33, 34, 36, 37, 38, 39, 48, 193, 197, 198, 199, 200, 201, 205, 206, 233, 249, 308, 309, 312

오다 도시사다 33

오다쓰루기 신사 22, 23

오다카성 39, 53

오이치 68, 144, 199, 200

오카자키성 48, 130, 147

오케하자마 54, 56, 58, 59, 60, 61, 63, 229, 250, 297, 299, 300, 307, 313

오타니성 81, 112, 113, 121, 123, 143, 144, 145, 198

우에스기 겐신 80, 106, 130, 131, 134, 135, 136, 137, 138, 214, 251, 306, 307, 312, 314

유예 282

이나바야마성 71, 75, 77, 153, 300

이나바 잇테쓰 110, 111, 201, 210, 290, 306

이누야마성 33, 38, 45, 71, 72, 229, 313

이마가와 요시모토 29, 33, 37, 38,

48, 51, 52, 53, 61, 62, 64,
250, 299, 306, 307, 312
이시야마혼간지 114, 116, 118,
160, 162, 164, 167, 168,
169, 198, 211, 234, 237,
243, 244, 248, 268, 301,
302, 313, 314
이케다 가쓰마사 89, 110, 307
잇코잇키 118, 119, 123, 124, 132,
140, 145, 162, 168, 197,
201, 211, 212, 254, 257,
269, 305, 313, 314
잇코종 118, 135, 137, 138, 145,
160, 162, 163, 211, 212,
237, 244, 268, 269, 271

ㅈ

조곤인 269
조소카베 모토치 175, 181, 182,
307
조카마치 155, 156, 158, 159, 170,
264, 269
조코지 111, 202
종교논쟁 269, 270, 314

ㅊ

천수각 153, 154, 155, 224, 225,
314

ㅍ

프란시스코 사비에르 271, 272,
274

ㅎ

하시바 히데요시 25, 74, 135, 149,
156, 164, 169, 180, 184,
185, 186, 187, 232, 239,
245, 246, 279, 286, 287,
292, 294, 300, 308
하야시 히데사다 42, 43, 44
하치스카 고로쿠 74, 308
호리 히데마사 164, 268, 288
호소카와 후지타카 87, 140, 169,
174, 225, 246, 308
호조 우지쓰나 16, 312
호조 우지야스 130
히라테 마사히데 20, 205, 206,
277, 309, 312
히메지성 170

구태훈

성균관대학교 문과대학 사학과 명예교수

오다 노부나가 - 중세적 권위를 차갑게 베다

발행인　구자선
초　판　2018년 4월 10일
개정판　2023년 11월 15일
발행처　(주)휴먼메이커
주　소　경기도 용인시 기흥구 강남서로 9 아카데미프라자 8층 825호
　　　　전화 : 070-7721-1055
이메일　h-maker@naver.com
등　록　제2017-00006호

ISBN　979-11-982304-3-0(03910)
정 가　21,000원